生きるユダヤ教

カタチにならないものの強さ

勝又悦子・勝又直也

教文館

序

二〇一五年夏、戦後七十年を迎えたことが、色々なところで話題になっていた。戦後七十年ということは、ホロコーストと一般に称されるナチス・ドイツによるユダヤ人迫害からも七十周年が経過したわけである。書店でも、学術書分野にホロコースト特集が設けられ、最近の様々なホロコーストについての研究成果の著書が並べられた。著者らも、おお、と手に取ってみた。しかし、九月が終わる頃に何冊か購入しようと出向いたが、そのようなコーナーは既に片づけられ、新しい特集に向けての準備が進んでいた。市場の関心の移り変わりは早い。

ユダヤ教・ユダヤ人のイメージ

大学の授業では、初回に、ユダヤ教に関する勉強が初めて、という学生がどのくらいいるかを問うのが我々の恒例である。そして、手を挙げた学生に、そのまま、「ユダヤ教」から連想される単語を聞く。最近の学生は発言を恥ずかしがるのだが、それでもだいたい出てくるのが、「聖書」と「ホロコースト・迫害」である。続いて、頭がいい、金持ち……であろうか。ここには、ある意味、日本でのユダヤ教のイメージの最大公約数が現われているのではないだろうか。高校での世界史の教科書で「ユダヤ人」「ユダヤ教」を索引で探すと、大抵、出てくるのは最初と最後である。「選民思想」と共に語られるユダヤ教の誕生とキリスト教の母胎としての説明の後は、サイクス・ピコ協定とバルフォア宣言の二枚舌外交[1]に絡んでのユダヤ人パレスティナ帰還運動、そして、ナチス・ドイツによるユダヤ人迫害である。[2]そもそも、昨今は特に理系の場合、世界史も倫理も高校の間に履修しないで済むらしい。グローバルを謳う現代教育において自国や世界の歴史、思想を学ばないで高校時代を済ませられるというシステムにも大いに疑問を感じざるを得ないが、たとえ履修したとしても、ユダヤ教については、最初と最後にしか出てこないのである。

とはいうものの、著者ら自身の大学入学時の「ユダヤ教」認識は、そんなものであった。著者の一人はクリスチャン家庭に育ったので、キリスト教の礼拝や聖書には馴染みはあり、イエスの話にはユダヤ人が出てくるので、ユダヤ教が聖書に関係しているのは漠然と理解していた。しかし、次に思い浮かぶのがホロコーストである。そして、日々のニュースで報道されるイスラエルである。クリスチャン家庭であったがゆえにだろうか、ユダヤ教はキリスト教に変化したあるいは進化したというようなイメージさえ抱いていた。それなのに、なぜ、現代においてユダヤ人が出てくるのだろう、ということはさして疑問にも持たなかった。

つまり、イエスの時代に設定したとしても紀元前後の時代の話であり、片やホロコーストは二十世紀の話である。その間の実に千九百年間、ユダヤ人は何をしていたのか、日本の教育制度では全く学ぶ術がないのである。しかも、そもそもユダヤ人を身近に知人として持つ人は少ない。さらに、礼拝所であるシナゴーグは、東京と神戸にしかないので、宗教としてのユダヤ教の姿を見ることは日本では難しい。かくして、ユダヤ人・ユダヤ教、ホロコーストという単語は耳の中に入ってくるが、その断片的な情報が一つの像を結ぶことはない。ちなみにヘブライ語ではホロコーストのことは「ショア」（悲惨、大悲劇の意）を呼ぶ。「燔祭《はんさい》」の意味を含むホロコーストという単語であのユダヤ人の莫大な犠牲は表しきれない。その死に宗教的な意味はないからだ。本書でも以降は「ショア」を使う。

身近なユダヤ

しかし、その実、我々の日本での生活においても「ユダヤ人」企業の恩恵を被っているのである。レブロン、マックスファクター、ヘレナ・ルビンスタイン、などなどの化粧品メーカーの名前を聞

（1）山川出版社『詳説世界史B』二〇一二年文部科学省検定済、二二頁、四五頁。
（2）同書、三五五頁、三六六頁。より詳しい同社『詳説世界史研究』でも事態は同様である。倫理の教科書でも、キリスト教の母胎として、「選民思想」を掲げる「民族宗教」のユダヤ教に言及されるが、キリスト教が分離し、エルサレム第二神殿が崩壊してからのユダヤ教の変容については一切言及がない。文部科学省検定済教科書高等学校公民科用東学版『倫理』三一～三二頁、二〇一三年。

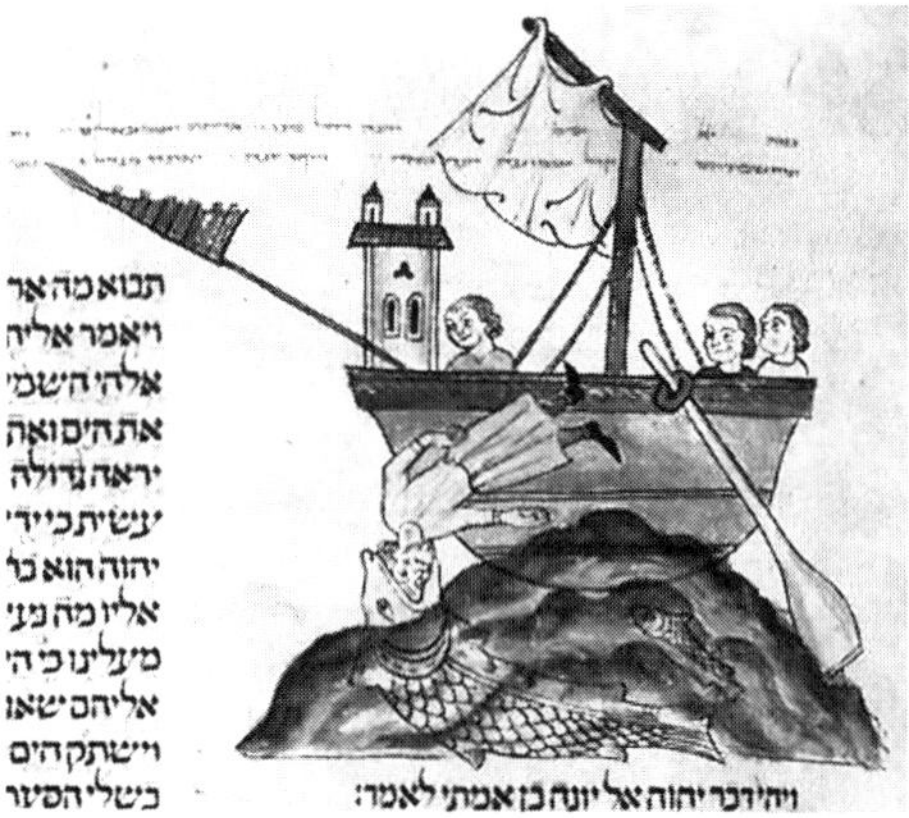

ヨナを呑み込むレヴィヤタン（ヨセフ・ハ・ツァルファティによる聖書の挿絵，サルベラ（スペイン），1300年頃）

いたことはあるだろう。ジーンズも若者には馴染みのファッションであるが、このジーンズの生みの親、リーバイスの創業者であるリーヴァイ・ストラウスもまたしかり。イスラエルの十二部族のもとになるヤコブの息子たちの名前——ルーベン、レヴィ——の名前が見え隠れする。少々高級感の漂う、ラルフローレンの創業者ラルフ・ローレンもまたユダヤ系。彼らは、二十世紀末のユダヤ人迫害（ポグロム——ロシア語で「悲惨」の意味——と呼ぶ）が広がる東欧、ロシアからアメリカに移住し、名を上げたユダヤ人たちである。ハリウッドに代表される映画界は、ユダヤ人、ユダヤ系企業の宝庫である。これも、二十世紀末の東欧からの移民が、労働の合間のささやかな息抜きに興じたイディッシュ映画の隆盛がルーツにある。スピルバーグを挙げるまでもなく、映画界にはユダヤ人が多い。さらに実業界では、バービー人形を世に送り出し大ヒットさせたマテル社のルース・ハンドラーはユダヤ人女性である。自分の娘バーバラに、ずんぐりむっくりの赤ちゃん体型の人形か、ぬいぐるみが主流であった当時の玩具ではなく、ちゃんとしたレディの人形を制作したところ大ヒットしたという。さらに、子供を虜にするトイザらスもユダヤ人企業である。コーヒーショップの代表格、スターバックスもユダヤ系企業である。コンピューター会社のＤＥＬＬ

の創業者もユダヤ人である。今やパソコンを使うときになくてはならないＵＳＢメモリを開発したのもイスラエルの企業である。

さらに、万人を虜にしているらしいゲームのキャラクターは、宗教的出自を持つものに溢れている。そんな中でも、レヴィヤタンやゴーレムはヘブライ語聖書起源であり、ユダヤ教聖書解釈やカバラーの世界でも言及されるキャラクターである。レヴィヤタンはヘブライ語聖書に登場する海の生き物であり、通常、クジラ、イルカの類をさす。そして、レヴィヤタンと往々にしてペアで言及されるべヘモートは陸の獣の総称だが、それがアラビア語化したのがバハムートである。

『モンスターストライク〈モンスト〉』（ミクシィ）に登場するモンスター「レヴィアタン」 © mixi, Inc, All rights reserved.

ということは、かつてトイザらスでバービー人形やおもちゃを買ってもらっていた子供たちが成長して、リーバイスのジーンズをはき、女子はレブロンでお化粧し、ハリウッド映画を楽しんだ後に、スタバでＤＥＬＬのパソコンを広げてＵＳＢメモリに入れた文書を編集したり、あるいは、レヴィヤタンやゴーレムのキャラが登場するゲームに興じたりするならば、無意識のうちにどっぷりユダヤ人企業の産物に浸かっているということになる。遠くて近い、ユダヤ世界である。

ユダヤ教について学ぶ意義

要するに、日本におけるユダヤ教の認知は断片的であり、偏りがある。日々のニュースの中で、特にイスラエルとアラブ諸国との対立として報道される中東問題のニュースの中で、そして、ナチス・ドイツのユダヤ人迫害問題を通して、「ユダヤ人」という言葉をしばしば耳にする。しかし、その実、ユダヤ人がどんな人々なのか、彼らが、なぜ「ユダヤ人」という括りにされるのか、そして、彼らが何をどのように信じているのかの理解は進んでいない。また、どちらかというと、上記のような日本でのマス・メディアで挙げられる「ユダヤ人」像は、「かわいそう」であり、中東問題でスポットを浴びる際のユダヤ人の国家としてのイスラエルは、「ひどい」というイメージを喚起する。いずれにせよ、マイナスイメージが先行する。同時に、いつの間にか、ユダヤ企業の製品は日本の中に浸透している。冒頭のショア（ホロコースト）フェアのように、市場の関心は絶えず移り行く。かわいそうなユダヤ教のイメージを残して立ち消えとなる。「ショア」という用語も定着しそうな頃にはフェアも終わってしまう。

本書は、このような断片的な日本のユダヤ教理解に対して、ユダヤ教を紹介しながら、ユダヤ教の歴史と教えの中から、我々の日常の糧になるものを紹介しようとする書である。特に、古今の具体的なユダヤ教徒・ユダヤ人の生きた足跡を通して、また同時代の、あるいはその後のユダヤ教が彼らをどのように解釈したかを通して、ユダヤ教を理解することを目的とする。

そもそも、ユダヤ人は空白の二千年間どこにいたのだろうか。紀元七〇年、それまでのユダヤ教の中心であったエルサレム第二神殿が時のローマ帝国によって滅ぼされ、ユダヤ人の自治国家は滅亡した。以来、一九四八年、紆余曲折を経てイスラエル国家が誕生するまで、ユダヤ人やユダヤ教を中心とする国家は存在しなかった。その間ユダヤ人は、中東、ヨーロッパのイスラーム圏やキリスト教圏の諸国に寄生しながら、生き延びてきたのである。さらに、アメリカ新大陸に多数移住した。同時に、南米、インド、中国、オーストラリアにまでも居住圏を拡大した。イスラエルとて、ユダヤ人だけの国家ではない。また、今なお、イスラエルにいるユダヤ人よりもイスラエル外にいるユダヤ人の方が、人数は多い。このように世界中に拡散する過程で、二千年の歴史の中で消滅し、伝説の宗教と化してしまっても何ら不思議はなかった。実際、そのような危機にも何度も直面してきた。しかし、そのたびに、ユダヤ教は逞しく立ち上がり、生き続けてきたのである。

そのユダヤ人を支えたユダヤ教の教えや発想の仕方から、我々は多くのことを学ぶことができる。とかく、閉塞感の漂う世の中にある今の時代、閉塞的状況を生き延びてきたユダヤ人の軌跡、数々のピンチから立ち上がってきたその姿から、私たちもこの世知辛い世界を生きる力、ヒントを学ぶことができるのではないだろうか。ユダヤ教が大事にしていることは何か。それは、社会の中で、今この世の中で生きていくことである。だからこそ、ユダヤ教徒は二千年の時を超えて、今なお生き続けているのである。生きることを中心において生き続けてきた、そしてさらに生き続けていく宗教である。その軌跡、生き方、考え方から大いに学ぶことができるのではないだろうか。

カタチにならないものの強さ

著者ら自身、ユダヤ教の信者でもない。それなのにユダヤ教文献世界に惹きつけられてきたのはなぜか。著者らは特に、ラビ・ユダヤ教文献を専門とする。彼らの書物には実に無駄が多い。本質から外れたような紆余曲折的な議論の応酬であったりする。あるいは、聖書の実に細かい部分に拘泥していたりする。しかし、そのような無駄な議論の中に、何気なくきらりと輝く一言が紛れていたりする。ユダヤ教には文献しかなかった。聖書とそこに書かれた言葉しか残すことのできなかったユダヤ教にとって、言葉は神からの贈り物だ。だからこそ、拘わるのだ。そして一字一句に拘わり、いわゆる本質や中心や主題からずれたところまでにも神の意図を探ろうとする。

そして、考えてみれば、神殿というものを失くして以来、ユダヤ教に残されてきたのはこの本、言葉たちだけである。ラビ・ユダヤ教は、口伝トーラーというシステムを全面に押し出してきて以来、こうした解釈の伝統を全て口伝できるように記憶に叩き込むことにした。そして、世代から世代へと伝えることにした。記憶されたものは、なんのカタチにもならない。しかし、カタチにならないからこそ、他者はそれを破壊することができなかったのではないか。政治的には支配を受けながらも、カタチにはならないからこそ、壊されることはなかったのではないか。そして、そのカタチにならないものを生み出すのが強靭な思考力であり、想像力であり、創造力である。そのカタチにならないものの力強さをユダヤ教文献の中に感じるからこそ、著者らは魅惑され続けてきたように思う。実際には、およそ宗教書らしからぬ、ありがたくもない、枝葉末節の字句に拘泥した議論が展開する。しかし、このような議論の集積が、カタチになるものを持てなかったユダヤ教が生き延びるエネルギーになったのである。

こうした文献を読み込んでいくと、本質的なこと、役に立つこと、中心的なことと、そうではないこと——非本質的なこと、無用なこと、周縁的なこと——などという線引きが曖昧になってくる。何が重要で何が重要でないか、など我々には計り知れないものがあるのではないか。何が無駄で何が無駄でないかなど決められることではない。いや、無駄なものなど実はないのではないか、という気がしてくる。

とかく、役に立つもの、カタチになるもの、効率的なもの、結果が出るものをよしとする昨今、カタチにならないもの、無駄なものは、切り捨てられてしまう。しかし、ユダヤ教が生き延びてきた軌跡から、無駄に見えるものが生み出す力強さを我々は学びとることができるのではないのだろうか。それをエネルギーに変えるのがユダヤ教の人間力ではないだろうか。

著者らの足掛け十年にわたるイスラエル留学を通して体験した限られた世界ではあるが、二千年にわたって伝承されてきた文献の中に、苦難の歴史を潜り抜けてきた民の生きる知恵や珠玉の言葉、思いがけない考え方、発想に、心動かされ、勇気づけられてきたのである。ユダヤ教の中で、その文献の中で、人間が逞しく生きていく姿の中に、時空を超えて教えられる姿があるのではないだろうか。ユダヤ教を通して生きていくための「人間学」を目指したいと思う。

このような性格上、本書の主張には必ずしも科学的、学術的ではない部分もあるかもしれない。ユダヤ教徒、ユダヤ人の辿ってきた軌跡の意義を評価する場合には、歴史的事実をさらに深読みすることで、その事実が果たした心理的、精神的意義が導き出される場合がある。それは、かならずしも科学的データで裏付けできない場合もある。しかし、生き方を学ぶという目的においては、それも必要なのではないだろうか。

本書の構成であるが、第一章では、ユダヤ教とその歴史を概論する。第二章では、ユダヤ教のエッセンスであるシェマァ・イスラエルという日々ユダヤ教徒が口にする重要な祈りを考察する。第三章では、ユダヤ教徒の実生活を概観する。第四章は、ユダヤ教の代表的な人物伝であり、具体的な人物像の生き様、生涯の軌跡を通してユダヤ教の諸相を知る。第五章では、書物の民と称されるユダヤ教の様々なテクストを分析する。第六章では、ユダヤ教の中でもピユートという独特のテクストに焦点を当て、これまでの章で扱われてきたテーマや人物に関連するピユートを読んでみる。

最近、ユダヤ教の概説書は確かに出版されてはいるが、実際のユダヤ教徒の生き様、そして、ユダヤ教の根幹にある様々なテクストを、ある程度の分量で読める書はなかったのではないだろうか。また、ユダヤ教の典礼詩ピユートについての解説書は日本では皆無である。ピユートは聖典や聖典解釈のユダヤ教におさまりきらないユダヤ教の生き生きとした姿を伝える文学ジャンルである。本書は、ユダヤ教徒の生きた様を通して、そして、今に生きるテクストを通して、ピユートに見られる生き生きとしたユダヤ教の姿を通して、生きる力を学ぶために執筆された書である。

目次

第二章　ユダヤ教のエッセンス
唯一の神・二つのトーラー・多数の人間　43

第四章　ユダヤ教の人物　109

第六章 ピユートの世界 233

第一章　ユダヤ教とは・ユダヤ教の歴史

ユダヤ人／ユダヤ教徒？

Jew の定義は難しいとよく言われる。しかし、それ以前に、そもそもヘブライ語の yehudi、英語の Jew を邦訳することすら難しい。通常、Jew の邦訳として、ユダヤ人／ユダヤ教徒の二通りの訳語が可能であるために話が複雑になるのだ。「ユダヤ教徒」と「ユダヤ人」では、イメージがかなり変わってしまう。やはり、ユダヤ教徒といえば、我々がユダヤ教の中身を知っているかどうかはさておき、宗教的なイメージがある。しかし、ユダヤ人というならば、宗教性はあまり響いてこないように聞こえるのではないか。むしろ、通常「○○人」と言えば、「○○国」の国民というニュアンスが日本語にはあるので、あたかも、ユダヤ国があるのかという印象を与えてしまう。邦訳した時のこの二面性は、実はユダヤ教の二極性をもまた表しているとも言える。

近代以降の Jew は、その宗教性に焦点を当てるなら、熱心にユダヤ教の戒律を守る宗教的な Jew

宗教名として	キリスト教	イスラーム	ユダヤ教
○○信徒	キリスト教徒	イスラーム教徒	ユダヤ教徒
英語のカタカナ表記	クリスチャン	ムスリム	×
○○人	×	×	ユダヤ人

表1

と、宗教的戒律を一切守らない世俗的なJewを二極として、その間に個々人が、家庭の伝統やその他の要因で、様々なスペクトラムで分布している。しかし、彼ら全てを「ユダヤ教徒」と呼ぶのは——日本語の語感からして「教徒」は宗教的実践をかなり熱心に行っている信者というニュアンスが強いので——、それほど信仰実践に熱心でない世俗的なJewもいるため抵抗感がある。かといって、「ユダヤ人」というふうに全体を括ってしまうのも、ユダヤ「教徒」としての信仰実践の側面を無視しているようで躊躇される。同じく一神教という括りをされるキリスト教、イスラームではこのような悩みは生じない。上記のように、熱心な信者を指す場合にもそうでない場合にも、○○教徒と使うことへの抵抗感はあまりないのではないか。

さらに、ChristianやMuslimをそのままカタカナ表記することも浸透している。クリスチャン、ムスリムと表記すれば、あまりその宗教度は、実際にはあるにせよ、用語的には感じさせることなく、最大公約数的な使い方ができる。しかし、ユダヤ教の場合には、「ユダヤ教徒」と呼ぶと、宗教性が強く出すぎるようであるし、かといって「ユダヤ人」では、宗教性を全く無視しているようだ。そして、英語のカタカナ表記である「ジュー」も一般的ではない（表1参照）。

考えるに、Jewには、なまじ「ユダヤ人」という訳語が存在するので、余計に複雑になっているのではないか。「ユダヤ教徒」という訳語の宗教性が、そのためにより際立つのではないだろうか。実際、キリスト人、イスラーム人というような宗教名＋「人」という呼称は存在しないのに、なぜユダヤ教だけ「ユダヤ人」という呼称が存在するのであろうか。その一つの理由として、日本にユダヤ教というものが輸入される際に、あたかも一つの国家が控えているようなある種の警戒心、脅威を感じさせる存在として受容されたのではないかと考えられる。

実際、日本でのユダヤ・イスラエル論文の文献目録によれば、明治一〇年より、ユダヤ関係の書籍が見出される。書名から判断するに、大半は、猶太《ユダヤ》国、猶太人、猶太民族であり、猶太教概論はあっても、書名において猶太教徒と銘打っている書籍はない。よって、従来日本では、Jew は国、民族として受け入れられてきたということが言える。

「ユダヤ教徒」というと過度に宗教的に感じられるし、かといって「ユダヤ人」というとほとんど宗教性が感じられない。こうした両極端な響きがするのは、結局、日本におけるユダヤ教、ユダヤなるものが用語として定着していない、邦訳としてまだ馴染んでいないということを示唆している。しかし他方で、ユダヤ教の宗教性から全く決別している「ユダヤ人」から、宗教生活の中にどっぷり浸かっている「ユダヤ教徒」までが存在するという、ユダヤ自身の両極端の状況も表している。さらに、長らく国家がなかったのに国家を有しているようなニュアンス、誰でも改宗すればユダヤ教徒になれるのに、民族的な、往々にして閉鎖的なニュアンスを孕む「ユダヤ人」という用語が存在しているのは、ユダヤ人に対して感じられた脅威も反映しているように考えられる。

本書では、Jew の訳語については保留する。文脈に応じてユダヤ人・ユダヤ教徒と訳し分ける。では Jew の定義は何か。

ユダヤ教におけるJewの伝統的な定義は、ユダヤ教の戒律を守っている者、もしくは母親がJewである者である。しかし、この定義では、その母親がJewであることの定義を考えるとトートロジーに陥ってしまうので、定義としては不完全である。いずれにしても、熱心な宗教的なユダヤ教徒であれ、世俗的なユダヤ人であれ、自分を含めてそのルーツのどこかで「ユダヤ教徒」である者・そうであった者と言える。では、ユダヤ教とは何か。

ユダヤ教とは

本書では、ヘブライ語聖書に記述されている古代イスラエルの民に顕現した唯一の神、ヤハウェ(3)を信仰し、この聖書に記述される古代イスラエルの民をルーツと考え、彼らが歴史を通し生み出してきた伝統、日常生活全般に関わる膨大な法規群、慣習を継承し、順守する宗教として、ユダヤ教を定義する。代表的な一神教であるキリスト教やイスラームは、それぞれキリスト教、イスラームの教えを通じて同時代の同じ信仰を共有するという紐帯において、それぞれの信徒としての意識を共有しているると思われるが、ユダヤ教の場合、この同時代において同じ信仰を共有するという横の意識だけでなく、歴史を共有するという縦の意識が特徴的であろう。歴史を共有する限りは、現時点での信仰の度合いとは関係なくユダヤ人・ユダヤ教徒である。

このユダヤ教の二重性――現時点での信仰の共有と歴史の共有――が、ユダヤ人の定義の二重性にも反映されている。そして、この二重性が表面化したのは近代以降である。確かに、古来、中世に至るまで、Jewと言えば、ユダヤ教徒であった。しかし、近代以降、欧米を中心に、伝統的な宗教法を守らない、いわゆる世俗化したユダヤというあり方が生まれた。様々な分野で活躍するユダヤ人の多くが世俗化したユダヤ人である。また、外見も様々、住んでいる国も様々、生活言語として話す言葉も様々である。

したがって、現代において、彼らをJewsとして結び付けているのは、自分たちの起源が、ヘブライ語聖書に遡り、時空を超えて同じ歴史を共有してきたという意識であろう。統計によれば、二〇一二年の時点で、千四百万人弱のユダヤ人・ユダヤ教徒が世界中に居住している。そのうち、イスラエルに約五百九十万人、アメリカ合衆国に約五百四十万人居住している。続いてヨーロッパ各地に居住している人口を合わせると、世界のほとんどのユダヤ人口を占める。

（3）そもそもユダヤ教では、十戒により、神の名をみだりに唱えてはならないとされている（出エジプト記二〇・七）。今日の研究書においても、あえて神の名をそのまま記すキリスト教の聖書学に対し、ユダヤ学においては、アドナイ（わが主）やハシェム（その名）のような婉曲表現で神の名に言及することが普通である。

時代	関心事	地域的広がり
聖書時代	神殿祭儀	バビロニアとエジプトの間を移動しつつパレスティナに集まる
ラビ・ユダヤ教時代	トーラーの学び	パレスティナとバビロニアを中心に小アジア・ローマ帝国領内に拡大
中世	他の一神教との関わり	全ヨーロッパ、中東、アフリカ、インド
近現代	様々な価値観・多元化	全世界

表2

ユダヤ教の歴史

最初に、ユダヤ教の歴史を概観したい。ユダヤ教史の記述の仕方も様々であるが、本書では、大きく、聖書時代、ラビ・ユダヤ教時代、中世、近現代に分ける。これは、それぞれの時代のユダヤ教の関心がどこにあったか、そのエートスや対峙した課題を考えた分け方でもある。その課題に対峙した結果、それぞれの時代においてユダヤ教は変容していく。また、地球儀を外から見るようにユダヤ教の発展史を俯瞰すると、地域的な広がりにおいて次のような変容を見て取れるのではないだろうか（表2参照）。

聖書時代とは、ヘブライ語聖書に記述されているまでの時代、すなわち、具体的には、父祖の時代から歴史学的・考古学的にその存在が実証できる王国時代以降、バビロン捕囚、そしてバビロン捕囚後の第二神殿時代である。この聖書時代のユダヤ教は、神殿祭儀を中心とするユダヤ教である。また、その地域は、中東、特にパレスティナ地域が中心である。ユダヤ教はバビロニアとエジプトの間を放浪しながらカナンの地へと中心を定める。

しかし、紀元七〇年の第二神殿崩壊を一大転機として、ユダヤ教は性格を変える。神殿崩壊とは、それまでのユダヤ教の信仰の中心を喪失したということである。パレスティナ地方を中心としていたユダヤ教が、ヘレニズム諸国家の抗争という大河の中に飲み込まれていく。以後、聖書時代のユダヤ教はその性質を大きく変え、トーラーの学びを中心とするユダヤ教に転換する。それまでの祭司階級に代わって、トーラーの賢者であるラビたちが牽引するユダヤ教であったという点で、ラビ・ユダヤ教時代と呼ぶ。そして、パレスティナの中心から、ユダヤ民族の拡散が始まる。バビロニアをもう一つの中心として、ヨーロッパ、中東全域に活動の範囲を広げる。現代へといたるユダヤ教の基盤がラビを指導者として形成される。

中世は、中東・ヨーロッパで、ユダヤ教を母体にして生まれた二つの一神教であるキリスト教とイスラームが、国家という形をとり対峙しあう時代である。この二つの世界の中で、ユダヤ教は触媒のように両世界の間を移動、流浪する。ラビ・ユダヤ教時代に確立したベースを他宗教との関わりの中で維持・発展させることが、この時代のユダヤ教の中心課題である。イスラーム世界の中では比較的共存がうまくいったことが、中世ユダヤ哲学、詩文文学の発展におけるイスラームの影響から推察できる。他方、キリスト教圏では、様々な衝突に巻き込まれる。

近現代において、ユダヤ教は世界中に広がる。各地、他宗教との相克関係の中で、様々な事件、衝突が起こる。ヨーロッパの西の地域やアメリカでは同化現象が進行し、東欧ではハシディズムが進展する。他の各地では、その土地固有の発展がみられる。洋の東西でユダヤ教にはいわば逆行する傾向がみられるのに、結局、東ではポグロム、西ではショアに巻き込まれる中で、シオンの地に向かうというシオニズムの流れが生まれる。他方、他の宗教との関係だけではなく、近現代に生きる個人としての意識の覚醒の中で、様々な価値観とユダヤ教としてのルーツをどのように折り合いをつけるかということが問題になる。近現代において、世俗的ユダヤ人という存在が登場する。その反対の極には、非常に宗教的なユダヤ人の存在（超正統派など）がある。これらを二極とするスペクトラムの中に、様々な宗教度のユダヤ人・ユダヤ教徒が存在することになる。さらに、イスラエル国という中心ができたことで、自己の出自による新しいアイデンティティが創造されることになる。また、イスラエル国家の誕生による政治的紛争にも対峙することになり、国家と宗教という新しい課題が突きつけられる。つまり多元化する価値観との対峙がこの時代のユダヤ教の中心テーマである。

さらに、書物の民と呼ばれるユダヤ教徒は、節目、節目に書物を作り出してきた。特にバビロン捕囚の際の危機、第二神殿崩壊の危機に際して、前者ではヘブライ語聖書、後者では口伝トーラーを生み出した。これら二つの書物が後のユダヤ教を支える基盤となったのである。

聖書時代のユダヤ教（古代ユダヤ教）

神殿祭儀中心・ヘブライ語聖書の成立

ヘブライ語聖書の記述は天地創造から始まるが、ユダヤ教の最初の父祖とされるのはアブラハムである。創世記一二章において、神の命に従い、生まれ故郷カルデア（メソポタミア）を離れ、カナンへと向かい、神との契約関係に入るとされる。聖書には記述されていないが、ユダヤ教の伝統では、この過程においてアブラハムは唯一神ヤハウェを認識したうえで、神との契約関係に入ったことから、アブラハムはユダヤ教の父祖であり、唯一の神を認識した一神教の祖ともされる(4)。その後、エジプトを彷徨い、やっと授かった息子イサクを神に捧げるという神の試練に遭う（ヘブライ語で、アケダー「縛ること」と呼ばれる）。

イサクの子ヤコブは、名をイスラエルと変え、その十二人の息子がイスラエルの十二部族の祖となる。その後、飢饉状態にあったカナンの地からエジプトに移住し、やがてイスラエルの民はファラオの奴隷となり、厳しい労働に苦しむことになった。この民の苦しみを聞いた神からの召命を受けたモーセはイスラエルの民を導き、エジプトを出てカナンの地を目指すことになった（出エジプト）。シナイ山での彷徨中に、神はその教えであるトーラーをモーセに授与した。

カナンに入ってしばらくは、各部族のリーダーによる共同統治であったが、その後王国時代に移行する。しかし、多くの王が列強諸国の圧力と圧倒的な文化的影響力のもとで、唯一神ヤハウェに背き、内紛も頻発し、預言者が弾劾するところとなった。北王国であるイスラエルは、アッシリアに、南王国であるユダ王国もバビロニアに制圧された。南王国の多数のユダヤ人が、紀元前五八六年バビロニアに連行された（バビロン捕囚）。

バビロニアの圧倒的な影響力のもとで、ユダヤ教徒・ユダヤ人としてのアイデンティティを喪失しかねない危機的状況であったが、この時期に彼らは、彼らの起源に関する様々な伝承を聖典としてま

（4）創世記一二章以下参照。アブラハムは唯一神の発見者としてユダヤ教だけでなく、キリスト教、イスラームにおいても重要視される。三つの一神教を Religions of Abraham と総称することも多い。

エルサレム第二神殿模型（イスラエル博物館）

とめ始めた。これがヘブライ語聖書の起源であり、文字として書き下ろされた神の教えという意味での成文トーラーと呼ばれることになる。

第二神殿時代とその崩壊

アケメネス朝ペルシアのキュロス王によってバビロニアは滅び、捕囚民はエルサレムに帰還した。紀元前五一五年、エルサレムに第二神殿が再建され、聖書時代のユダヤ教信仰が再生したかに見えた。しかし、既にエルサレムはヘレニズム世界の只中にあった。世界史の表舞台で語られるアレクサンドロス大王の大国、そして分裂したシリア、マケドニア、エジプト、パルティア、さらにはローマ帝国へと、強大国の支配権と様々な思惑が交錯する地と化していた。ユダヤ教の迫害を図るセレウコス朝シリアの王アンティオコス四世エピファネスに徹底抗戦を図り誕生した自治国家マカベア王朝は、まさにこれらの大国の思惑の中で大海に漂う木の葉のごとく翻弄されることになる。

ティトゥス帝の凱旋門（ローマ）のレリーフに描かれるエルサレム神殿の崩壊；七枝の燭台が運び出されようとしている

このカオス的状況の時期には、ヘレニズム思潮の影響を受けて、ユダヤ教内部に様々な外典・偽典文学が生まれ、グノーシス思想、過激な愛国思想、俗世間を離れ共同生活を送るクムラン教団、ヨルダン川での洗礼運動など、思想的にも百花繚乱の様相を呈した。イエスの運動もこのような時期を背景として生まれた。

マカベア王朝末期のヘロデ大王は、ローマ帝国の傀儡と化しながらも、目まぐるしく移り変わるローマ帝国の支配者の間をしたたかに渡り歩き、時に大胆に時に泣きつきながらも支持を得て、この時代を生き延びた。しかし、紀元七〇年、ローマ皇帝ティトゥスによりエルサレム第二神殿は、ついに破壊される。ここに、ユダヤ教徒は国家という形態を失い、ヘブライ語聖書以来のユダヤ教の信仰の中心である神殿を失った。これは、ユダヤ教徒にとって前代未聞の大打撃であった。以後、ユダヤ教徒は領域国家として形をとることなく、他国に寄生しながら存在を続けることになる。そして、信仰実践の中心であった神殿祭儀を失い、信仰的にも路頭に迷うことになった。

ラビ・ユダヤ教の進展——口伝トーラーの成立

この危機に瀕したユダヤ教を結果的に引き継ぐことになったのが、トーラーの学びを信仰の中心に据え、ヘブライ語聖書にまつわる膨大な伝承、議論を継承していたグループであった。彼らの指導者を、聖書に長けた師という意味合いでラビと呼ぶので、彼らが率いた新しいユダヤ教の形をラビ・ユダヤ教と呼ぶ。

第二神殿崩落が迫るさ中、エルサレム城内から棺桶に潜み味方を欺いて神殿を抜け出した人物がいた。それがラバン・ヨハナン・ベン・ザッカイである。彼は、ローマに徹底抗戦する味方に見切りをつけてエルサレムを後にしたのだった。そして敵将ウェスパシアヌス帝に直接交渉し、ヤブネに学塾を開くことを約束させた。それこそが、やがて崩落する神殿に代わり、ユダヤ教の中心となる口伝トーラーを発展、継承させる場、すなわち、ラビ・ユダヤ教の中心地として機能することになるのである。

この学塾を中心として、ユダヤ教の膨大な法規が収集され、暗記され、記憶に叩き込まれて、さらに次世代に口伝の形で伝えられた。これが口伝トーラーとなる。口伝トーラーは、あらゆるユダヤの知、慣習、風習、議論を後代に伝えることになり、現在のユダヤ教の基盤を作ったのである

中世ユダヤ教――一神教との対峙

ユダヤ史のごく初期の時代から、ユダヤ人・ユダヤ教徒は中東一帯、ヨーロッパ一帯に拡散した。捕囚後もバビロンに残ったユダヤ人口はかなりの数に上るとされ、それがパレスティナに並ぶもう一つのラビ・ユダヤ教の中心地を形成することになった。七世紀にアラビア半島にムハンマドが登場しイスラームを確立した後、バビロニアはイスラーム政権の支配下に置かれることになった。やがてエルサレムも、イスラーム勢力に対して無血で明け渡されることになった。

他方、ヨーロッパでは、ローマ帝国がキリスト教を国教化し、ローマ帝国に代わるゲルマン民族の国家が立て続けにキリスト教に改宗することになった。

かくして、中世では、中東を中心にイスラームが覇権を握り、ヨーロッパ世界ではキリスト教が覇権を握り、イスラーム圏とキリスト教圏に二分され、ユダヤ教共同体の大部分がこの二つの文化圏に入った。啓典の民としての保護を受けたイスラーム圏のユダヤ教共同体は、イスラーム王朝に重用されるエリートを輩出し、イベリア半島にて文化的にも黄金時代を迎える[5]。アイユーブ王朝サラディンの侍医として仕え、ユダヤ哲学者として合理主義的アリストテレス哲学と伝統的なユダヤ教を結合さ

(5) この時期のイベリア半島のユダヤ人をルーツとするグループをスファラディーム、他方、中部ドイツ以東に居住したユダヤ人をルーツとするグループをアシュケナズィームと総称する。

せたマイモニデス（一一三五～一二〇四）はその代表である。

他方、キリスト教圏ではユダヤ教徒への憎悪が広がる。国王の保護民として金貸し業に従事したユダヤ教徒が蓄える富への妬み、聖書でのキリスト殺しとしてのユダヤ人のイメージが重なり、ユダヤ教共同体への襲撃が頻発した。一〇九六年に派遣が開始された十字軍では、正規の十字軍の前に出発した扇動的な民衆十字軍により、ライン河沿いのマインツ、ヴォルムスをはじめとするユダヤ共同体が襲撃の対象となった。二週間の間に何千人ものユダヤ教徒が焼き殺されたという。さらに、黒死病が流行した際には、まことしやかにユダヤ教徒、あるいはキリスト教徒に改宗した元ユダヤ教徒が井戸に毒を巻き込んだなどの風聞が飛び交い、多くのユダヤ共同体が襲撃された。さらに、ユダヤ教徒、改宗した元ユダヤ教徒が、キリスト教徒の子息を過越しの祭り期間に誘拐、殺害し、その血を祭りに利用しているという噂が流れ、関係するユダヤ教共同体が報復として襲撃され、多数のユダヤ教徒が殺害されるという事件がヨーロッパ各地で相次いだ。これを血の中傷事件と呼ぶ。このような困難な状況の中で、ユダヤ教聖典を正確に解釈するラシ(6)らの注釈学が発展した。トーラー、先人の伝承の高い精神性を体現しようとした彼らの学問は、迫害時代の拠り所となった。

一四九二年イベリア半島にスペイン王国が成立し、イスラーム勢力が駆逐され、全ヨーロッパが再び、キリスト教圏となった。王国成立と同時に国内のユダヤ教徒の追放が宣言され、ユダヤ教徒は国外への退去か、キリスト教への改宗を迫られた。改宗者は、周囲よりマラーノ（「豚」を意味する蔑称）と呼ばれた。内心ではユダヤ教信仰を続ける者、逆に極度にキリスト教化しユダヤ教徒を迫害する者も出現し、ユダヤ共同体の分裂という新たな問題を生み出した。追放されたユダヤ教徒の多くはオランダ、トルコ帝国内に逃げた。

十七世紀半ばに、トルコ出身でメシアを自称するシャブタイ・ツヴィが出現した。その奇行ゆえに、イズミールのユダヤ共同体からは早々に破門されるが、預言者であるガザのナタンの助力もあり、シャブタイ・ツヴィをメシアと掲げる運動は、沈鬱したヨーロッパや中東のユダヤ共同体を瞬く間に席巻した。しかし、紆余曲折の末トルコ当局に逮捕されたツヴィが、スルタンの前でイスラームに改宗するという結末を迎える。メシアという一縷の光を見ようとした多くのユダヤ教徒が我に返った瞬間であった。

以後、メシア運動や伝統的なユダヤ教とは一線を画し、ヨーロッパのそれぞれの地で生きていくことを考えるユダヤ教が出現する。運動の挫折は、近代理性的なユダヤ教の覚醒と、個々人の祈りと実践の中で神との合一を果たす敬虔主義（ハシディズム）という二つの潮流を生み、近現代ユダヤ教への布石となった。なお、シャブタイ・ツヴィとほぼ同時期のアムステルダムでは、もう一人のユダヤ人が破門された。それがスピノザである。

（6）ラビ・シュロモ・イツハーキ。一〇四〇〜一一〇五。ヴォルムス、マインツで活動。聖書、タルムードの字句を簡潔に解釈、かつ先代の解釈伝統を倫理的に結晶化した。彼とその後継者の注釈は現代においても重要である。

近現代ユダヤ教——ユダヤ教の多元化

十九世紀末より、西欧・アメリカ合衆国では、ユダヤ教の改革が進む。彼らは積極的にキリスト教社会に進出し、居住する国家の国民としての意識を高め、改革派の源流となる。キリスト教への改宗、同化も進んだ。

代表的な啓蒙主義の思想家にモーゼス・メンデルスゾーンがいる。彼は一七六三年ベルリン王立科学アカデミー懸賞論文で、カントを抑えて一等賞を獲得した。プロイセンの劇作家レッシングをはじめ、メンデルスゾーンの人間性にほれ込む知識人が続出し、ユダヤ教徒・ユダヤ人のイメージを変えることになった。彼を契機に、ドイツ、フランスでは、それぞれの国民としての意識を、ユダヤ人・ユダヤ教徒としての意識よりも強く持つ人々が現れた。

モーゼス・メンデルスゾーンの肖像画（アントン・グラフ画，1771年，ライプチヒ大学所蔵）

他方、東欧では、個々人の日々の生活の中で祈りと踊りを重視し、その中で神との交流を見出すハシディズムが拡大した。このユダヤ教の二極化は現在でも尾を引いている。

ロシア帝国領内においては、十九世紀末期よりユダヤ人迫害（ポグロム）が頻発した。他方、同化が進んだはずのフランスでは、一八九四年、フランス陸軍参謀本部のユダヤ人大尉アルフレド・ドレフュスがスパイ容疑で逮捕されるという、ドレフュス事件が起こる。作家エミール・ゾラらが激しく軍部を糾弾し、一九〇六年になり無罪判決が出るが、自由で平等なはずのフランス社会においても、反ユダヤ主義が潜在することが露呈されたこの事件は、ヨーロッパ以外の地にユダヤ人国家の建設を目指すシオニズム運動の引き金となった。特に、フランス出張中に直接事件を見聞したオーストリアの新聞記者テオドール・ヘルツルの著作『ユダヤ人国家』が、シオニズム運動の先駆けとなった。

東欧からのユダヤ人移民（ハシディズム系）を迎え入れるアメリカの啓蒙主義的ユダヤ人（色彩画, 1901 年）

シオニズム運動も決して一枚岩ではなかったが、ナチス・ドイツの台頭と彼らによるユダヤ人大虐殺（ショア）の拡大を受けて、欧米、ロシアを中心とするユダヤ人に支持され、一九四八年、イスラエル国家が成立した。しかし、周辺アラブ諸国との軋轢、ユダヤ教自体の多元化、出自国によるユダヤ教内の格差、正統なユダヤ教とは何かという問題、イスラエル内のユダヤ人と非ユダヤ人の地位の格差など、様々な課題に直面している。

第二章　ユダヤ教のエッセンス

唯一の神・二つのトーラー・多数の人間

シェマァ・イスラエルに見るユダヤ教の三位一体

ユダヤ教において大切な要素は、神が唯一であること、その神が二つのトーラーに体現されていること、そして、それを多数の人間が実践し継承していくことである。これは、私流にいえばユダヤ教の三位一体である。

そして、これらの要素は、ユダヤ教の祈りの中で極めて重要であり、最も頻繁に言及されるシェマァ・イスラエルという祈りに凝縮されているように思う。これは、申命記六・四〜九、「聞け、イスラエルよ」で始まる一連の章句であり、ユダヤ教の教えの真髄を表すとされる。この部分は、一日に二度の礼拝の中で朗唱される。「聞け」という始まりの語に値するように、耳に聞こえるようにはっきりと発音しなければならない。多くの場合、目を閉じて片手の掌で目のあたりを覆う。視界

房を握りしめ右手で目を隠してシェマァ・イスラエルを唱える子供

を遮り、一言一言、集中して声にし、耳から「聞く」のである。冒頭部分のシェマァ・イスラエルは、特に、日常の様々な場面で万能の役割を果たす祈りの章句である。朝起きたとき、礼拝の様々な局面でトーラーの聖櫃を取り出すとき、また、夜寝る前に、何度も口にされる章句である。さらに、悪霊退散の力を発するとも考えられた。また、祈りの際に額に付ける小箱テフィリーンや家屋の出入り口に付けるメズザーの中には、このシェマァ・イスラエルに該当する聖句が羊皮紙に書かれているものが納められている。賢者を代表するラビ・アキバは、ハドリアヌス帝の迫害下で捕えられ、投獄され、磔刑に処せられた。その期に及び、なお、高らかに唱えたのがこのシェマァ・イスラエルであると言われる。

以下、シェマァの内容を概観しながら、ユダヤ教のエッセンス、中心理念を考えたい。

シェマァ・イスラエル（申命記六・四〜九）

聞け、イスラエルよ。我らの神、主は唯一の主である。あなたは心を尽くし、魂を尽くし、力を尽くして、あなたの神、主を愛しなさい。今日わたしが命じるこれらの言葉を心に留め、子供たちに繰り返し教え、家に座っているときも道を歩くときも、寝ているときも起きているときも、これを語り聞かせなさい。さらに、これをしるしとして自分の手に結び、覚えとして額に付け、あなたの家の戸口の柱にも門にも書き記しなさい。

唯一の神

「聞け、イスラエルよ」

ユダヤ教の最大の特徴は「唯一の神」を掲げている点である。そして、その唯一の神への信仰箇条ともいわれるこの箇所が、「シェマァ」で始まっていることである。つまり、聴覚に訴える一つの神であるということである。

ヘブライ語聖書の唯一神観の起源やその性質については諸説ある。そして、ヘブライ語聖書の神観念が純粋な一神観といえるか断言はできない。オリエントの様々な多神教文化からの影響も指摘される。しかし、重要なのは、ユダヤ教が神とは「唯一」なるものと考えている点である。これは、多くの神々の中で一つの神を特に崇拝するという「拝一神教」とは異なる。神的存在自体が唯一であると考えることである。さらに、その神は、山や岩や湖のように自然物ではない。また、自然界の動物や空想上の生物や自然界の事物などの具体的な像として結実しない。しかし、聖書の中の神は、人間に対して人間が理解可能な「言葉」で命じ、人間界に介入する。その命じるところは極めて倫理的であり、道徳的である。それにもかかわらず、その神は人間のような像をとることはない。唯一の神的存在であり、人間的な会話をしながら、像を結ばない点に特徴がある。

だからこそ、ユダヤ教の祈りの根幹でもあり、ユダヤ教の信仰箇条ともいわれる、このシェマァ・イスラエルが、「見よ」ではなく、「聞け」で始まることは示唆的である。なぜならば、イスラエルの神は、目に見える神ではなく耳に聞こえる神、像ではなくて「言葉」を語り、「言葉」によって介入する神であることを暗示しているからだ。そして、上述のように、この章句が一日に何度も口にされるのを耳にすることによって、ユダヤ教の神が耳から入る神であることが刷り込まれていくのではないだろうか。

「我らの神、主は唯一の主である」

続いて、神が唯一であること、「我らの神、主は唯一の主である」と断言される。ここで、本来複数形であるヘブライ語のエロヒームに所有の人称接尾辞が付いたエロヘイヌー「我らの神（複数形）」が、単数形の神の名ヤハウェ[7]と結び付けられ、そのヤハウェが一つであると言われることによって、聖書の中の複数形の神エロヒームと単数形のヤハウェが一体化する。そして、実際には唯一ではなく、一つであると言われる。一つであること――これは、数の上での一つということだけでなく、一体であるということも意味する。様々な性質に分けられるのではなく、一体化したものであり、たった一つであるということも意味するのではないか。

シェマァ・イスラエルの冒頭で示唆される「聞かれる」神というのは、イスラエルの神が顕現し、このシェマァ・イスラエルが発せられ、イスラエルの民が放浪することで、ユダヤ教の原型を育んだ砂漠という環境をもまた反映している。このあたりの砂漠は、さらさらの砂地というよりも、岩場がごろごろと広がり、荒れ果てた大地である。乾期にはからからになる。草木のない砂漠には、草木を食する小動物がいない。鳥類、動物類も極めて少ない。すると、砂漠に身をおいて最初に感じることは、大いなる静寂である。この静寂の地に、最もインパクトのある顕現の仕方は、「音」による顕現ではなかったろうか。

死海近くにて（筆者撮影，2009年3月28日）

さらに、神が自然の事物に宿らないという特徴は、砂漠的状況にも関係する。かつて和辻哲郎も『風土』で論じたように、砂漠的環境は、乾燥ゆえに、人間を育むどころか、人間に対して対決する存在である。人間を保護するような神にはなりえない。さらに、このような厳しい環境を生き延びるためには、命令系統は一本化されなくてはならなかったという。その神は人間に対峙する自然の形をとるわけにはいかなかったのではないか。限りなく人間に近い形で、そして、大いなる静寂に最もインパクトを与える声の形で、そして、単一の命

（7）ただし、ユダヤ教の伝統においては、この神の名自体は、通常アドナイ「我が主（複数形）」というふうに、あくまでも複数形の名詞として発音される。

シナイ山にて（筆者撮影，1990 年 8 月 14 日）

令系統としての唯一の神として、顕現したのではないだろうか。唯一の神であり、声として臨在する神であったのではないか。

　むろん、砂漠だけが唯一神教の起源ではない。また、和辻の一神教砂漠起源論は、根拠がないと否定され、すこぶる評判が悪い。しかし、人間も環境の一部である。人間が生み出した観念の形成に、それが置かれた環境からの作用を全く無視するというのは、逆に傲慢なのではないだろうか。実際、最近では学問の分野でも風景学、風土学が再燃している。また、同じ砂漠の民であっても、なぜアラブの民は支配側に回り、イスラエルの民は被支配者になったのかについては、両者が主として所有した家畜の違いを考慮すべきだという興味深い解説もある。さらに、ユダヤ教は、その後の歴史において、いつどうなるかわからないという二者択一的な世界に置かれていた。周りは当てにならないという意識は、環境は当てにならないという砂漠的状況に似ている。そのような中で歴史の中に雲散霧消しなかったのは、この民を指示する命令系統が一貫し、ぶれなかったからではないだろうか。むろん、ヘブライの民が二人いたら政党が三つできるといわれるほど、ユダヤとは多種多様な見解が飛び交う社会である。しかし、それを統制する大元がぶれないということが生き延びていくときに大切だったのではないだろうか。一貫性と多様性のせめぎ合いが、また生きるエネルギーを産み出したのではないだろうか。

ヘブライ語聖書とその解釈であるミドラシュの伝統では、唯一神観の成立には、アブラハムとモーセが関わっている。アブラハムは、バビロニアのウルの出身であり、カナンへと動き、そしてエジプトを経由してカナンに戻って来た。一方、飢饉のためにエジプトに居住したイスラエルの民の末裔であったモーセは、民を率いてエジプトを脱した。そのモーセを残してイスラエルの民はカナンの地へと赴く。この経路は何を意味するか。それは、イスラエルの民が、バビロニア、エジプトという強大なる文明の狭間にあったということである。これらは、かたやジグラット、かたやピラミッドに代表される大建造物を作り出し、様々な神々が王権と直結した多神教世界であり、物質文明の極みであった。このような文明に接触しつつ、イスラエルの民は、あえてそのどちらでもない道を、その狭間の地で展開させることになったのである。山我によれば（『一神教の起源』）、それは革命的出来事であったとされる。結局、バビロニア文明もエジプト文明も歴史の中で過去のものとなったが、その狭間、マージナルな領域に生まれた一神教は、依然生き延び、さらに、キリスト教やイスラームを産み出すことにより、世界の人口の半分以上を占めることになったのだ。(8) これも、マージナルな領域、境界がもたらす逆説的な生命力であろうか。

（8）http://www.worldometers.info/world-population/（二〇一六年一月三十日アクセス）によれば、世界人口中キリスト教徒が占めるのは三一パーセント、イスラーム教徒は二三パーセント、ユダヤ教徒は〇・二パーセントである。

成文トーラー（エルアド・ローゼンハイム氏撮影）

二つのトーラー

「これらの言葉」＝神からの贈り物

シェマァ・イスラエルの中に「これらの言葉を」とあるが、この「言葉」に当たる単語が複数形であることから、後代のミドラシュは、これが二つのトーラーを指すと考える。前述のように、イスラエルの唯一の神は、何の事物にも宿らず、耳から入る言葉、石板に刻まれた言葉として顕現した。言葉は神からの贈り物である。

成文トーラー

トーラーとは、広義では神の教え全体を指す。狭義ではヘブライ語聖書、さらに狭義では、その中でも法規に関するモーセ五書[9]部分を指し、律法とも訳される。ヘブライ語聖書は、モーセ五書（トーラー）、預言書（ネヴィイーム）、諸書（クトゥヴィーム）に分かれ、頭文字をとって、タナッハと呼ばれる。[10]モーセ五書部分は、毎週の安息日礼拝で七人の成人信徒によって朗読され、一年周期で読了される。ヘブライ語聖書はヘブライ文字で「書かれている」ので、成文トーラーとも呼ばれる。また、毎週朗読されるもの、読み上げられるものという意味でミクラとも呼ばれる。

ヘブライ語聖書は、ユダヤ民族のルーツの歴史とそこに関わる神の介入の物語であり、編纂はバビロン捕囚期と考えられる。バビロン捕囚は、ユダヤの民にとっての一大危機であった。伝承では、一万人の人間が捕囚された。物理的な国土の喪失もさることながら、問題は精神的な支柱の崩壊の危機にあった。バビロニア大帝国の圧倒的な文明を目の当たりにし、ユダヤの民は自分たちの伝承を残すという手段を選んだ。これがヘブライ語聖書の元となる。父祖について、モーセに与えられた戒律について、イスラエル王国の歴史など様々な重複もする伝承が収集され、さらに捕囚からエルサレムに帰還後、編集の手が加えられながら正典化されていった。こうしてヘブライ語聖書が完成する。

神殿からトーラーへ

バビロニア帝国の滅亡と共に、捕囚されたイスラエルの民はエルサレムに帰還し、再びその地に神

---

(9) 創世記、出エジプト記、レビ記、民数記、申命記。

(10) いわゆる旧約聖書に該当するが、「旧約」は、イエスを中心にした「新約」聖書（ギリシア語）を掲げるキリスト教での呼称であることに注意したい。新約聖書を聖典としないユダヤ教にとっては決して「旧い」契約ではない。本書では「旧約聖書」の代わりに、より中立的な「ヘブライ語聖書」という表現を用いる。

殿が建立された。しかし、やがてユダヤ民族最大の危機が訪れる。紀元七〇年の第二神殿の崩壊である。既にローマ帝国の傀儡と化したヘロデ大王の下、国家体制として風前の灯であったユダヤの民の精神的宗教的拠り所にとどめをさした。ヘブライ語聖書におけるユダヤ教は、モーセに命じられた膨大な法が表すように、神殿で祭儀をすることが信仰実践の中心である宗教だった。祭儀によって民の罪は贖罪されたのである。しかし、その中心にあるべき神殿が崩壊してしまった。さて、どうするか。

そこで、神殿に取って代わったのが成文トーラーの学びであった。神殿が崩壊してしまった今、残されたのはヘブライ語聖書だけである。そこで、この残された神の言葉を徹底的に解釈し、そこで語られていることを日常生活の中で実践し、さらに既に自分たちの世代までに継承されてきた慣習や法規を結び付けることにより、ヘブライ語聖書を神殿に代わる信仰と生活の中心に据えることを求めようとしたのである。しかし、神殿無き時代のユダヤ教を牽引しようという壮大なヴィジョンがあったのかどうかは、定かではない。ヘブライ語聖書の言葉を逐一解釈し、ありとあらゆる伝承を収集しようとするグループが、既に荒廃した神殿末期時代の様々な思潮が百花繚乱する中に存在しており、神殿崩壊後、様々なグループの中で生き残ったという方が状況にあっているかもしれない。

口伝トーラー

ヘブライ語聖書は、多くの場合、省略を含んだラフな叙述である。意味不明の表現も多々ある。古代の書物には共通してみられる特徴であろう。そして、古代末期のラビの時代には、多くの記述が時代錯誤となり、実行できない規定も多数生じている。このような場合、どうする道があるだろうか。一つには、精神化、抽象化し、その精神だけをありがたく奉るという方法であろう。安息日も食物規定もいわば精神化し、これらの規定の根底にあるだろう精神を尊ぶことにより、実行したことにするという立場である。パウロの言うところの肉による割礼ではなく、精神における割礼である。安息日を聖なるものとし休息せよ、仕事をしてはならない、という規定から、安息日を聖なるものとするという精神だけを抽出することによって、肉体的な意味での仕事を休息するという部分については不問に付すという解決手段である。しかし、ユダヤ教はそうはしなかった。あくまでも、可能な限り肉体性にこだわったのである。可能な限り、「聖書に……せよ」、「……してはならない」と記述されていることを肉体的な意味で実行しようとしたのである。

しかしながら、ヘブライ語聖書の表現は簡素である。また時代のギャップもある。そこで、時空を異にしてもなおヘブライ語聖書に記述された神の言葉を肉体的に実行するために、聖書の一字一句、行間を解釈し、実行可能なものにしようとしたのである。さらに、既に慣習として伝わってきた実践を、ヘブライ語聖書に関係付けることでその正当性を主張しようとした。これらのヘブライ語聖書の一字一句に着目した解釈とその伝承は、口伝の形で伝えられた。それは、はるかかなた昔のアブラハム、モーセから始まるヘブライ語聖書という書物をいつの世にも形骸化させることなく、自分たちの生活の中心に据え、そこに書かれたことをいつの時代にもどんな場所でも実行することを可能にした成文トーラーを実行するための言わば取り扱い説明書となった。そして、収集された伝承が、さらに解釈の対象となり、さらなる伝承を生み膨張していくことになった。書かれた聖書を補う膨大な解釈によって生まれた伝承群は、口伝で伝えられることを基本としたので、口伝トーラーと呼ばれる。

口伝トーラーのジャンル

ハラハーとアガダー

口伝トーラーは、さらにジャンルによって以下のように分けられる。ハラハー（ハラフ「歩く」からの派生語）とは、道標のようなニュアンスであるが、生きていく上で求められる行為の指標となる法規である。安息日を守る、食物規定を守るなどの、生活の隅々までを規定する法規のことを指す。例えば、こうして生まれた膨大なハラハーをラビ・イェフダ・ハナスィが結集《けつじゅう》したのが『ミシュナ』と呼ばれる書物になる。

他方、口伝トーラーは、法規以外の様々な伝承——神学議論、聖書の登場人物の物語、ラビたちのエピソード、民間伝承的な話など——も含む。これらを総称してアガダー（ヒギード「語る」の派生語）と呼ぶ。例えば、後述のアブラハムが偶像崇拝を打破するテクストである。

ミシュナとミドラシュ

さらに、口伝トーラーの学び方には、ミシュナとミドラシュがある。ミシュナとは、繰り返し覚える、という手法である。特に、前述のハラハーについてはこのミシュナという方法が採られた。ひたすら繰り返し暗誦することによって習得する方法である。他方、聖書の語句をより深く突き詰めて探索するという方法がミドラシュ（ダラシュ「探索する」、「要求する」）である。聖書の語句をより深く解釈し、伝承を産み出したり、既存の伝承と聖書を関係付ける方法である。法規ジャンルを扱うミドラシュはミドラシュ・ハラハーと呼ばれ、法規以外の伝承と聖書を関係付ける場合には、ミドラシュ・アガダーとなる。

口伝トーラーは人間の解釈と継承によって伝えられていくものであるが、成文トーラーが与えられたシナイ山で、実は口伝トーラーも与えられたとラビたちは考えている。

ほむべきかな聖なるお方がシナイ山で顕現されてイスラエルにトーラーをお授けになったとき、神は、それを聖書、ミシュナ、タルムード、アガダーの順でイスラエルにお与えになった。

（出エジプト記ラッバー四七・一）

この伝承には、成文トーラーの中に既に口伝トーラーが含まれていると理解していることが窺える。その口伝トーラーを探し出すのが後代の人間の務めである。ユダヤ教の特徴は、このヘブライ語聖書として書かれたトーラーと、そこから派生する口伝トーラーの両者が共にシナイ山でモーセに与えられたとし、共に同等の地位にあるものとしたところにある。先述のシェマァ・イスラエルの中に出てきたヘブライ語の「これらの言葉を」が、聖書中の別の箇所にも出てきているが、その表現に関して、ラビたちは主張している。ここで「言葉」が複数形であることから、成文トーラーと口伝トーラーの両方を指すのだと。

ユダヤ教を特徴づける膨大な戒律、規律は、この口伝トーラーによって伝承された。この戒律群は、傍から見ると大変な負担のようであるが、ユダヤ教からすると、自分たちと他の民を区別するアイデンティティのもとになったのである。

ほむべきかな聖なるお方はイスラエルに二つのトーラー、つまり書かれたものと口伝のものを与えられた。かのお方は六百十三の戒律が記された成文トーラーを与えられ、イスラエルを法規で満たされた。それを守ることでイスラエルは徳を重ねることができる。そして、かのお方は口伝トーラーを与えられた。それによってイスラエルは他の諸国から区別されることになった。これは書かれた形では与えられなかった。というのは、イシュマエル族[11]が、成文トーラーを偽造したように口伝トーラーも偽造して、自分たちがイスラエルであると言わせないようにするためである。（民数記ラッバー一四・一〇）

トーラーがこの二重の形で与えられることによって、イスラエルの民と他の民が区別されたと考える。口伝トーラーを受け入れ実行することを自ら選んだがゆえにイスラエルは選民であると考える。選ばれた民から選ぶ民への選民思想のパラダイム転換と口伝トーラーの関係については、後述の「選民思想について」の項参照のこと。

なぜ口伝であったのか

ラビたちは成文トーラーと口伝トーラーを明確に区別するように主張する。

書かれたトーラーの言葉は口伝によって語られてはならないし、口伝によって伝えられる言葉は書き留められてはならないということである。「これらの言葉を書き記しなさい」（出エジプト記三四・二七）とは、これらの言葉だけをあなたは書き留めなければならないが、口伝で伝えらえる言説は書き留めてはならないということである。

（バビロニア・タルムード、ギッティーン篇六〇b）

アラム語訳聖書を朗読するにあたっても、それが成文トーラーに書かれているかのような読み上げ方は禁止される。サウル・リーベルマンによれば（『テクスト研究』）、タナイーム時代には、記憶に長けた者がまさに生き字引として機能し、必要に応じて、「……の……はどんな伝承であったか」と問われては、それを暗唱したという。やがて、そのような伝承群は、紀元二〇〇年頃にラビ・イェフダのミシュナとして結集される。

口伝で伝えられたことの一つの理由として、ラビの議論によくあるのが、成文トーラーが書かれ

(11)　イシュマエルは通常アラブ民族の祖とされるので、イシュマエル族はムスリムを指すように思われるが、ここでは中世のキリスト教教会の検閲を逃れるための隠語であり、実際にはキリスト教徒を指すと考えられる。

て与えられたのであるから、その違いを明確にするために成文トーラーから派生した伝承は口伝で伝えられるべきであったという指摘である。そして、前述の伝承にもあるように、イスラエルと他の民を区別するために口伝で伝えられたという。実際には、メモ程度の筆写もあったのではないかと考えられており、本当に口伝であったかどうかはユダヤ学でも議論中である。しかし、原則として口伝であったことは、以下のような結果をもたらした。

口伝トーラーは成文化されない分、融通性を有しており、かっちりと確定した成文トーラーを後代の状況の変化に応じて適応させることができた。さらに、口伝トーラーは成文化されたトーラーとは違って、範囲が区切られることはない。だからこそ、可能な限りの伝承を連想的にさらに吸収、吸引することができたのではないだろうか。この伝承の海は、長い間国というものを持つことができなかったユダヤの民の共通財産、拠り所として機能したのではないだろうか。

さらに、口伝という手段しかないという状況が、より真剣に記憶に叩き込まざるを得ないという状況を生んだのではないか。記憶はカタチにはならない。カタチあるものは滅ぼされる。しかし、カタチないものは滅ぼしようがない。カタチないものの逆説的な強靭さが結果的にもたらされたのではないだろうか。それは、ちょうど、先に見た辺境に発生したカタチなき神を掲げる一神教の逆説的な強さであったのかもしれない。

多数の人間

教育と実践

シェマァ・イスラエルはイエスの言葉の中にも登場する。律法の専門家に、律法の中で最も大切な掟は何かと聞かれて、イエスが答えたとされるのが、「心を尽くし、精神を尽くし、思いを尽くして、あなたの神である主を愛しなさい」である（マタイ二二・三四～三七、マルコ一二・二八～三四、ルカ一〇・二五～二八）。これは、イエスの時代において既に、このシェマァ・イスラエルが特別な意味を有していたことを表す(12)。しかし、イエスが引いているのは、唯一の神への帰依の部分だけである。一方、ユダヤ教における力点は、この抽象的な帰依だけにあるのではない。シェマァ・イスラエルとして唱えられるのは、その後の部分も含めてである。ユダヤ教の場合は、後述される「子供たちに繰り返し教え、家に座っているときも道を歩くときも、寝ているときも起きているときも、これを語り聞かせなさい。さらに、これをしるしとして自分の手に結び、覚えとして額に付け、あなたの家の戸口

(12) マタイでは、もう一つの重要な掟「隣人を愛しなさい」は独立している。しかし、マルコでは、イエスの言葉を受けた律法学者は「神は唯一である。ほかに神はいない」と言い換える。そして、「心を尽くして」と「隣人を愛しなさい」を合体し、さらにルカでは、律法専門家がイエスの問いに答える形で、この二つの教えが融合してしまっている。

の柱にも門にも書き記しなさい」までも含めて、シェマァ・イスラエルである。

教育の重要性

「子供たちに繰り返し教え」とは、教育の大切さを指す。事実、父親の重要な義務は子供を教育することである。タルムードは言う。トーラーの中で子供を育てる者は、果実をこの世において享受し、元手は来る世に残される者の一人である（バビロニア・タルムード、シャバット篇一二七ａ）。また、前述のシェマァの一部に対して次のような伝承が伝えられている。

息子にトーラーを教える者は誰でも、聖典はあたかも彼がトーラーをホレブの山で受け取ったかのように見なしている。「子や孫たちに伝えなさい」（申命記四・九）の後に、「あなたがホレブであなたの神、主の御前に立った日に」（同一〇）と続いているとおりである。

（バビロニア・タルムード、ベラホート篇二一ｂ）

子供への教育は、社会では学校制度の整備という形で現れる。紀元前一世紀前半のシメオン・ベン・シャタハの時代に既に学校制度を創設しようという試みがあったとされる。総合的な学校制度は第二神殿崩壊の数年前に、ヨシュア・ベン・ガマラによって導入されたという伝承がある。

ヨシュア・ベン・ガマラの名が永遠に憶えられるように。もし、彼がいなければ、トーラーはイスラエルから忘れ去られたであろうから。以前は、子供たちは自分の父親に教わったのであるが、その結果、孤児が取り残されてしまった。それでエルサレムで子供たちの教師が任命されることになった。しかし（町の外部に住む）父親は、子供を（エルサレムに）連れてきて教育を受けさせたが、再び（エルサレムに連れていく父親のいない）孤児たちは取り残された。それでそれぞれの地域で（高等教育のための）教師が任命されることで解決され、十六歳から十七歳の少年は彼らのもとに置かれることになった。しかし、ある時、教師がある子供を叱ると、子供が反抗して学校を去ってしまうことが起こった。ついにヨシュア・ベン・ガマラが、地方ごとに、町ごとに教師を任命するという制度を導入し、六歳から七歳の子供たちを彼らが預かることになった。

（バビロニア・タルムード、ババ・バトラ篇二一a）

これより、体系的な教育システムがヨシュア・ベン・ガマラによって整備される以前にも教育制度があったこと、しかも、自分の子供だけが教育を受ければいいのではなく、孤児の教育にも配慮されていたことが分かる。すなわち、共同体全体の教育が関心にあったということである。また、父親が教育に関わるという原則も窺える。

ユダヤ世界における教育は、どの地にあっても、ヘブライ語でトーラーを読めるようにすることが第一目的にあり、信仰実践の一環であった。しかし、これがひいてはユダヤ家庭の教育全般への情熱という形で浸透する。男児限定ではあり、ヘブライ文字という限定は付くが、文字が読めるということは識字率の上昇につながり、さらに、ユダヤ教の各祝祭を祝うには、ヘブライ暦における日にちが理解できるということ、つまり数を数える能力につながった。アリエスの『〈子供〉の誕生――アンシァン・レジーム期の子供と家族生活』によれば、中世キリスト教世界では、長きにわたって、子供は小さい大人であり、未完全な大人であり、子供を大切にするという空気はなかったと考えられる。近代になって初めて、「子供」を養育し教育するという文化が生まれたという。

それに対してユダヤ教社会では、紀元前後の時代から学校制度が整えられていることは特筆すべきである。しかも、アリエスによれば、慈しむべきかわいがる対象としての「子供」という概念が存在しなかったヨーロッパ中世と同時代の、カイロを中心とする地中海沿岸のユダヤ共同体の様相を証言するゲニザ文書（詳しくは第六章参照）では、子供への思いがビジネスレターの挨拶にも出てきており、子供の教育への熱意が語られている。

現代のイスラエルにおいても、国家が成立する前に既にヘブライ大学が設立されていた。子供の教育は高校まで基本的に無償である。障がいを持った子供の療育も早期からなされている。GDP当たりの教育費の割合も高い。ジューイッシュ・マザーは、教育熱心な母親である。東欧、ロシアのポグロムを避けてアメリカに移住したユダヤ移民たちは、ささやかな自由時間を街角での議論、様々な学びに費やしたという。

ヘブライ文字を学ぶエチオピア出身のユダヤ教徒
(*Encyclopedia Judaica*, Macmillan Peference USA; Second Edition, 2006)

いつ、どこに追放されるかわからないことを体感しているユダヤ人は、教育という目に見えないけれども身につけることによって確実に身をもって運べる財産を蓄積したのではないだろうか。

実践の重要性

シェマァ・イスラエルの八節以降、「さらに、これをしるしとして自分の手に結び、覚えとして額に付け、あなたの家の戸口の柱にも門にも書き記しなさい」も、今なお、文字通り実践されている。シェマァ・イスラエルとされる三箇所（クリアット・シェマァ）が書かれた細長い羊皮紙を小箱に入れて額に付けるのがテフィリーン、そして、その紐は、額と左腕、そして、指先に結び付けられる。その際、手の甲には、「全能」を意味するシャダイの頭文字シン（שׁ）の形をするように結ぶ。さらに、同様の羊皮紙を小さな箱に入れて戸口の柱に打ち付けてある。これをメズザーと呼ぶ。また、別の箇所にある祈りの房を取り入れているのが、タリートと呼ばれる祈りの際に巻きつける布である。この四隅に房が施してあり、アシュケナズィームのユダヤ人は、シナゴーグでのトーラー朗読の際には、この房でヘブライ文字を押さえながら読み進める。

このように、ユダヤ教では、シェマァ・イスラエルを唱えるとき、唯一の主への精神的な帰依だけを唱えるのではなく、テフィリーン、メズザーという実践をも含めて唱え、実際にそれを実践しているのである。そしてこれを行うのは人間である。信仰という心の部分だけではなく、実践の部分まで含めてのシェマァ・イスラエルである。ここまでを含めて、今なお実践されている点に、ユダヤ教における人間が実践すること、行為することが象徴的に表れていると思われる。

レオ・ベックは『ユダヤ教の本質』の中で説く。

ユダヤ教においては、宗教は単に経験されるのみならず、生活されねばならない。……神の前に人間を連れてくるのは正しき行為のみであり、このことはあらゆる人に要求されることなのである。

（有賀鉄太郎訳、七一頁）

人が神の言葉を実現させる生活を選ばないならば、全ての感情と知識、瞑想、悟得とは何ものも成就せず、またその生命も意義を失う。全ての経験は実践を要求する。経験は行為によってのみ、宗教経験となる。行為は人間と神と一致せしむべく神に導く。……信仰と謙譲とは、それ自身においては敬虔ではない。……行為がそれらに内容を与えるのである。

（同、一八四頁）

このレオ・ベックの書は、ハルナックによる『キリスト教の本質』内でのユダヤ教批判に反論するための書であるので、若干、差し引いて考える必要がある。また、彼自身は改革派のユダヤ教の旗手であり、ユダヤ教の時代錯誤的な儀礼については必ずしも言葉通り守る必要はないと考えていた。にもかかわらず、ユダヤ教の本質として実践を挙げているのは、いかに、実践がユダヤ人のメンタリティにおいて重要であるということを物語るだろう。

付記　選民思想について

高校の世界史や倫理の教科書で、ユダヤ教とセットで必ず言及される用語が、「選民思想」である。そして、この「選民思想」がユダヤ教のイメージを複雑なものにしている。なぜなら、「選民思想」は、選ばれる者と同時に選ばれない者を生み出すために、「思い上がった」民というイメージを与えてしまうからだ。しかし、そもそも全ての人間が神の似姿によって創造されたことからして、また聖書内の「寄留者」の規定（レビ記一一・三三〜三四）からわかるように、聖書の神は決してイスラエルだけを偏愛するものではない。また、決してイスラエルが強大であったから選ばれたわけではない。

聖書の中で、選民の意味での「選び」を展開させたのは主として中命記である。選ばれたイスラエルは、「神の宝」、「神の嗣業」として形容される。特に、出エジプトの事実は、イスラエルが神に選ばれたことの端的な証左として頻繁に言及される。

あなたの神、主は地の面にいる全ての民の中からあなたを選び、御自身の宝とされた。主が心引かれたあなたたちを選ばれたのは、あなたたちが他のどの民より数が多かったからではない。あなたたちは他のどの民よりも貧弱であった。ただあなたに対する主の愛ゆえに……エジプトの王、ファラオが支配する奴隷の家から救い出されたのである。あなたは知らねばならない。あなたの神、主が神であり、信頼すべき神であることを……あなたは今日、わたしが「行え」と命じた戒めと掟と法を守らなければならない。

（申命記七・六〜一一）

これより、イスラエルが貧弱な民であったことがわかる。決してイスラエルが優越していたわけではないのだ。そして「選ばれること」と、「あなたの神、主が神であることを知り」、「戒めと掟と法を守ること」が並置される。すなわちイスラエルの宗教の根幹の認識と実践に関わることである。

さらに申命記四・三四〜三五では、唯一神の認識が述べられている。

あるいは、あなたたちの神、主がエジプトにおいてあなたの目の前でなさったように、様々な試みとしるしと奇跡を行い、戦いと力ある御手と伸ばした御腕と大いなる恐るべき行為をもって、あえて一つの国民を他の国民の中から選び出し、御自身のものとされた神があったであろうか。あなたは、主こそ神であり、ほかに神はいないということを示され、知るに至った。

つまりイスラエルは無条件に神の愛を享受できる特権階級として恣意的に選ばれたのではなく、唯一の神である主を認識し、その主へ仕えること、主の戒め、掟と法に従うことを義務とすることを条件に選ばれたのである。

ラビ・ユダヤ教時代の聖書解釈の中で、選民思想は「選ばれる民」から「選ぶ民」へと変換していく。

「金の柄杓（カフ）」（民数記七・七四）。そして、ほむべきかな聖なるお方は、全ての中からイスラエルだけを選んだ。……なぜ、イスラエルだけを選んだのか。それは、諸国は全てトーラーを拒んだからである。しかし、イスラエルは喜んで、ほむべきかな聖なるお方を選び、手のひら（カフ。柄杓のカフからの連想）の五本指に例えられる五つの書からなるトーラーを選び、そして彼らはシナイで十戒を受け入れたのである。……ほむべきかな聖なるお方が口伝トーラーを与えられたので、彼らは他の諸国から区別された。

（民数記ラッバー一四・一〇）

これは、幕屋建設終了に際して、各部族の長が犠牲を捧げるという民数記七・七二以下を解釈の対象としている。民数記ラッバーの成立自体は十世紀頃ではあるが、この部分には、ラビ・ユダヤ教の聖書解釈で「選民思想」が語られる時に、時代を通じて頻出する以下の三つの点が凝縮されている。第一に、「選民」とは「選ばれた民」であると同時に「選んだ民」であるということ。第二に、イスラエルが選んだのは、唯一の主であり、中でもそれが体現するところのトーラーであるということ。第三に、そのトーラーが、成文トーラーと口伝トーラーという二重の形をとるということ、それによって、他者との区別を果たしたということである。

第三章　ユダヤ教の実践生活

ユダヤ教の時間感覚

ユダヤ教には多彩な年中行事、祝祭、通過儀礼があり、生活の中に独特のリズムを形成している。アブラハム・ヘシェルは『シャバット――安息日の現代的意味』の中で、ユダヤ教の特徴を時間の宗教だととらえる。多くの宗教が、聖地や何らかの出来事が起こった場所と空間を祝うことが多いのに対して、ユダヤ教は歴史、時間を祝う。確かに、後述する年中行事のほとんどがユダヤ教徒の「出来事」を記念するものであり、エジプトやエルサレム、シナイ山という「場所」を記念するものではない。また祝祭の多くが、家庭という最も身近な場で実践される。つまり、特定の場所へのこだわりはない。そして家庭を通して、親から子の世代へと、その祝祭の元となった「出来事」とその意味が語り継がれ、その出来事が共有され、追体験される。

トーレイフ・ボーマンは『ヘブライ人とギリシア人の思惟』の中で、ヘブライ語聖書の時間記述をギリシア人のそれと比較している。両者が、何によって時間を把握するか、そして、それぞれが使う言語、ヘブライ語とギリシア語の時制に相関関係があるという。

ギリシア的思惟（および、そこに端を発するヨーロッパ人）は、地球を巡る太陽の循環運動をもとにして、その影を機械的に移して時間を空間的に位置付ける。そして、時間を前後に見わたす一直線として表象する。前方に未来が、後方に過去があると考える。過去——現在——未来を軸として、さらに、過去完了、現在完了などの時制によって、時間軸に順番を付ける。時間とは、過去——現在——未来に向けて淡々と単調に進む目盛りに過ぎない。時間とは、過去から未来へと過ぎ去ってしまう空しいものである。そして、時間を超えた普遍で不変なる価値——美であったり、善であったり——を求めるようになる。それが西洋の形而上なるものを求める哲学の伝統のルーツでもあろう。

それに対して、ヘブライ語的思惟では、時間は月の相をもとにする。月が満ちては欠け、満ちては欠け、というリズムがもとになる。さらにヘブライ語の時制では、基本的に完了か未完了でしかない。基本的に、何かが終わったか終わっていないか、すなわち、満ちたか、満ちていないかで表されるのである。つまり、ヘブライ語の時間感覚は、空間的な直線ではなく、質的な変化によって表される。事実、ヘブライ語聖書では、時間を質的にとらえる。月の相が満ちて減ってまた満ちるという変化に伴い、光が決定的な基準を与える。つまり、明暗のリズムである。さらに、明暗のリズムは、時間の経過、季節の経過と共に大気が熱くなり冷たくなることにも表れる。こうした質的な変化、リズムを時間と考える。つまり、時間を質的なものとしてとらえている。創世記には、次のような句がある。「地のある限り、種まきのとき、刈り入れのとき、暑さ寒さ、夏と冬、昼夜はやむことはないだろう」（創世記八・一三）。この句が表すように、時間を質的なリズムとして考えており、しかも、やむことがないという永遠を空しいものとしてとらえているわけではない。

もちろん、ヘブライ語聖書のこうした時間感覚が、そのまま現代のユダヤ教の時間感覚に直結するわけではない。しかし、同じヘブライ語聖書から生じたキリスト教においては、新約聖書がギリシア語で書かれ、ギリシア語圏であるヘレニズム世界に広がる過程において、ヘレニズム世界の時間感覚、すなわちギリシア系の時間感覚の影響を受けてきたのに対して、依然としてヘブライ語を基礎としている現代のユダヤ教には、ヘブライ語聖書に根差す時間感覚の影響がより強く表れているということもありうるのではないだろうか。

そして、実生活において時間に質的なリズム感を与えてくれるのが、一年を通して目まぐるしく展開する祝祭である。現代のユダヤ教生活においても、何年かその社会に身を置くと、一年を巡って訪れる祝祭の数々によって、ある種のリズムが形成されていることを感じる。一年を通しては、特に春先と秋に大きな祝祭があり、この二点を極とするリズムが知らず知らずのうちに形成される。年間行事はヘブライ暦をもとにして行われる。西暦からすると、ある祭りが該当する日にちは年によってまちまちである。さらに、ヘブライ暦は、太陰暦をベースとしており、祝祭はその月の真ん中であることが多い。つまり、新月が月初めであるので、祝祭がやってくるときには満月に近くなる。しかも一日の始まりは日没であるので、祝祭の開始と満ちた月が見た目にも結びつきやすい。祝祭の時間を質的に満ち足りたものにしてくれる。

そして、このリズム感の基底音を形成しているのが、七日ごとに訪れる安息日である。

安息日

週の七日目にあたる金曜日の日没から土曜日の日没までは、神が創造の業を休息し、その「日」という時間を聖別したことを覚える安息日である。ユダヤ教では天地創造の「夕べがあり朝があった」（創世記一・五）より、一日の始まりは日没である。神は創造にあたって、初めて唯一聖なるものとしたのが、七日目であるこの日である。神が初めて聖化したものが、六日目までに創造した被造物や場所ではなく、また人間でもなく、他ならぬ七日目という時間であったのだ。

安息日に入る直前に二本の蠟燭に火を灯して、安息日を迎え入れる。カバラット・シャバット（安息日の受け入れ）と呼ばれるこの儀式は、通常一家の主婦が行う。安息日「シャバット」という名詞は女性形でもあることから、安息日は女王のように扱われる。それを迎え入れるのは、一家の女王である主婦の役割である。そして、シナゴーグでの祈りに出向いていた主人たちが帰宅すると、安息日の卓を囲む。多くの場合、家族、親族、友人を招いて囲む食卓で、安息日を聖なるものとするキドゥーシュの祈りが捧げられ、安息日となる。安息日中は、労働をせず、神との聖なる関係を見直す。何が安息日に禁止された仕事に当たるのかについては、安息日に禁止された仕事の三十九種類の定義が基本になる。しかし、ラビたちの解釈も時代と共に変遷してきた。

安息日の意義

アブラハム・ヘシェルは説く。人間の科学技術の発展は空間的なものの征服に関わっている。より多くのものを作り出し、より高い建物を建て、より広大な領域を支配することである。ユダヤ教はそれを否定することはしない。人間が生きて、実践することをよしとするユダヤ教であるからだ。しかし、ユダヤ教は週に一度、安息日を設けることによって、あらゆる科学技術から手を引く機会を設ける。それによって、人間は科学技術がなければ、一介のか弱い存在に過ぎないことを自覚する。そして、安息日には人間の間の富める者、貧しい者の差はない。誰もが持たざる者となる。いくら平日に、多くの儲けを生み出し、高級車を乗り回していても、それらを遮断される安息日には、神の前に誰もが平等な一介の人間に過ぎないのだ。人間としての生業を追求しつつ、週に一度人間の間の格差をリセットする機会になるのだ。

他方、科学技術がなくても、人間の自らの力でできることも意外にあることに気づく機会にもなる。普段バスに乗り慣れていると、こんな距離は歩けないと思うような距離でも、徒歩しか手段がなければ意外と歩けてしまったりする。安息日の制約を乗り越えるために新たな知恵が生まれることもある。現代社会においてはパソコンや携帯電話がないと生活ができないような誤解がある。しかし、少し前まではそんなものはなくても済んでいたのである。実際に、学生のコメントからであるが、一週間携帯を手放してみたところ、不眠症が治ったという。なくても済むものに、なくてはならないと思い込み依存しているのではないか。週に一回の安息日は、人間自身の力を見出す機会にもなるのではないだろうか。

ユダヤ社会のカレンダー

どの国にも、その国固有の暦がある。多くの祝祭は、その固有の暦に基づいて祝われる。中国の旧正月である春節は有名だ。異国にあっても自国の固有の暦に従い、固有の祝祭を祝うことは多々ある。日本にも固有の暦があり、各月にも固有の名前がある。そして、立冬、旧正月、立春などの言葉に、固有の暦の名残を感じる。しかし、生活のベースはすっかり西暦に従っているのが実情である。

しかし、ユダヤ教においては、今なお、ユダヤ暦が機能し続けている。後述する一年の祝祭は、全てユダヤ暦に従って行われる。例えば、過越しの祭りは、ニサン月の十四日である。ユダヤ暦は太陰暦に太陽暦をミックスした上に、複雑な計算のもとに成り立つ。月の相を基本にするが、うるう月を挿入することによって一年の季節感との大幅なずれが生じることなく進行する。したがって、後述する年中行事は、この暦に従って動くので、西暦上の日付は年ごとに移動する。つまり、年中行事を実行するためには、ユダヤ暦カレンダーが必要となる。イスラエルでは次頁のようなカレンダーがごく普通に流通している。このカレンダーを見るだけでも、ユダヤ社会にはいまでも固有の時間が流れていることが窺える。

図示したのは、西暦二〇一三年でのヘブライ暦の新年にあたる月である。大抵の場合、新年の始まりは九月になるので、一月が必ず先頭にくる西暦とは根本的に異なる。

カレンダー右上の＊の部分は、ヘブライ暦の年数である。天地創造を紀元として、登場人物らの生涯や時代の長さを算定したうえで、二〇一三年九月はヘブライ暦五七七三年から五七七四年に移る月である。意外と天地創造は最近の話だったのかと思わせるが、この年代は、決してお飾りではなく、

09
September 2013 ספטמבר
5774 ティシュレイの月 ～ 5773 エルルの月
אלול תשע"ג - תשרי תשע"ד
Sunday ראשון
Monday שני
Tuesday שלישי
Wednesday רביעי
Thursday חמישי
Friday שישי
Saturday שבת
Rosh Hashana Eve
エレブ・ローシュ・ハシャナ
Rosh Hashana 1st Day
ローシュ・ハシャナ
Rosh Hashana 2nd Day
ハアズィーヌー האזינו
(申命記32:1～)
エルサレム
テルアビブ
ハイファ
ベエル・シェバ
エルルの月の
26日
27日
28日
29日
ティシュレイの月の
1日
2日
3日
Fast of Gedalia
Yom Kippur Eve
エレブ・ヨム・キップール
Yom Kippur
ヨム・キップール
4日
5日
6日
7日
8日
9日
10日
Succot Eve
エレブ・スッコート
Succot
スッコート1日目
Succot
スッコート2日目
Hol Hamoed
スッコート3日目
11日
12日
13日
14日
15日
16日
17日
Hol Hamoed
スッコート4日目
Hol Hamoed
スッコート5日目
Hol Hamoed
スッコート6日目
Hoshana Rabba
スッコート7日目
ホシャナ・ラッバー
Shemini Atzeret
スッコート8日目
シュミニ・アツェレット
Simhat Torah
シムハット・トーラー
ベレシート בראשית
(創世記1:1～)
18日
19日
20日
21日
22日
23日
24日
25日
26日
August 2013
October 2013

ユダヤ暦と西暦が併記されたカレンダー（イスラエルの2013-14年カレンダーを元に筆者作成）

いろいろなところで使われる。特に、ヘブライ語の書籍や雑誌の出版年では、いまだにこのヘブライ暦による年代が多くの場合併記されている。あるいは、ヘブライ暦だけの記載も多い。ヘブライ暦の場合、これを欧文に翻訳する場合には、それが西暦何年に当たるのか、精査する必要がある。九月始まりということはかならず西暦年をまたいでいるので、ヘブライ暦五七七四年は、二〇一三～二〇一四年と二つの年をまたいだ表記をする。

一週間は、日曜日に始まり、金土が週末になっている。実際に、イスラエル社会では、日曜日は平日である。ヘブライ語では曜日には名前は付いておらず、番号制になる。第一の日、第二の日、と進み、第六の日の後は、シャバット（安息日）となる。ちなみに一日の始まりは、創造物語の「夕べがあり朝があった」（創世記一・五）にちなみ、日没が始まりである。したがって、第六の日の日没から第七の日の日没までが、安息日ということになる。そして、第六の日のマスには、蠟燭のマークと共に時刻らしい記載がある。ここには、その週に安息日に入る日没時刻が記載されている。イスラエルでのカレンダーならば、多くの場合、エルサレム、テルアビブ、ハイファの三大都市の安息日に入る時刻が記載される。イスラエルで生活する場合、公共の交通機関は、安息日に入る時刻のおよそ一時間前にはストップしてしまう。しかも、昼間の長さは、毎週変わってくるため安息日入りの時刻も変わるので、交通機関がストップする時刻も変わってくる。特に冬場に向けて刻々とその時刻が繰り上がる。したがって、第六日に出かける場合には、その週の安息日入りの時刻を把握しておくことが必須である。

安息日のマスには、やはり同様の時刻が記載される。これは、安息日が終わる時刻（モツァエイ・

シャバット）を表す。よくよく観察すると、安息日に入る時刻よりも安息日が終わる時刻の方が遅い。日没が一日の区切りならば、一日の間で日没の時刻がそんなに大きく変わることはないはずだ。安息日終了の方がはるかに遅い。これは、確実に安息日を順守できるように、安息日終了時刻を遅めに設定しているからである。ユダヤ法では、安息日に入るのは星一つが見える時であり、安息日の終了は星三つが観測されるまでと定められている。このカレンダーもよく目を凝らしてみると、安息日終了の方には、三日月の横に★が三つ描かれている。細かい演出である。安息日が終了した晩にショッピングモールや街中のカフェの多くが開店するので、そうした店での買い物、開放的なひと時を過ごすのも安息日明けの楽しみである。バスは、安息日が終了すると、約一時間で動き始めるので、バスに乗って街中に出かける人も多い。がやがやと出かけるさざめきが伝わってくる。宗教的ではない人間でも、店が開店する時刻、バスが動き始める時刻を知るにも、安息日明けの時刻を日常的にチェックすることになる。(13)

(13) ちなみに、安息日に入る前のバスの終了時刻、安息日が終わった後のバスの再開時刻は、特に決まっていない。バスの時刻表にも、安息日に入るだいたい一時間前でバスの運行は停止、安息日終了一時間後にバス再開といった程度のことしか書いていない。冬が近づくと、毎週、安息日前のバス終了時刻は、だんだん短くなる。先週来たバスが今週来るとは限らない。多分に最終バスの運転手の気分にもよるのではないだろうか。だから、来ると思ってバス停に並んでいても、待てど暮らせどバスは来ない、ということは多々生じる。安息日間際の市場では、野菜がいっぱい入った袋をいくつも下げたおばあちゃんたち、おじいちゃんたちが、最終バスがやって来なかったのか、果敢にヒッチハイクをしている姿を見かける。

また、各安息日のマス目の右上隅には、何かの言葉が記載されている。これは、当該安息日に朗読することになるモーセ五書の箇所を表す章名（パラシャー）である。大抵、朗読箇所の冒頭の一節の単語がその箇所全体を表すことになる。

安息日の様々な指示の他に、この九月（エルールとティシュレイの月）には、マス目の上方に一言書かれた日が多い。これはその日が祝祭であることを表す。原則として、祝祭は安息日に準じた状態である。新年の日（ローシュ・ハシャナ）、それから一年で最も厳粛な大贖罪日（ヨム・キップール）がある。大贖罪日が終わると、仮庵の祭り（スッコート）が始まる。仮庵の祭りは七日間開催されるが、その初日と最終日が安息日状態となる。この安息日状態に応じて、会社、商店、役所は開閉されるし、この祝日が西暦の何月何日になるかは、年によって様々に移動するので、やはりユダヤ暦併記のカレンダーは、宗教的でない人間にとっても、ユダヤ社会に生活する場合には必須となるのだ。

欧米をはじめとして、世界とのビジネスを考えれば、日曜日始まりの週の体制も、多くの労働を禁止する安息日状態も緩和すればより生産性が上がるであろうに、一向にそのような気配はない。伝統を守った上で生産性を求めるやり方は、何が何でも生産性を求める我々の方向性を振り返るよい機会になるのではないだろうか。

年中行事

年中行事には二つの中心がある。一つは、出エジプトを記念した春の過越しの祭り（ペサハ）である。エジプトの地でファラオの奴隷と化したヘブライ人を率いてカナンの地に戻ることを主張する王宮育ちのモーセだったが、ファラオは態度を頑なにする。このファラオに対する十番目の禍が、エジプト中の長子を打つである。ペサハは、ヘブライ人の家庭のみ、この禍が「過ぎ越した」ことを記念する祝祭である（出エジプト記一二章）。聖書には七日間にわたって祝うとあるが、事前準備もあり、大掃除もあり、また学校などは二週間ほどの休暇に入るので、社会全体が慌ただしくなる。

もう一方の中心は、新年がやってくる秋口である。新年のお祝いの後、十日間すると大贖罪日がやってくる。そしてその直後に、八日間にわたる仮庵の祭りが始まる。祭りの入りと終わりは安息日モードになるので、結局一か月くらいにわたって、落ち着かない日々が続く。

この二つの極が、ちょうど春分と秋分のあたりにやってくる。何年もユダヤ社会に暮らしていると、なんとはなしに、この二つの極の中で一年のリズムが作られているような感覚になる。一年がこの極の間で、ゆうらゆうらと揺れている感がある。

過越しの祭り（ペサハ）

最後の禍が過ぎ越した後で、ヘブライ人はパン種に酵母を入れて発酵させる余裕もなくエジプト

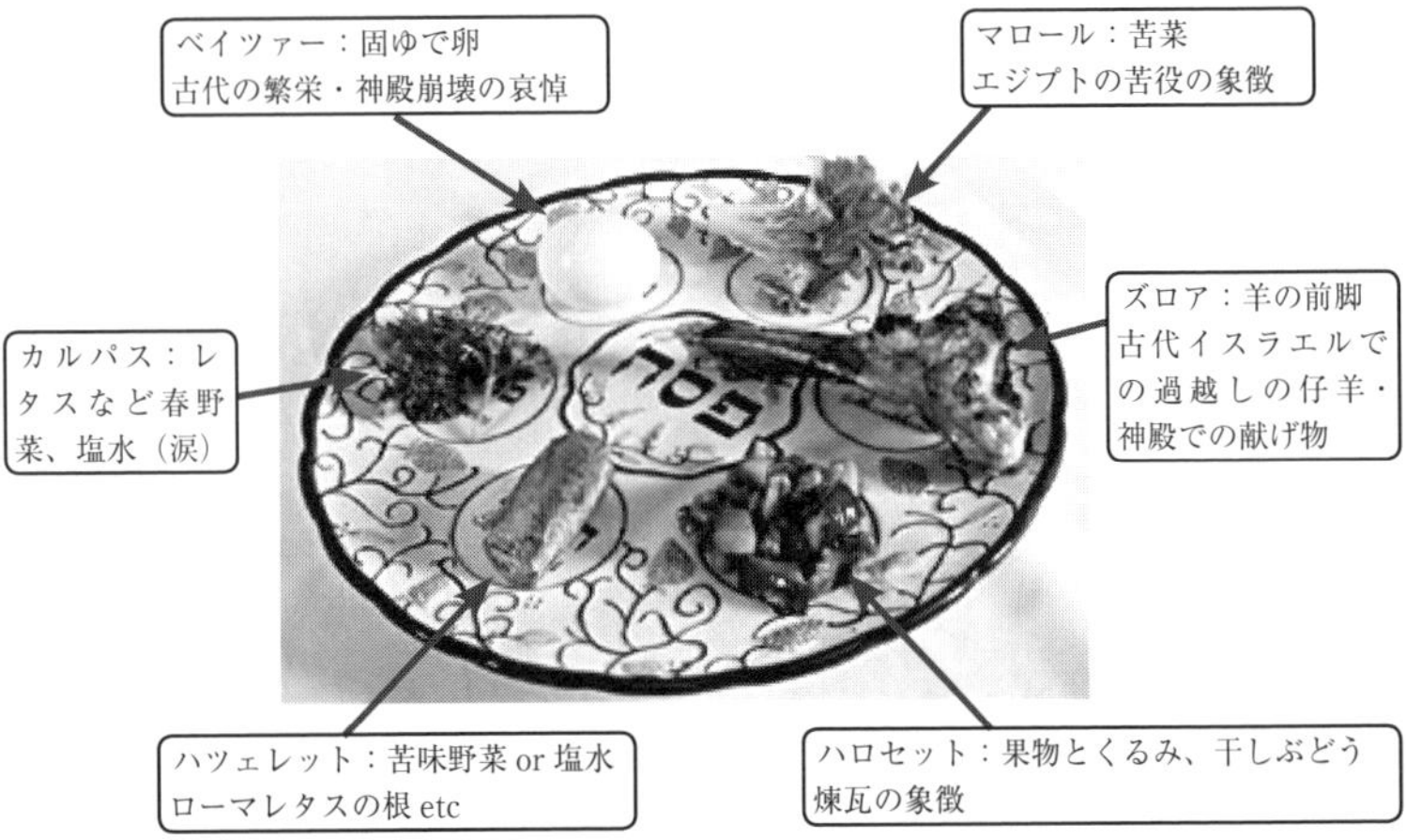

セデルプレート

を後にしたという。この伝承にならい、現在でも、祭りに先立ち家から酵母の入った食品類を一掃し、大掃除をし、酵母の入った製品抜きで祭りの期間を過ごす。よって、過越しの祭りは除酵祭とも呼ばれる。

酵母には、新約聖書（マタイ一六・一一他）でも言われているように、発酵を促し、パン生地を大きく膨らませることから、混ぜ物、自分を大きく見せる虚言のような悪いイメージが中東文化圏にはあるようだ。通常のパンはもちろんご法度で、マッツァと呼ばれるかなり重い質感の大判のクラッカーを主食とする。さらに、酵母が入っている食品からの応用で、小麦もの一般も一掃される。パン各種、パスタ、ビール、小麦粉を使ったクッキー、などなどである。宗教的な規律を守る家庭であれば、食器類も過越しの祭り専用のものを使い、徹底的に酵母ものを排除し、酵母ものとの接触を回避する。

祭りの初日はセデルと呼ばれる儀礼的な食卓を囲む。出エジプト、神殿時代のユダヤ教を彷彿とさせる食材が用意され、式次第（ハガダー）に従い、出エジプトを語りあいながら、出エジプトの歴史を追体験する。この食事は深夜にまで及ぶことがある。

過越しの祭りに入るセデルの導入部分でお馴染みなのは、聖別に続いて、家庭で最年少の男児が問う四つの質問である。心地よい歌になっている。

今夜はいつもの夜と何が違うのですか。
いつもの夜は種入れパンと種入れぬパンを食べるのに、
　今夜は種入れぬパンだけを食べるところが違います。
いつもの夜はどんな野菜でも食べるのに、
　今夜は苦菜を食べるところが違います。
いつもの夜は（野菜を塩水に）一度も浸さないのに、
　今夜は二度も浸すところが違います。
いつもの夜は、腰掛けるか、寄りかかって食べるのに、
　今夜は皆寄りかかって食べるところが違います。

この歌に続いて、次のような句が唱えられる。

我らはエジプトにおいてファラオの奴隷であった。しかし、主なる我らの神は強き手と伸べた腕をもって我らをそこから導き出し給うた。もし、聖なるかなほむべき御方が我らの先祖をエジプトから導

サラエボ・ハガダー（スペイン，14 世紀半ば，ボスニア・ヘルツェゴビナ国立博物館所蔵）

き出さなかったら、我らと我らの子ら、そして我らの子らの子らもエジプトにおいてファラオの奴隷にさせられていたであろう。たとえ我ら全員が学者であり、全員が理解ある者であり、全員が識者であり、全員が律法に精通している者であっても、なお出エジプトについて語ることは我らに課せられた命令である。そして、出エジプトについて多く語れば語るほど、賞賛に値する。

ラビ・エリエゼルとラビ・ヨシュアとアザルヤの子ラビ・エルアザルとラビ・アキバとラビ・タルフォンとの話である。彼らはブネイ・ブラクにおいて一晩中、寄りかかって出エジプトの話をしていた。ついに、彼らの弟子たちが来て、「先生方、未明のシェマァを朗読する時刻が近づきました」と言った。

と、これはまだほんのさわりである。ざっと分量的には六分の一以下である。この後、聖書からの引用、さらにラビ文献、詩文が引用され、さらに、それらについて出席者が議論を交わしながら、セデルの夜は過ぎていく。親世代と子供世代の対話の中で過越しが追体験されるのである。

共同体全体にこの祭りは及ぶ。前述のように、スーパーからは酵母にかかわる製品、結果的に小麦を含むような製品は倉庫に一掃されるか、該当食品の棚はシートで隠される。ビール、パスタ類、パン類はもちろんのこと、通常のケーキやクッキーも多くのものが該当食品となる。ケーキやクッキーは、代替の粉（マッツァの粉やココナッツパウダーなど）を用いた代替食品に置き換わる。酵母は薬にも含まれるので、薬局では、ペサハ用代替の薬も出並ぶ。こんなところにも酵母が関係するのか、とちょっとした発見にもなる。また、パン屋、ピザ屋もこの期間は休業中になる。商売あがったりであるが、この期間に工場や店のリニューアル工事を行ったり、社員旅行に出かけたり、と時間の使い方には事欠かない。生産性のみを求めるならば、パン業界、ピザ業界をはじめとし、過越しの祭りに引っかかる食品の関連産業はこのような祝祭には異を唱えよう。しかし、ユダヤ教共同体では、パン業界においても過越しの祭りは存在するのが前提なのである。生産性よりも優先される伝統がある。

シャヴオート

過越しの祭り二日目から数えて四十九日目にあたる祭りであり、春の過越しの祭り、秋の仮庵の祭りと並ぶ、ユダヤ三大祝祭（本来は、エルサレム神殿への巡礼祭でもあった）の一つである。もともと、農業的な意味合いの祭りであり、春の最初の実りを祝う収穫祭であった。ここで収穫されたものを神殿に奉納することを祝った。後に、歴史的な意味が付与された。それはトーラー授与である。出エジプト記（一九章一節）によれば、シナイ山でトーラーが授けられたのは、エジプトを出て三か月目のことであり、シャブオートの祭りと時期的に近いので、春の収穫祭とトーラー授与を重ねて祝うことになった。

習慣では、過越しの祭りの二日目から日数を数える。これを、オメル（穂束）を数えるという。これは、レビ記二三・一五「あなたたちはこの安息日の翌日、すなわち、初穂を携え奉納物とする日から数え始め、満七週間を経る」に由来する。この記述をもとにし、過越しの祭りに入った初日を安息日と考えるファリサイ派の考えが主流となり、安息日の二日目からそのオメルが七週間分の四九になった日をシャヴオートの祭りとする。週のことをシャヴアというので、シャヴオートという祭りの名前はここからきている。ユダヤ教のカレンダーでは、過越しの祭り二日目から毎日オメル〇日と記してある。小洒落たカレンダーだと藁束の絵が描かれていたりする。過越しの祭りからシャヴオートの間を、オメルを数える期間（スフィラット・オメル）と言い、シナゴーグの日々の夕べの祈りでは、そのための祈りが日々唱えられる。

オメルを数える期間中は、服喪に準ずる期間であり、祝い事を控える慣習がある。ただし、三十三日目にあたるラグ・バ・オメルはその禁が解かれる。ラグとは三十三日をヘブライ文字表記したラメド（三十）とギメル（三）を読んだものである。この日には、たき火を囲み、一晩中、遊ぶ習慣がある。

シャヴオートがやってくると、人々は自宅の部屋や学校の教室を、野の草花で飾る。持ち寄った草花で飾り棚がつくられたりする。また、野の草花を身にまとったりする。白がテーマカラーとなり、白いものや乳製品を食す習慣がある。また、衣類も白いものを身にまとう。確かに、この時期、乾燥地帯のイスラエルにあっても、冬場の雨のおかげで、砂漠地帯はうっすらと若緑のそよそよした草に覆われ、ガリラヤ地方では野生のアネモネが彩を添える時期である。白と草花の若い緑が映える涼しげな祭りである。

また、トーラーが授与されたと考えられていることから、トーラー学習にいそしむ日でもある。原始キリスト教会では、このシャヴオートの祭りを祝うために教会に集まっていたところ、信者の口に異言が降りた。これをもってキリスト教会の成立とし、キリスト教側ではこれを記念してペンテコステの祭り（五旬祭）を行う。シャヴオートもトーラーの授与という「言葉」に関する祭りであり、ペンテコステも異言が下るという「言葉」を巡る祭りであることは興味深い。

新年祭（ローシュ・ハシャナ）、大贖罪日（ヨム・キップール）

もう一つの中心が新年祭（ローシュ・ハシャナ）に始まる秋の祭りである。ユダヤ教のカレンダーは、通常、九月～十月が最初の一枚である。イスラエルにおいてはまだまだ暑いさ中である。聖書の記述に基づき、ユダヤ暦でニサンの月から数えて七番目の月であるティシュレイの月の第一日が新年となる。当然、西暦の新年とは違う。カレンダーの始まりも異なるが、我が道を行くというのがユダヤ教世界である。

新年の祭り自体は、明るい祭りであり、リンゴにはちみつをつけて食するのが習わしである。また、この時期、ルビー色に輝く実をぎっしりとつけたざくろも食す。新年が甘い、実り多き年になるよう願ってのことである。しかし、新年に先んじて、実は、既に反省モードに入っている。新年の十日後に迫った大贖罪日に向けて、多くの共同体では新年に入る前からスリホートの祈りの習慣が始まっている。大贖罪日に向けて、前年度に犯した数々の罪、間違いを悔いて、早朝の祈りの中で許しを請うのである。薄暗い早朝のシナゴーグで、独特の節回しで哀愁漂う祈りが響き渡る。この時期のイスラエル社会の風物詩である。

そして、新年の十日後に、ユダヤ教社会の中で最も厳粛な大贖罪日（ヨム・キップール）がやってくる。大贖罪日は、前日の日没から断食をし、五度にわたってシナゴーグで祈り、その前年に犯した罪、過ちを悔い改める一年で最も厳粛な日である。この大贖罪日の終了は、高らかに響く角笛が知らせる。そして、人々は、前年度の罪をリセットし、新しい一年を歩み始めることになる。前年度の間違い、罪は、結局大贖罪日一日に悔い改めることで許されるのであり、予定調和的であるが、しかし、我々は、丸一日かけて自己を反省するような機会はあるだろうか。大抵、まだ暑い時期にあたるこの日に、飲み物も含めた完全断食を敢行することはなかなか至難の業である。身をもって反省する日があってもいいのではないだろうか。

仮庵の祭り（スッコート）

大贖罪日に続いて、八日間に及ぶ仮庵の祭（スッコート）を迎える。これも出エジプトを祝う祝祭である。仮庵でシナイ山を放浪したヘブライの民と同様に、ベランダや軒先に仮の庵をこしらえてその中で食事をし、男性、男児は睡眠をとって祝う。仮庵は色とりどりに装飾が施される楽しい祭りである。ユダヤ社会では仮庵を作るキットが販売されていて、父親が主導して子供たちが手伝いながら仮庵を立てる姿があちこちで目に付くようになる。

仮庵に飾る四種類の植物がある。シトロンの実、柳の枝、ミルトスの枝、ハダッサの枝である。伝承によれば、これらの植物は、香りはあるが味がないもの、香りはないが味があるもの、香りも味もないもの、香りも味もあるものを代表する。これはそれぞれ、学はあるが行いが伴わない人、学はないが行いが伴う人、学も行いもない人、学も行いもある人を象徴する。これら全てを束ねるということは、学のある人もない人もまとめてイスラエルの民全体が、この祭りにあずかることを象徴するという。ここに、必ずしも模範的な人間や宗教的エリートだけを中心にするのではない、ユダヤ教の間口の広さ、ユダヤ教の人間中心性を窺い知ることができる。

シムハット・トーラー

仮庵の祭りが終わり、シュミニ・アツェレット（八日目）の後は、シムハット・トーラーの祭りである。これは、「トーラーの喜び」を意味する。この週において、前年度から読み継いだトーラー朗読は申命記の最後の箇所の朗読を迎え一巡をすることになる。そして、再び創世記一・一「ベレシート」からの朗読となる。トーラー朗読が完結したことをトーラーの喜びとして、文字通り歌い踊りながら喜びを表現する。トーラーの巻物がシナゴーグの中を高らかに掲げ挙げられて回覧される。さらに、シナゴーグの外周を会衆たちが喜び歌って周回する。

通常のシナゴーグでの朗読においてもそうであるが、ユダヤ教ではフィジカルな意味でトーラーの巻物というモノ自身を愛する。トーラー朗読に際してトーラーの巻物がシナゴーグの聖櫃から取り出される時の歓喜の様子、会衆は手を伸ばして接吻を送る。その熱狂ぶりには、レヴィナスの著書の一節、「神よりもトーラーを愛す」が連想される。シムハット・トーラーでは、その喜びが極限に達するのである。

ハヌカー

シムハット・トーラーが過ぎると、しばらく祝祭は巡ってこない。日常生活に精を出しながら、日の短くなる季節を迎えることになる。そして通常十二月も過ぎてやってくるのが、ユダヤ暦キスレヴ月の二十五日から八日間かけて祝われるハヌカーの祭りである。これは、紀元前二世紀、セレウコス朝シリアのアンティオコス四世エピファネスのユダヤ教弾圧に対して立ち上がったユダ・マカベア一族が勝利したマカベア戦争での奇跡譚に基づく。エピファネスがゼウス像を設置し穢したエルサレム神殿を清めるための儀式に必要な八日分には程遠い一日分の油しか残っていなかった。しかし、一日分の油しか残っていなかったはずの灯は、八日間燃え続け、無事、神殿を清める儀式を済ませることができた。神殿は再びイスラエルの神への献げ物を実行する場所として再奉献を済ませることができた。以後、つかの間の自治国家が確立する。

現代では、八日間にわたって行われる。八枝の燭台（ハヌキヤ）に、日没後、毎日一本ずつ灯す蠟燭の数を増やしていく。燭台は道行く人の目にも入るように窓辺に置くことが奨励される。初日にはパーティーを開くことが多い。スフガニヤと呼ばれる揚げドーナツなど油にちなんだ食品を食べる。また、子供にはプレゼントを用意する。ネス・ガドール・ハヤー・シャム（そこには大いなる奇跡があった）の頭文字を刻んだ四種類の独楽を回して子供たちは遊びに興じる。

時期的に最も日中の時間が短くなる冬至に近い時期にあたる。一本ずつ灯す蠟燭の数を増やしていくこの祭りは冬至で最も光の弱い時期から徐々に光が強くなっていくという自然の動きとも連動している。クリスマスもイエスという光の誕生と考えるならば、強まる光の動きの中に位置付けられる。

ハヌカーの祭りは聖書には記載されていない。したがってより宗教的なグループは、これを祝祭とは認めていない。しかしながら、他者の支配からの自立というテーマにつながるこの祭りは、他者という非ユダヤ社会に生きるディアスポラのユダヤ教共同体において心の拠り所となる祭りであり、またクリスマスと時期的に重なることもあるので大変人気の高い祭りである。アンネの日記では、隠れ家の中でハヌカーとクリスマス祭を祝っていた様子が窺える。

プリム祭

春の訪れが感じられるアダルの月一四日に行われるのがプリムの祭りである。これは、アケメネス朝ペルシア、クセルクセス王時代にその臣下ハマンがたくらんだユダヤ人迫害を、スサのユダヤ人家庭から召された王妃エステルの機転と進言によって阻止された事件にちなむ。阻止に功績を果たしたエステルについては第四章を参照のこと。

プリムとは、くじ（プル）の複数形で、ハマンがユダヤ人虐殺を実行する日をくじによって決めたことに端を発する。エステルが召される契機になった宴を模して、仮装が行われる。この一日間は、子供若者を中心に、様々な仮装の人々が街路にあふれる。シナゴーグではエステル記が朗読され、その中で「ハマン」という単語が発せられる度に、ガラガラなどの小道具で騒音をたててわあわあ大騒ぎをする。また、子供たちにはお菓子やおもちゃがプレゼントされる。

以上のような様々な祝祭は、独自のヘブライ暦に従って行われ、ユダヤ人の歴史を記憶し、追体験する機会となっている。また、子供が家庭の中やシナゴーグで、父親や身近な大人からイスラエルの歴史を学ぶ契機になっている。それはまた、ユダヤ教徒の記憶を次の世代につなぐ営みでもある。

通過儀礼

ユダヤ教の通過儀礼──人生における節目ごとに行われる儀礼──には次のような儀礼がある。

割礼

人生最初の重要な通過儀礼としては、男子誕生の八日目に行われる割礼である。新生児が男の子の場合、誕生から八日目に、男性器の包皮を切り取り、同時にその子の名前が公表される。これは、アブラハムに最初になされた神との契約の印であり、ヘブライ語ではブリット・ミラー（割礼の契約）と呼ばれる。アブラハムは、成年に達し、唯一の神を認識したうえで、その唯一の神の命に応じてわが身とその家族に割礼を施したことによって、唯一の神との契約関係に入った（創世記一七章）。割礼をもって契約関係に入ったことがユダヤ教の父祖と称される理由であるから、割礼は重要である。割礼後に、その子供の名前が明らかにされることも重要である。ヘブライ語の感覚では名前とは実体である。ゆえに、契約に入ってのみその実体が明らかにされるということになる。アブラハムも割礼の後に名がアブラムからアブラハムへと変わった。ユダヤ思想家のアンドレ・ネイルは『言葉の捕囚』の中で、ここにアブラハムの質的な変化を見る。

新生児に健康上の問題が特になければ、誕生八日目に、シナゴーグにて割礼式が行われる。モヘルという資格者が行う。従来はアブラハムがイサクに施したように、父親が息子に行うものであるが、現在は割礼に精通した専門家のモヘルが行う。

割礼式には、親しい友人、知人を招いて行われる。招待者のうち、サンダック（もともとはギリシア語で「子供の連れ」の意味。名づけ親、ゴッドファーザーの前身）がモヘルの助手としての役割を果たす。サンダックは膝の上に男児の脚を伸ばして抱きかかえ、モヘルが施術する。サンダックの横には「エリヤの椅子」がおかれる。ここには誰も座らない。エリヤは聖書に出てくる預言者であるが、割礼の際には時空を超えてやってきて、子供の割礼を見守るという役目を果たすと信じられている。その後、名前が公表され、祝宴が開かれる。(14)

(14) イスラエルの病院では、出産のための教室や出産後の入院期間に、モヘルの紹介を兼ねた名刺を配り、売り込みが行われていた。ほかにも、子供の保険や授乳用のグッズの売り込みが盛んであった。なかなかゆっくり寝ていられない。たくましい商魂にびっくりした。正常分娩で、新生児にも産婦にも問題がなければ、出産後七十二時間で退院となる。男の子の場合、出産八日目に割礼式と祝祭が開かれる。産婦も健康状態に異常がない限りは出席する。イスラエルで初産を迎えた筆者は、経過は正常ながら一週間ではとても動けないようなダメージを受けて、出産後一週間で祝宴に参列するユダヤ人の産婦の体力に仰天した。しかし、よくしたもので、二度、三度と出産を重ねるごとに本人の年齢は上がるのであるが、体が出産に慣れるのであろう。確かに退院の基準とされる七十二時間後には、結構動けるようにはなっていた。また、イスラエルでも他の国々でも無痛分娩が定着していることも大きいかもしれない。賛否両論あるが、出産後の回復が早いらしい。

ところで、イエスの誕生が十二月二十五日と想定されているが、なぜイエスの誕生日から西暦の新年は始まらず、一月一日が始まりなのか。十二月二十五日の誕生を初日と考えると、一月一日は八日目、つまり割礼式に当たる。割礼をもって神との契約関係に入った日が暦の上でもスタートになると考えられた。現在のグレゴリウス暦は十六世紀のものであるが、神との契約に入るという意味での割礼の重要性を否定しきれなかったのではないか。事実、聖公会の祈禱集には、一月一日の司式には、新年式と同時に聖割礼日と記載されている。

割礼の起源については風土上の問題など諸説ある。紀元前二世紀、セレウコス朝のエピファネスが異教崇拝の強制と並んで割礼を禁止したことが、ユダヤ教徒を立ち上がらせ、マカベア戦争を引き起こした。また、パウロは肉の割礼を激しく批判した。しかし、世俗的なユダヤ人が四〇パーセントを占めるといわれる現代においても、なお、ほとんど全てのユダヤ人が、男児が生まれたならば割礼をするという。他に維持しやすい儀礼はたくさんあるのに、身体にメスを入れるという最も肉的な儀礼がこの現代においてもユダヤ人の証として残存するのは、宗教には理性では計り知れない要素が存在するということを表すだろう。

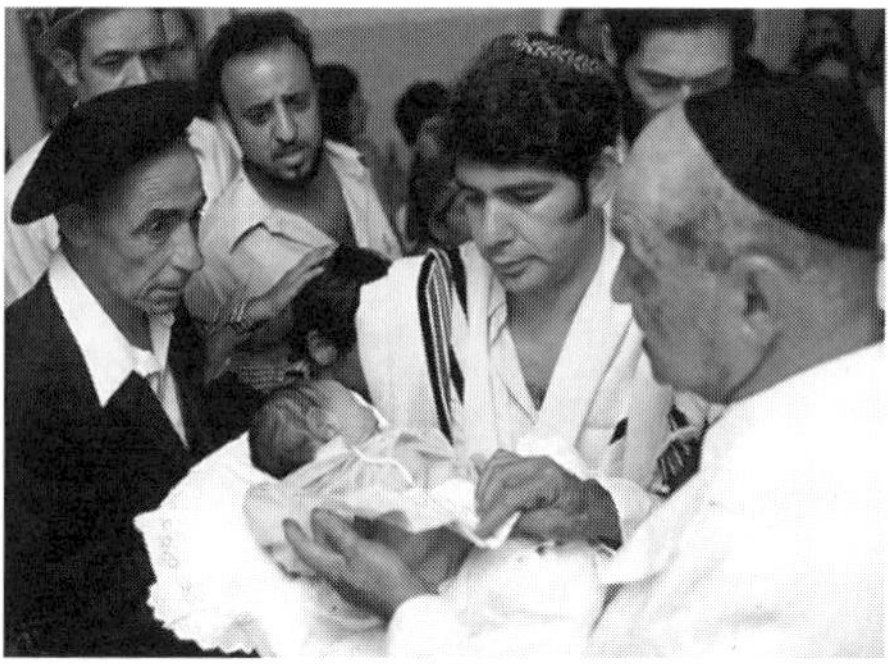

割礼式（ブリット・ミラー）(N. De Lange, *Atlas of the Jewish World*, Facts on File, 1984)

バル・ミツヴァ／バト・ミツヴァ

三歳を過ぎると宗教的なグループでは男女別に教育を施す。三歳でトーラーを学ぶことが推奨される。教育を授けるのは父親の宗教的義務である。そして、十三歳で祝うバル・ミツヴァがやってくる。バルとは「息子」の意味のアラム語、ミツヴァは「戒律」のことである。つまり、「戒律の少年」ということになる。

バル・ミツヴァ（*Encyclopedia Judaica,* Macmillan Peference USA; Second Edition, 2006）

バル・ミツヴァを迎える少年は、自分の誕生日の週の安息日に、シナゴーグでの礼拝で朗読されるトーラーの一人分の朗読を担当する。トーラーの巻物には、ヘブライ文字しか書かれていない。母音符号も、調子を上げる、下げるなどの、朗読の際のテクニックを表す記号も入っていない。漢文でいうところの白文である。それを十三歳の子供が読み上げるのである。そのための練習として、事前に個人指導を受ける。無事、バル・ミツヴァを終えた少年には、家族が盛大なパーティーを開催することも多い。昨今の男女平等を求める空気の中、女児には、バル・ミツヴァに相当する行事として、十二歳の時にバト・ミツヴァが行われる（バトは「娘」の意）。

バル・ミツヴァを経て、少年は成年として共同体から認められる。ユダヤ教の礼拝は十人男性が集まったところで開始されるが、その際の十人（ミニヤン）としてカウントされる。

結婚式

「産めよ、増えよ、地に満ちよ」が、聖書の中で初めて登場する神からの命であるので、人間に与えられた最初の戒律であると考える。これは子孫を増やすことである。そのためには結婚生活を送り、その結果として家庭を築かなければならない。前述のシェマァ・イスラエルでも論じたように、子供を教育することは重要な宗教的使命であり、子供をもうけ育む家庭の重要性は言うまでもない。したがって、ユダヤ教では、結婚することを賛美する。これは、独身生活、禁欲をよしとし、生殖を必要悪と見なしたキリスト教とは大きく異なる点であろう。

タルムードには、結婚を賛美する表現が多数見受けられる。また、結婚は、地上の男女の結びつきだけではなく、イスラエルと神との合体をも意味した。特にカバラー思想ではその傾向が強くなる。結婚は個人のイベントではなく、本来共同体全体をあげて祝う事柄であった。

創世記でのアブラハムへの将来の繁栄の祝福が「空の星のように満ち」（創世記二二・一七）とあることから、結婚式は夕刻から行われる。花嫁、花婿は、断食して身を清め式に臨む。

式は、キドゥシーン（婚約式）とニスイーン（婚礼式）の二段階にわたる。かつては二つの式の間に一定期間がおかれたが、現在は連続して行われる。

キドゥシーンとは「キデッシュ」（聖別する）の派生語で、女性を夫のために特別なものとして取

ユダヤ教の結婚式（N. De Lange, *Atlas of the Jewish World*, Facts on File, 1984）

ケトゥバー（イタリア, 1679年, エイン・ハロッド博物館（イスラエル）所蔵）

り分けるという意味である。キドゥシーンの部では、ケトゥバー（結婚契約書）に花婿が署名する。ケトゥバーとは、離婚となった場合に女性側に支払う金額が書かれた契約書である。女性の保護でもあったのだが、ケトゥバー自体が美しい装飾が施される一つの芸術品となった。続いて、花婿が新郎新婦の父親に付き添われ、フッパー（天蓋）のもとに入り、そこに花嫁が新郎新婦の母親に付き添われてフッパーの中に入ってくる。アシュケナズィームの習慣では、このとき、花嫁が花婿の周りを七周回る。

フッパーとは、アシュケナズィームの場合には、祈りの際にまとうタリートや布の四隅を友人が四人で持ち上げたものであるが、スファラディームでは柱がつけられている。ラビがぶどう酒を祝福し二人に飲ませ、花婿は花嫁の右手の人差し指に指輪をはめる。ラビがケトゥバーを読み上げる。

続いて、ニスイーンの部に移る。ラビによって再びぶどう酒が祝福され、婚姻の祝福が唱えられる。そしてニ

マルク・シャガール画『エッフェル塔の新郎新婦』(1939年, ポンピドゥー・センター/パリ国立近代美術館所蔵)

スイーンの最後に、花婿がグラスを踏み砕くというユダヤ教の結婚式ならではの儀礼がある。そして、式はクライマックスを迎え、パーティーへと流れ込む。これは、結婚式という喜びの絶頂にあっても神殿崩壊の悲しみを忘れない、あるいは結婚生活の危うさを常に意識するため、あるいは、邪悪なる霊を退散させるため、などの意味があるとされる。

ハシディズムの小村で幼年時代を送ったシャガールの作品には、結婚式の様子のモチーフが散りばめられている。上のシャガールの作品にも、左手背景中央にフッパー、音楽団を彷彿させる弦楽器、バイオリン弾きが描かれている。

家庭生活が始まると、子供が誕生し、そして、先述した通過儀礼が再び繰り返されることになる。

葬儀

やがて人は死を迎える。臨終を迎えると、直ちに葬儀の準備に入る。遺体を清め、原則死後二十四時間以内に埋葬する。早々に葬儀の手配をすることが死者への敬意の表明と考えらえている。ただし、棺の用意、親戚の到着を待つために延期は可能であるが、三日を超えてはならない。また安息日、祝祭の初日に当たる時には延期される。

墓地で埋葬され、そのまま墓地で、あるいは自宅に戻って葬送式が行われる。遺族は七日間シヴアーと呼ばれる喪に服する。七日間、座ったまま過ごす。また一か月は服喪期間であり、享楽的なことを避ける。男性は髭剃りを控える。テレビの画面でも時折、服喪期間かと思われる男性が出演することがある。見ず知らずの人にも、哀悼の意を感じてしまうことである。

ユダヤ教の葬送式（N. De Lange, *Atlas of the Jewish World*, Facts on File, 1984）

現代における問題

中世において、ユダヤ人とはユダヤ教徒のことであり、ユダヤ教の実践を日々行う人々であった。しかし、近代に入り、啓蒙主義、個人主義、国民主義という新しい価値観との出会いの中で、ユダヤ教だけにアイデンティティを見出さないユダヤ教徒が出現するにいたった。特に、国民意識の高まり、ユダヤ人の解放が進んだヨーロッパでは、ユダヤ教徒であることよりも○○国民であることを重視するユダヤ人が見られるようになった。また、ヨーロッパ的価値観とユダヤ教が矛盾しないことを説き、またユダヤ教の様々な戒律に代表されるようなユダヤ教の時代錯誤な側面を改革し、近代合理主義化を目指す改革派が十九世紀末にドイツで誕生し、以後、欧米のユダヤ教の主流となった。他方、改革の行き過ぎを懸念して保守派が生まれた。他方、東欧、ロシアでは、より日々の生活の中での実践と歌、踊り、祈りの中に神との合一を見出す敬虔派（ハシディズム）が隆盛することになった。

結果、現代のユダヤ教は、ハシディズム系の厳格な超正統派から、戒律を一切守らない世俗的ユダヤ人集団まで千差万別であり、神学上の対立も多々存在する。しかも、イスラエル国家成立後は、神学上の対立が政治問題にもなりうる。例えば、改革派によるユダヤ教への改宗手続きをイスラエルの正統派は認めない。「改宗」の認定は、「ユダヤ人ならばイスラエルへ帰還できる」権利の享受に発展する。イスラエル内においても、世俗的ユダヤ人と超正統派集団の間の乖離と対立が懸念されている。例えば、超正統派子息の兵役免除に代表される種々の優遇措置への不満がつのっている。往々にして連立政権の鍵を握る宗教政党による公的場面での過度の宗教の強制に、世俗的ユダヤ人は不満を覚える。他方、ユダヤ教に敬虔な集団がユダヤ教国家としてのイスラエルを体現しているというジレンマもある。また、超正統派が集住するエルサレムの中心部から圧迫感を逃れて、世俗的な人々は郊外に流出が続く。イスラエル移住前の出身地による新たな帰属意識が生まれ、また、往々にして出自の違いが経済的格差になることもあり、イスラエルのユダヤ共同体の多元化が進んでいる。

また、信教の自由を認めた近代民主的国家としてのイスラエルにおける宗教の位置付けの問題、従来の宗教世界の想定を超えた生命医科学、科学技術の発展に対して、宗教法の見地からの提言も求められている。ユダヤ教内の明らかに非合理な法規の改革も待たれる。離縁状は夫側からしか発行できないために、夫が行方不明になってしまった場合などは妻側から離婚の申し立て、再婚ができないこと（アグナー「縛られた」の意）等の問題が続いている。

礼拝の場　シナゴーグと家庭

シナゴーグ

ユダヤ教の教会はシナゴーグと呼ばれる。シナゴーグとはギリシア語で「集まる」の意味であり、ヘブライ語ではベイト・クネセット（集まる家）と呼ぶ。エルサレムの方向にトーラーの巻物を保管する聖櫃が設置され、トーラーを朗読する台を信徒の席が取り囲む。男女別席が伝統的であるが、男女平等の浸透に伴い改革派では男女同席する。日々の朝昼夕べの礼拝、安息日と祝祭にはさらに追加の一回が加わる礼拝が行われる他、ユダヤ共同体の中心でもある。古来より、シナゴーグには、子供を教育する学校が併設され、専門的な学びをするベイト・ミドラシュがあった。また、共同体の様々な交渉を行う場でもあった。

エルサレムには大小様々なシナゴーグがある。エルサレムのセントラルシナゴーグに代表される観光名所にもなるようなシナゴーグから、集合住宅の一階部分だけを間借りしているようなシナゴーグまで千差万別である。大学にもあるし、病院、空港にもシナゴーグはある。目と鼻の先にシナゴーグが隣接していることもある。人々は、自分の出身地に関係するところ、親族との関係、その他様々なしがらみで自分がメインとするシナゴーグに通う。必ずしも家の近くとは限らない。

シナゴーグがいつ発生したかは、正確には分からない。バビロン捕囚の時代に遡らせる伝承もあるが、実際に発掘されている最古のシナゴーグは紀元前後のものである。それらは戸口がエルサレムに向いているのが特徴であり、また、材質も黒っぽい。紀元三、四世紀のものになると大理石を使うようになり建物も白っぽくなる。また、戸口ではなくトーラーを納める場所がエルサレムを向くようになる。

家庭における実践——食物規定

シナゴーグと並んで重要なのは、食物規定、清浄規定[15]などの日常生活を網羅する様々な習慣、年中行事の儀礼を実践する場としての家庭である。ここでは、家庭生活に直結する食物規定について概説する。

食物規定はカシュルート（「適正」の意味）とも呼ばれる。食物規定にかなっていることを表す形容詞がカシェルである。基本的に植物はカシェルである。ただし、動物のカシェルではない調理に混ざってしまうと、植物も含めその料理全体がカシェルではなくなってしまう。

食物規定には動物の場合三つのレベルがある。このレベルにおいて規定にかなって初めて食品はカシェルとなる。第一に食材自身が清い動物であること、第二に屠殺において、カシェルな免許を有する屠殺人によるカシェルなプロセスを経て屠殺、処理されること。第三に調理方法である。

清い動物とは、レビ記他に規定された動物である。魚類ならばひれ、鱗があるもの、動物ならば、蹄が分かれて反芻するものである。これによると、魚介類ならば、貝、たこ、いか、エビ、カニの類は、全て不可となる。また、ウナギやサメ、クジラの類も不可である。ちなみに、サメ、イルカ、クジラの類は、全て一括されて海の獣レヴィヤタンと称される。貝類は総じてツファルデアと称され、カタツムリもツファルデアである。いわゆるサカナの王道をいくサカナしか食することができない。そのせいか、ユダヤ教では海の生き物に対する関心が低いのではないかと思う。海の生物を指す一般的名称がヘブライ語では極めて貧困である。日本語には魚偏の漢字が山ほどあり、ハマチ→ブリと成長につれて名前を変える出世魚など、ヘブライ語のボキャブラリーでは考えられない豊かさである。

動物に関しては、豚は反芻をしないので不可である。蹄が割れて反芻をするのは、牛、羊、山羊である。さすが牧畜民族の名残であろうか、先の海の生物のボキャブラリーの貧困さに対して、家畜の名称は豊かである。雄、雌によって、また成長によっても呼び名が違う。

鳥は鳩、鶏の類。猛禽類は穢れた動物となる。また、総じて猛獣も全て穢れた動物であり食べることは許されない。

清くて食べることを許された動物をどのように屠殺するか。これは、専門の屠殺者（ショヘート）がユダヤ法にかなった方法で屠殺する。その規定は膨大である。基本原理は、当該動物に苦痛を与えないように素早く屠殺することである。そして、ショヘートはその動物が、自然死、病死など、屠殺

---

(15) 食事の前の手洗い、特に、月経、出産の際の清めについては細かい規定がある。

以前に死んでいなかったか、内臓、神経系統に問題がないかを調べる。こうした動物はテレファ（食用不適切）と呼ばれる。さらに、レビ記一七・一三〜一四、動物の血を食してはならないという規定に沿って、血抜き処理がされる。一定期間浸水されたり、火あぶりにされたり、塩漬けにされたりという工程をとる。一般に店頭に並ぶ肉は、浸水処理された後のものである。

調理方法において重要なのは、出エジプト記二三・一九、申命記一四・二一にある「子山羊をその母の乳で煮てはならない」という規定である。本来は、山羊の肉と山羊の乳だけが対象であるはずだが、これを「律法に垣根を立てる」精神で、ユダヤ教では、肉類一般と乳製品一般にこの規定の解釈を拡大した。これに従い、食品は、肉類（ベサリ）、乳類（ハラビ）、そのどちらでもない中間（パルヴェ）に分割される。そして、ベサリとハラビが混合しないように細心の注意を図るのである。少しでも乳製品が入っているものはハラビとなる。パルヴェにあたるのは、卵、魚、野菜類である。パルヴェは、ベサリともハラビとも合わせることは可能である。

クリームチキンシチューやチーズバーガーのようなハラビとベサリの混合は論外であるが、料理の中で両者が混じっていなくても、食器や調理器具を介した両者の接触も禁じられる。したがって、宗教的な家庭では、食器類、カトラリー類、鍋、フライパン、しゃもじ、まな板、包丁などあらゆるものが、ハラビ用とベサリ用の二種類用意される。オーブンも二段重ねである。また、流し台も二つに分かれており、それぞれの食器の洗い物がごっちゃ混ぜにならないようにしてある。当然、食器を洗うスポンジもベサリ用とハラビ用の二通りがある。このような食物規定に完璧に準拠したキッチンをコシェル・キッチンと呼ぶ。

スーパーでも、ベサリ食品とハラビ食品が一緒に置かれることはない。しかも、多くの人々が食品をせっせとナイロン袋を大量消費しながら個分けする。それぞれの商品は基本的に包装されているが、さらにナイロン袋を使ってカートの中での接触も最大限回避している。街角の小さなマコレットと呼ばれるキヨスクでは、乳製品のみを扱う店舗や乳製品は置いていない店舗もある。ミュージカル、映画にもなった『屋根の上のバイオリン弾き』の、シャローム・アレイヘムによる小説の原題は、『牛乳屋テヴィエ』であり、主人公テヴィエは作中で牛乳屋として切り盛りしている。牛乳屋という職業の存在も食物規定に関係があろう。

一回の食事の中でベサリとハラビが混じることはない。たいていのレストランやカフェは、ベサリかハラビのどちらかである。大学構内のカフェテリアも、ハラビのカフェテリア、ベサリの食堂と分かれている。しかし、同じ空間に両者が配置されている時には、ベサリの食器とハラビの食器を混同させるなという注意書きが掲示してある。

では、両者の間を何時間空ければよいか。例えば、ベサリの食事の後でミルク入りのコーヒーが飲みたい場合にはどうすればよいか。これは、三時間から六時間空けることで許されるとされる。しかし、何時間についてでは諸説ある。一方、ハラビの後のベサリ食品の飲食は、口をゆすぐだけでよいとされる。なぜ、ベサリとハラビの順序で間隔が違うのか。それはベサリ食品の脂肪や食べかすは口の中に留まりやすく、乳成分はそれほど口内に癒着はしないからという説明がされる。

しかし、こんな時にも諦めないのがユダヤ人である。ハラビのものに植物性の材料を使うことによって、ハラビ代替食品を多数作り出している。この場合、その食品はパルヴェになる。一見生クリームのケーキのようであっても、植物性クリームである場合には、パルヴェとなり、ベサリ食品と共に食することができる。チョコレートの類は、パルヴェ・チョコレートも多数出回っている。これらは、ベサリの食事の後でも食することができる。とはいえ、やはりパルヴェのチョコレートは若干、味が人工的である。イスラエルのお土産にチョコレートを買うときには、やはりハラビのチョコレートを勧める。

さらに、そもそも清くないので食することができないはずの食材も、植物素材で作り出されている。植物素材で作った「ゼ・ロ・シュリンプ」（これは、エビではない）という名のエビの形態をした食材も売っていた。本当は食べたいんじゃないの？と突っ込みの一つも入れたくなる。ミドラシュによれば、来る世にはレヴィヤタンも食べることができるようになると言う。

では、なぜこのような細かい食物規定が存在するのだろうか。古来より、様々な説明がなされてきた。古代末期のアレキサンドリアのフィロンやラビたちは寓喩的解釈をした。魚のひれと鱗は忍耐と自制、蹄が割れているのは善悪の区別ができること、反芻することは律法を認識していることを象徴する。このような食物を口にすることで、これらの資質を身につけることができると解釈する。他方、中世のマイモニデスは、衛生的観点から説明する。そして、現代の聖書学者であり人類学者であるメアリ・ダグラスは、宗教における禁忌の機能の観点から説明する。説明のできないあやふやな現象を、禁忌として位置付けることで社会を安定化させるという禁忌の機能が基盤にある。ダグラスによると、食物規定は、聖書の世界観を表すという。それによると、ここで清い動物として挙げられている動物は、彼らが想定する天・海・陸の三つの世界を構成する典型的な形態をなしているものとされる。天には翼で飛ぶもの（天地創造の五日目に創造された）、海には鱗がありひれで泳ぐもの（五日目）、陸では蹄が割れ反芻する生き物（六日目）が、その世界の典型とされる。そして、天・海・陸の境界にいる、どちらにも位置付けることのできない生き物を穢れた動物として位置付けているのではないかという。

確かに、猛禽類は鳥なのに地の動物を捕食することから、天の鳥と地の獣の領域を侵食しているようでもある。水辺に群がる小動物、カエルや貝の類も領域の間をうようよしている。エビ、カニも、魚を水中動物の典型として考えるならば、地の動物と魚類の間をうごめいているようである。しかし、地上の動物の典型を四足・反芻する・蹄が分かれる、と定義をしているのは、聖書ではなくダグラス自身であるので、答えありきの仮説である観はぬぐえない。

人類学においては、例えば、反芻しない豚は飼料を多く必要とし、中近東の家畜としては適さなかったという理由が根本にあり、それによりこの地域では豚は排除されたという説もあるが、確かに一理ある。しかし、これは他の動物については該当しない。聖書で排除される全ての動物について説明がつくわけではない。結局、食べられるものとして安心感を得られるのが、陸上では四足・反芻・蹄が割れたものである、水中であれば典型的な魚類である、ということしか言えない。

いずれにせよ、重要なのは、むしろこのような食物規定がなぜこれまで守られ続けてこれたのか、なぜ存続が可能であったのか、食物規定に限らず、こうした儀礼や戒律を守り続けてきたことの意義を問うことである。

ユダヤ教における儀礼・戒律の意義――実践の重要性

以上のように、ユダヤ教の生活は、日々の食卓から毎週の安息日、春と秋を中心としながら様々な祝祭が一年のリズムをつけ、人生においても重要な様々な通過儀礼に囲まれている。これらをきちんと守ろうとすると、それぞれの場面で膨大な法が派生する。こうした規則、戒律に取り囲まれたユダヤ教徒は、窮屈ではないのだろうか。

宗教の儀礼的側面は、形式主義として軽んじられる傾向があるが、安息日の伝統がユダヤ教を守ってきたように、ユダヤ教においては、儀礼、慣習がユダヤ人としてのアイデンティティを育んできたことも看過できない。

宗教における儀礼の意義を問う宗教学研究には歴史がある。古典的にはデュルケムは、その『宗教生活の原初形態』の中で、宗教を積極的儀礼（祭儀）と消極的儀礼（禁忌）に大別した。また、ギアーツは『文化の解釈学』の中で、儀礼を聖化された行動であり、その中に当該宗教のエートス、世界観が現れると考えた。いずれも、宗教とは、人間が世界を確かなものとして理解し、統御しようとする時の説明装置であり、そしてそこに付随する儀礼とは、社会の成員間の結びつきを強化する機能を果たすと考える。つまり、宗教、儀礼が社会に対して果たす機能から説明しているものである。

しかし、これは、宗教と社会を外から観察している研究者による見立てであり、実践当事者の感覚を問うものではない。さらに、ユダヤ教の膨大な儀礼――日常生活の中で実践する慣習といえる膨大な戒律が存在する場合、右の説明で理解しきれるだろうか。また、必ずしもユダヤ社会全体が順守しているわけではない。

なぜ守るのか、最も端的な答えは、そのように書かれているからということではないか。成文トーラーに書かれている以上、そして、それが時代錯誤になっても種々の工夫をすることによって順守できるならば、できる限り守るのだというシンプルな意識が根底にある。それが、時に字句に拘泥するという批判をもたらす。

しかし、ここで再び、シェマァ・イスラエルの第三の要素に立ち返る。人間が実行することにユダヤ教は価値を見出す。神の「言葉」という贈り物が、実行可能であれば、どこまでも実行するのである。感覚ではなく肉体で、守れる限りの聖書の記述を守ろうとする意志の表れである。

第四章　ユダヤ教の人物

本章では、代表的なユダヤ教の人物を紹介する。その生涯の軌跡を通して、ユダヤ教の歴史を垣間見ることができるだろう。

ヘブライ語聖書の人物

聖書にルーツを置く民として、ヘブライ語聖書中の登場人物は、決して架空の物語世界の住人ではない。彼らの物語は、後代のユダヤ人たちが様々な解釈を加え、その時代に即した教えを導き出すことによって、ユダヤ人の辿ってきた歴史に同時代的に寄り添い、共に生きる人々となった。彼らの生き様は、困難なユダヤ人の歴史において同時代的な道標となり、示唆を与えた。

その代表格が、アブラハムとモーセである。ユダヤ教の伝統では、アブラハムが初めて唯一神を認識し、割礼を通して神との契約に入った。ユダヤ教の父祖中の父祖である。アブラハムが契約関係に入ったことにより、一神教が誕生するのであり、後のキリスト教、イスラームにとっても重要な人物である。これら三つの一神教はアブラハムの宗教と総称される。アブラハムの子はイサク、さらにその子ヤコブはイスラエルと改名し、さらにヤコブからイスラエルの十二部族の源流となる十二人の子供が生まれる。アブラハムとハガルの間に生まれたイシュマエルはアラブ人の祖だと考えられており、また、ヤコブの双子の兄エサウはローマ人、後代のキリスト教国家の源流としてユダヤ教の伝統では考えられている。

ヤコブの時代に食糧難のためにエジプトにわたり、ファラオの隷属状態に陥ったイスラエルの民を指揮し、出エジプトを達成し、シナイ山でユダヤ教の根本となるトーラーを授与されたのがモーセである。私見によれば、後代のラビ・ユダヤ教文献中で名前が言及されるのは、モーセが最多である。そしてモーセに与えられたトーラーはユダヤ教の教えの基盤である。

聖書の中の人物は、決して品行方正ではない。神の命を直ちに実行するわけでなく、神に対して文句を言ったり、他者に対して恨みや嫉妬を抱いたりする人間臭い側面が多々見受けられる。ユダヤ教の聖書解釈では、彼らの人間としての側面に特に注目しているように思われる。

アブラハム

ノアから十世代目にカルデア地方のウル（ユーフラテス川沿いの町）に生まれる。父テラはカナン地方に移動後、ハランに留まるも、アブラムは神の召命を受け、ハランを後にしてカナン地方に入ることになる。

飢饉を避けてエジプトに下るが、妻サライを妹と偽り、王ファラオの不興を買い、再度パレスティナ、ネゲブ地方に戻る。諸国王と交戦、捕虜となった甥ロトの救出に成功する。サレムの王であり祭司のメルキゼデクの祝福を受け、その後、神の言葉が下り、祭壇を築き生贄を捧げる。サライとの間に子が恵まれなかったアブラムは、女奴隷ハガルとの間にイシュマエルをもうける。イシュマエルは、後代のアラブ人の祖とみなされる。アブラムが九十九歳の時、子孫繁栄を約束する神との契約として割礼を施す。そしてアブラムはアブラハムへ、妻サライはサラへと名前が変えられる。サラとの間に息子イサクが誕生することを知らせる御使いが訪れる。ソドム、ゴモラの破壊を巡って、アブラハムは両都市を神に対して弁護、論争する。ソドムは破壊されるが甥ロトは救出される。ゲラル滞在後、イサクが誕生する。ハガイとイシュマエルは追放される。王アビメレクと友好条約を結んだ後、神よりイサクを犠牲として捧げるよう命が下る。アブラハムは従順に服従し、モリヤの山でイサクを手にかける瞬間、神がそれを制止する。子孫の繁栄が再び約束され、二人は山を降りる。その後、サラが死去。イサクの妻を捜し娶らせる。アブラハム自身は百二十五歳で死去する。

聖書には、なぜアブラハムが父を置いてハランを後にしなければならないのか、全く理由は書かれていない。さらに、「星の数ほど子孫を増やす」といいながら、正妻サラとの間に直系の息子を授かることがなかなかできなかった。そして、やっとの思いで授かった一人息子イサクを燔祭《はんさい》にして捧げよという不条理な神の命令（アケダー）が下る。この命令を、ヘブライ語聖書上では、一言の文句も疑問も発せず聞き従ったアブラハムの行為の意味を、後代のラビや、解釈者、中世の思想家たちは問い続けた。キリスト教では、パウロのローマ人への手紙に端的に表れているように、その従順さが高く評価された。イスラームでは、捧げられたのはイサクではなくアラブ人の祖であるイシュマエルだったと考えられている。キリスト教では、イエスの磔刑の予型と考えられることが多い。近代では哲学者キエルケゴールの思索の中心的テーマを成している。アケダーが起こったモリヤの丘には、神殿が建てられ、特にその場所は至聖所とされた。現在、そこには黄金のドームが建つ。

唯一神の認識とイサク供犠（アケダー）

では、ユダヤ教においてアブラハムはどのように解釈されているだろうか。

後代のユダヤ教伝統でのアブラハムへの関心には、二つのポイントがある。第一に彼が多神教伝統の矛盾を看破し、唯一神を認識したことである。ラビ・ユダヤ教聖書解釈（ミドラシュ）では、太陽を動かすもの、星を動かすものから、全てを動かす唯一なる存在へと思考を巡らせた結果、唯一の神の存在に考え付くという、幼いアブラハムについての解釈がある。また、父テラの偶像崇拝の愚かさを策略的にやり込めるユーモラスなミドラシュもある。

第二のポイントは、彼の生涯の最大のクライマックスでもある、最愛なる息子イサクを捧げよという神の試みである。イサクを供犠として縛り上げたこの事件は、ユダヤ教の伝統では、アケダー（縛ること）と呼ばれる。

アブラハムの神への愛、従順さ、信仰の深さ、その徳の高さは、神への自己犠牲の至高の例とし

イサク供犠（アケダー）の場面（ベイト・アルファ（イスラエル）のシナゴーグのモザイク床，6世紀）

て位置付けられ、また歴史の中で生じたユダヤ教徒の殉教の象徴ともなった。ユダヤ教では、高徳の父祖個々人の行いによって、その後代のイスラエル全体が救済されるという「父祖の徳」という概念があるが、父祖の中でも最も強い影響力を有するのがアブラハムである。アケダーの試練に従順に従い、結果的に乗り越えた。イサクに手をかける瞬間に神がアブラハムに応えたように、私たちの祈りにも応えてくださいと、祈りの中でアブラハムとイサクが言及される。新年の祈り、そしてヨム・キップールまでのスリホート（悔い改めの週間）での祈りでは、息子をも進んで捧げようとしたアブラハムの神への愛、徳を思い出して、私たちの罪を赦してくださるように、アピールする。そして、新年、スリホートの期間に、夜も明けきらぬ薄暗い早朝から、シナゴーグから物悲しい音色を響き渡らせる角笛は、イサクと引換えに与えられた雄羊を象徴している。アブラハムは、時代を超えてユダヤ人を救う徳として頼みの綱とされ、ユダヤ教の日常習慣に入り込んでいる。

アケダーは、聖書解釈、詩文、文学作品、芸術作品のインスピレーションの源となった。ハマット・ティベリアのシナゴーグ（三～四世紀）やベイト・アルファのシナゴーグ（六世紀）跡から発見されたモザイク床では、その中心にイサクを捧げるアブラハムの様子が描かれている。また、四方の壁面に壮麗な装飾画が施されていることで、ユダヤ美術史上の大発見となったメソポタミア川中流のドゥーラ・ヨーロポスのシナゴーグでも、トーラーの巻物を安置したと考えられる正面の中央にイサクを捧げるアブラハムが描かれている。神殿無き時代に、シナゴーグで礼拝を捧げる都度に、イサクを捧げるアブラハムの姿を観衆は目にすることとなった。

モーセ

エジプトに移住したヤコブの子孫モーセは、時の支配者ファラオのヘブライ人の男児を殺害する命をくぐりぬけ、ファラオの娘に拾われ王宮で育てられる。やがて、奴隷状態に苦しむヘブライ人の一団を、兄アロンの助けを得て、指揮する。エジプトを離れる許可をファラオに求めるが、それを認めないファラオと対決する。様々な災いをエジプトにもたらす。ついに脱出が許可されるが、後を追うエジプト軍と葦の海（紅海）で応戦する。海が分かれ、ヘブライ人は海の中を渡ることができたが、それを追ったエジプト人は海に飲まれてしまう。この葦の海の奇跡は名高い。それから四十年に及ぶ彷徨を経て、様々な危機や民内部の内紛、不満、争い、迷いを乗り越えて、パレスティナの地に人々を導いたとされる。途中シナイ山にてトーラーを授与される。モーセの帰還を待ちきれず金の子牛を作り祭った民への怒りから、いったんトーラーは破棄されるが、モーセの神への懇願によりトーラーが再度授与される。幕屋を建設し、それを運びながらパレスティナへ進出し、ヨルダン川を渡る。しかし、ヨルダン川を渡る前にモーセは逝去。以後、ヨシュアが民の指導者としてカナン地方の先住民との戦いを指揮していく。

出エジプトとトーラー

モーセがファラオとの対決において、そしてその後の出エジプトの彷徨で見せた奇跡の業の数々は人々を魅了する。特に葦の海での奇跡は、アケダーと並んでよく知られたモチーフである。前述のドゥーラ・ヨーロポスのシナゴーグでも大きく描かれている。また葦の海での奇跡を称える海の歌（出エジプト記一五章）は、ヘブライ語聖書の中でも最古の時代に属する文学と見なされている。

しかし、出エジプトを歴史的に立証することはできない。周辺文化の文書で出エジプトを示唆する記事が見当たらないからである。エジプト側にとっては、奴隷集団の流出は記録に値しない些細な出来事であったのだろう。しかし、出エジプトの経験はユダヤ教の根幹になる。おそらく、出エジプトを果たした弱小民族がもたらした唯一神ヤハウェの信仰が、カナン地方の牧畜文化を背景とした元来は土着の多神崇拝伝統に属するエロヒーム信仰を掲げる民と結びついた。そして、エジプト文明とメソポタミア文明という二大文明の狭間の場所であったパレスティナの地で受容され、それが、やがて世界の三大一神教の源流となる。弱小の民から、狭間の地から将来大きな流れとなる三大一神教が生まれるという逆説的な発展を見せたことになる。
トーラーという語は、広くは神の教えという意味であるが、ヘブライ語聖書の中でも、特に最初の創世記、出エジプト記、レビ記、民数記、申命記の五書を指すことも多い。この五書は、ヘブライ語聖書の中でも別格の地位にあり教えの中心であるが[16]、出エジプト記以降の書は、モーセと出エジプトの物語と、神がモーセに授与した法規内容を叙述するものである。いかに、モーセの道程がユダヤ教の教えの中心に置かれているかが窺える。この五書はモーセ五書とも呼ばれ、ユダヤ教の礼拝所では安息日毎にモーセ五書の定められた箇所（パラシャー）が朗誦され、一年をかけて輪読される。

モシェ・ラベイヌ（私たちのラビ、モーセ）

ユダヤ教の伝統でモーセが占める特異性は「モシェ・ラベイヌ（私たちのラビ、モーセ）」という称号に表れている。ヘブライ語聖書中では預言者であるはずのモーセは、ラビ・ユダヤ教以降の聖書解釈の伝統では、ラビ（賢者）という称号で呼ばれることが多い。シナイ山で与えられたトーラーは、成文トーラーと口伝トーラーという二つの形態で、モーセからヨシュアへ、ヨシュアから長老へ、長老から大シナゴーグの成員へ、大シナゴーグの成員からラビへと継承されたと考えられている。口伝トーラーという全人格的な関わりの中での継承によって、私たちの時代の師であるラビが語ることは、遡れば、既にモーセに与えられていたという正統性が付与される。また、自分が生きる時代に解釈して生まれた事柄は全て、既にモーセに与えられたということで、モーセが常に同時代の自分のラビに直結する像として受け止められた。そして、何を解釈してもそれは既にモーセに与えられていたのであるからその正統性は保証されているのであるが、にもかかわらず、同時代的に生きるモーセに恥じない生き方をしようという心意気が生まれた。それが「私たちのラビ」というモーセの称号にも表れている。あらゆる解釈が可能であるのに、生活を自律する無数の指針を後代のユダヤ教は見出していった。それが、神殿祭儀を中心にしたユダヤ教の崩壊から新しい生存の道を可能にしたラビ・ユダヤ教のエートスであり、そのような生き方が投影された口伝トーラーがアイデンティティの拠り所となり、現代にまで連綿と生き延びたユダヤ教の基盤となったのである。

ユダヤ教の女性

本書で取り上げる人物は、圧倒的に男性が多い。ユダヤ人の伝統的な定義は、「ユダヤ人を母とする者」でありながら、このハラハーを策定するラビたちは男性である。タルムードに出てくるラビたちは、女性について盛んに議論するが、そのラビたちの中に女性がいたかどうかは定かではない。割礼、バル・ミツヴァなど、男性、男児にのみに課せられる戒律がある。正統派やハレディーム（超正統派）のシナゴーグは男女別席で、圧倒的に女性の場所は狭い。男性しかトーラー朗読をすることはできない等々の男女の違いがある。その意味では、決して男女平等の宗教ではない。しかし、だから

(16) ちなみに、サマリヤ人が聖典としているのはこのモーセ五書のみである。

と言って、女性の力が閉じ込められているわけでもない。例えば、国会議員中の女性議員の数では、日本よりも割合が高い（二〇一五年ではイスラエルは二三パーセントで、世界一八五か国中七三位で、決して高くはないが、平均よりも高い。一方、日本は九・五パーセントで世界一五三位である）。ノーベル医学生理学賞の初の女性受賞者はイスラエルの研究者であった。大学教員に占める女性の割合も高い、などなど実質的な社会進出は進んでいる。宗教上の制度では測れない実質的な逞しさをユダヤ人女性は有しているように思う。そのルーツは、やはり聖書の人物にあるのではないか。中でもエステルは、エステル記として聖書中の書名にも採用されている人物であり、ペルシア時代のバビロニアにおけるユダヤ共同体の危機を救った女性として、タフな女性の旗手といえるのではないか。

エステル

バビロン捕囚後、キュロス二世によって捕囚が解かれるも、そのままバビロニアに留まったユダヤ人も多数いた。そうしたユダヤ共同体の一員であったエステルは、若くして孤児となった。いとこモルデハイがエステルを養育していた。当時の国王クセルクセスが開いた酒宴に、王妃ワシュティは出席を拒絶する。国王クセルクセスの怒りを買い、王妃の地位を退位させられる。クセルクセスは新しい王妃を選ぶために宴を開き、ペルシア中から集めた美女の中から並外れて美しいエステルを選ぶ。エステルはユダヤ共同体を離れ、王宮に入る。モルデハイはユダヤ人としての出自を明かさないようにエステルに助言をする。クセルクセス王の殺害を謀る宦官の会話を耳にしたモルデハイは、エステルを通じて王に進言する。エステルは、モルデハイの名で王にそれを通告し、謀を未然に防ぐことができたことが宮廷日誌に記された。

しばらくして、高官ハマンが自分に対して敬礼をしないモルデハイに立腹し、モルデハイとその民族全体の絶滅をクセルクセス王に忠言する。くじの結果アダルの月十三日に全ユダヤ人が殺害されることが公示され、ペルシア中の全ユダヤ人を絶望に落とした。そこで、モルデハイは、王宮にいるエステルに対して、ペルシア中のユダヤ人の解放と救済のために、彼女自身が王のもとに行って、自分の民族について寛大な処置を王に対して求めるように伝言した。しかし、王からの許可なく、自ら王のもとに上がることは死刑に処せられることであるとエステルは恐れる。しかし、意を決して、王妃の衣装をまとい王のもとに上がり、自分が準備する酒宴に王とハマンを招待する。ハマンはなおも自分に敬意を払わないモルデハイに立腹し、モルデハイを吊るすための柱を用意して酒宴に備えた。その晩、偶然、宮廷日誌に目を通したクセルクセス王は、かつてモルデハイによって謀が未然に防げたという事件を思い出す。そしてたまたま居合わせたハマンの進言に合わせて、モルデハイに最大の名誉を与えることになる。一方エステルは、宴にハマンと共に出席したクセルクセス王に対して、自分と自分の民を救ってくれるようにと嘆願する。王は直ちにその望みを聞き入れ、ユダヤ民族大殺害の首謀者であるハマンは、自らがモルデハイを処刑するつもりで用意した処刑台で処刑されることになった。

かくして、アダルの月十三日とその翌日十四日は、ユダヤ人大殺害日から一転して、ユダヤ人の解放日として記念されることになる。この事件を記念して、アダルの月十四日は、プリム祭りを祝う。プリムとはアダルの月十三日を決めるに到った「くじ」の意味である。また、エステルが王宮入りするきっかけとなった宴にちなんで、仮装をして楽しむ。シナゴーグではエステル記を朗読する。

ディアスポラに生きるユダヤ共同体は、いつ何時、支配者の怒りを買うかわからない。そのような心配の中で、自らの生命の危険を顧みず王に進言したエステルの働きは逞しいものである。その結果、ペルシアのユダヤ共同体の危機は救われた。

この物語から何を学ぶことができるだろうか。奇妙なことに、この物語には「神」や「主」が一度も言及されない。そのために、エステル記を正典に入れることに反対があった。しかし、最終的にはエステル記も「聖霊によって書かれた」(バビロニア・タルムード、メギラー篇七a)ことが認められた。

この物語は、偶然が偶然を呼んだ物語でもある。王妃ワシュティが宴に出ることを拒み、偶然退位し、偶然エステルが選ばれ、偶然モルデハイが聞きつけた陰謀をエステルが王に進言する。エステルが王とハマンを招待した前の晩に、偶然王は宮廷日誌を読み返し、モルデハイの進言を思い出す。ユダヤ教徒殲滅を図るハマンもくじによってその日時を決定する。しかし、結果的にはこれらの偶然が全てつながり、ユダヤ教徒はハマンの策略から救出される。一方で、どこにも神の名はこの物語に登場しない。これは、神が不在であるように思える時に、偶然が偶然を呼び、見えない神の摂理が働いているということも教えてくれるのではないだろうか。そして、神が不在と思える時にこそ、死をも覚悟して王に意を決して話を切り出したエステルのように人間が動く必要があるのだということを教えてくれているのではないか。

老ヒレル

紀元前後一世紀に活動したラビ・ユダヤ教を代表する賢者ヒレル。伝承によれば、四十歳の時にバビロニアからパレスティナに移住し、四十年間学び、四十年間イスラエルを導いた。この四十年を一周期として百二十年の生涯を三期に分けて語るこの伝承は、モーセ、後述するラバン・ヨハナン・ベン・ザッカイ、ラビ・アキバにも共通する。これは、この三人のラビとモーセを関係付けようとする意図の表れである。パレスティナに移住し、ヒレルは木工職人として働く。トーラー学習のための入場料も払えないほど貧しかった。それで、ある冬の日、学塾の屋根の上で雪に埋もれながら漏れ聞こえる話に耳を傾け、凍死するところであった（バビロニア・タルムード、ヨーマ篇三五b）。それゆえ、この入場料は廃止されることになった。

ヒレルとシャンマイ

ヒレルとその学徒たちは学塾を設立し、そこから、その後のパレスティナにおけるユダヤ共同体の指導者を輩出した。ヒレルと対となって語られるのがシャンマイである。ヒレルとその同時代のシャンマイを筆頭として、この両者の学派からそれぞれの時代を代表するペアが五世代にわたって輩出され（五組のズゴート）、タナイーム時代のラビ・ユダヤ教に多大な影響を与えることになる。ともにヘロデ大王の治世下のローマ帝国の圧力が強くなる時代であった。シャンマイは、ローマと接触し続ければユダヤ共同体が弱体化するのではないかと心配したが、この心配は彼の法解釈にも反映された。シャンマイに対して、ヒレルにはそのような心配はなかった。これより、ヒレルはその法解釈においてよりリベラルと評されることになる。

またヒレルは、謙虚さ、寛大さ、人類愛で知られる。個々人のレベルへの配慮が感じられる。例えば、夫の生死が不明のために再婚できない状態に置かれる未亡人（アグナー「鎖で繋がれた女」）について、ヒレルは夫の死が間接的に証明されれば再婚してもよいとしたが、シャンマイは直接的な証拠のみ有効と考えた。ヒレルの寛大さとシャンマイの手厳しい性格という対立図式はある種のステレオタイプとして発展した。その典型例は、シャンマイに拒絶された改宗希望者を、その謙虚さゆえに受容したヒレルの話に現れる。片足で立っている間にトーラーの教えを教えよと乞うような改宗志願者でもヒレルは受け入れたが、シャンマイは却下した。ちなみに、このエピソードの中で、ヒレルはトーラーの真髄は「自分の欲せざるところを人にするな」（トビト書四・一五）にあり、残りはその注釈だと説いた（シフラ、ケドシーム四・一二、創世記ラッバー二四）。これは、ちょうど福音書におけるイエスの教え「だから、人にしてもらいたいと思うことは何でも、あなたがたも人にしなさい。これこそ律法と預言者である」（マタイ七・一二）の裏返しと言えるだろう。

ヒレルとシャンマイ自身は、多くの場合見解が一致しており、両者の見解の相違を表すタナイーム時代の資料はほとんどないが、後代の学派において様々な点で両者を対立させたと考えられる。両学派の見解の相違はタルムード中には三百件以上記録されている。タルムードはどちらかと言えばヒレル学派寄りの場合が多いが、「メシアの時代には双方の教えが有効である」という言葉があるように、実際には両派ともに有効と考えられていた。

ヒレルに帰せられる多くの格言がある。有名な言葉に、「もし、私が私自身でないならば、誰が私になってくれるのか。そして、もし私以外私でなければ、私とは何者か。そして、もし、今、そうしなければ、いつなのか」（ミシュナ、アヴォート篇一・一四）がある。通常、平和主義者で知られるヒレルであるが、この言葉は、彼の内面の激しさを語っているように思える。自分以外、自分の意志をやり遂げる者はいない。もしそうであるならば、今、その意志を行動に移さなければ、いつ移すのか。このように自問しながら、彼の目指すべき道を歩んでいったに違いない。この言葉には、現代の迷える若い世代にも送りたい言葉である。

ラバン・ヨハナン・ベン・ザッカイ（紀元一世紀）

紀元七〇年のローマ帝国によるエルサレム第二神殿崩壊前後に活躍したユダヤ教のラビの指導者である。彼に関する多数の伝承がラビ文献中に残されている。中でも、新しいユダヤ教の拠点を作るために策を図って崩壊するエルサレム第二神殿からの脱出を画策し、時のローマ軍司令官ウェスパシアヌスとの会見を図る下りは、少々脚色された長大な伝承が残されている。彼が、危険を冒して上ガリラヤ地方ヤブネに創設した学塾は、聖書と口伝トーラーの学びを新しいエートスとして信仰の中心に据えるラビ・ユダヤ教の拠点となり、死滅に瀕した神殿祭儀のユダヤ教を救い、現在にまで連綿と生き延びたラビ・ユダヤ教の礎を作ったことでその功績は計り知れない。

口伝トーラーの伝承

彼の生年、出自についてラビ文献は語らない。神殿崩壊直後に没し、かつその長寿が称えられていることから逆算して、ヘロデ大王の統治の終わり、紀元前後に生まれたと思われる。祭司家系に馴染みの深いヘブライ語ツァドク（義）をアラム語に翻訳する際の対応語のザッカイを名に持つことから、祭司家系の生まれではないかと考えられる。彼はしばしば神殿を舞台に活動しており、祭司に絡む法規の論争も多い。

多くのラビたちと同様に、生計維持の手段として商いに従事していたが、齢四十にしてトーラーの学びに入った。ヒレル、シャンマイから教えを受け、口伝トーラーの伝承の連鎖の中で重要な位置を占める。ファリサイ派の創始者とも言えるヒレルからは直接教示を受けた。ヒレルの八十人の弟子の中で最も若年であったが、ヨハナンの学びは、トーラー、ミシュナ、ゲマラ、ハラハーから始まって、暦の計算、大天使、精霊の言葉など、重要事項から些細なことまでありとあらゆる事柄に及んだと伝えられ、その博識が称えられている（バビロニア・タルムード、スッカー篇二八a）。ファリサイ派は、成文トーラーの学び、解釈を通して生み出される膨大な口伝トーラーにも同様な価値を置き、これら二つのトーラーの学びと実践においてユダヤ教の活路を見出そうとした。一方、もともと成文トーラーの知識を占有していた祭司層や裕福な貴族層から構成されるサドカイ派は、成文トーラーの権威のみ認め、成文トーラーの厳格な解釈を求めた。ファリサイ派の旗手として、ヨハナンはサドカイ派との論争にしばしば巻き込まれている。最大の争点となったのは、成文トーラーには明言されていない死後の魂の復活問題であった。また、祭司が享受している特権にも異を唱えた。このような方法を通して、彼は祭司階級の権力の範囲を狭めていくことに貢献した。同時に、自分と同じようにファリサイ派を支持する祭司集団の拡大に貢献した。

ファリサイ派の師として、聖書の学び、先代の賢者たちの教えを含めた二つのトーラーの学びと継承を人々の間に浸透させることを使命とし、それがユダヤ教の、そしてイスラエルの民の生き残るための活路であると考えた。その学びとは、何かの代償、利益を求める打算的な学びではなく、トーラーの学びそれ自体を目的とするような純粋な学びを求めた。対話形式での教示がラビ文献から窺える。その主題は、ハラハー、アガダー、倫理、戒律の説明、さらに神秘的知識にまで及んだ。彼の手法は、聖書テキストの詳細な読みを基本とする。聖書のあるコンテクストに制約された問題を詳細に検証することによって、より普遍的な問題へと発展させていく。

他方、ヨハナンは賢者が象牙の塔に籠ることをよしとはしなかった。「共同体から離れるな」というヒレルの教えを受けて、社会問題に関係付けることを賢者の義務と考えた。実際、聖書の教えを移り行く時代状況へ適応させるための様々な改定（タカノート）がヨハナンによってなされた。

ユダヤ教の生存をかけて

当時パレスティナはローマ帝国の属州とされていたが、ユダヤ法体系、ユダヤ教信仰生活は保証されていた。神殿祭儀を司る祭司家系が、宗教的にも行政的にも共同体内で覇権を握り、祭司家系や貴族などの裕福な階級と、それ以外の中産、下層階級に分裂が進んでいた。特に後者は、ローマ帝国への税と祭司階級への税という二重の課税に喘いでいた。特にヨハナンが生きた紀元前後には、ローマ帝国はヘレニズム強化路線を採り、エルサレム神殿にローマ皇帝の肖像を持ち込み、皇帝崇拝を強要するなど、ユダヤ教の唯一信仰を蹂躙する行為に出た。これに対してユダヤ共同体も様々な諸派に分かれた。政治行動に訴えることでイスラエルの未来の再建を目指す過激武力派熱心党、穢れたエルサレムを離れクムランの荒野で社会変革を目指すクムラン教団、自身もヘレニズム文化に染まった有産上流階級、ローマ当局と折り合おうとするグループなど、政治的にも思潮的にも、価値乱立のカオス状態であった。ローマ当局のみならずローマ寄りのユダヤ人への不満を爆発させる集団のゲリラ活動によって、ローマ属州内は無秩序状態に陥った。

このような時代、社会を背景として、ヨハナンは、師ヒレルの教え「平和を尊ぶ」ことに忠実であった。「国家と国家の間に、政府と政府の間に、家族と家族の間に」平和を置かんとする彼の主張は、万人の間に友好関係を築くことを促すものであった。また、異教の礼拝所の破壊に加担することを戒め、異教徒との穏便な関係が好ましいとした。ユダヤ人の手で異教の礼拝所を再建させられるようなことを回避するためという消極的な理由からのものであったが。現状のローマ帝国当局の行政の不手際は一時的なものであるから、当座の困難をしのぎ、やがてローマ帝国との友好関係を復活させることでユダヤ教の戒律に依拠する生活が実現できるという現実的な路線を主張したが、功を奏すことはなかった。

六八年春、ローマ帝国軍にエルサレムが包囲され、神殿崩壊とエルサレム陥落が不可避であることを悟ったヨハナンは、エルサレムを脱出することを決意した。二人の弟子が担ぐ棺桶に死者として潜み、逃亡を阻止しようとエルサレムの城門を閉鎖したユダヤ強硬派の包囲陣の目を欺いて首尾よく脱出に成功したという。そしてエルサレム郊外にて、ローマ軍司令官ウェスパシアヌスと会見を図った。この一連の劇的なエピソードは、幾つかのバージョンで伝えられているが、いずれにおいても会見の場でのヨハナンの機知に富んだ応答が彼の英知を印象付けている。ヨハナンはウェスパシアヌスの勝利と彼が近い将来皇帝となることを預言した上で、自分の世代のユダヤ人の賢者たちを救うこと、ヤブネに学塾を創設することを請願した（バビロニア・タルムード、ギッティーン篇五五b～五六a他）。おそらくヨハナンはヤブネに向かう許可を得て、そこに学塾を創設した。

現実路線を進め、エルサレムをいわば見棄てたヨハナンであったが、彼にとっても神殿崩壊は耐えられない悲劇であった。「神殿が炎上しているのを見たとき、彼は立ち上がり衣を裂いた。テフィリーンを取り去り、弟子と共に泣き崩れた」（アヴォート・デ・ラビ・ナタンB・七）。神殿崩壊は、ユダヤ人の贖罪の手段が喪失されたことをも意味する。何によって贖罪が可能になるのだろうか。

> ラバン・ヨハナン・ベン・ザッカイがエルサレムを後にするとき、ラビ・ヨシュアは神殿が廃墟と化しているのを見て嘆いた。「イスラエルの罪を贖う場が破壊されてしまった私たちほど哀れなものはない」。ヨハナンは応えた「贖罪に相応する手段があることを知らないのか。それは何か、慈しみの行いである」。
>
> （アヴォート・デ・ラビ・ナタンA・四）

ヨハナンは決して神殿祭儀を棄却したわけではなかった。神殿なき時代においてトーラーを遵守する機会を与えたいと考えたのである。

ヤブネでの最初の仕事は、神殿なき時代のユダヤ教信仰生活の再編成であった。日に三度の祈りを捧げる習慣も、神殿での祭儀の時間に合わせてヤブネの学塾で導入されたと考えられている。ベイト・ディィン（裁判所）を置き、ユダヤ共同体の新しい政治体制、宗教体制の再編を精力的に進めていった。時に反対を受ける改革もあったが、ヨハナンの指導の下、ヤブネに集う賢者は増加の一途を辿り、また、神殿を模した諸制度改革は、ユダヤ教の新しい中心地としてのヤブネの地位を確立させることになった。同時にナスィ制度の整備にも努めた。ヤブネの学塾というユダヤ教の新しい中心の創出と整備において、ヨハナンの貢献は計り得ない。何よりも重要なのは、ヤブネにおいて、聖典の学びが神殿祭儀に代わる信仰の中心に置かれ、先代から聖典に関わる伝承を収集し、それについて議論を加え、新たな解釈を創造し継承していくこと、そこに新しい時代のユダヤ教の拠り所が見出されたことである。ヤブネでの賢者たちの議論は、ミシュナ、タルムード、ミドラシュを生み、ユダヤ民族の生活の、精神の基盤を形成していくことになる。

ヨハナンの没年については知られていない。神殿崩壊後十年は生存したと思われる。ユダヤ教の生き残りをかけた先見の明あふれる大胆な行為、精力的な再編活動に身を捧げたヨハナンは、弟子たちによって「イスラエルの光、右手の柱、力強き鎚」と称えられている。

ラビ・アキバ（紀元五〇〜一三五）

紀元一世紀、エルサレム第二神殿崩壊期に活動したユダヤ教のラビ。同時代のラビの中でも傑出した存在であり、口伝トーラーの中でもハラハー（法規）の分野の整理に貢献。その後のハラハー発展に決定的な影響を及ぼした。愛国主義者であり、殉教の最期を遂げた。

もともと無学のアム・ハアレツ（地の民）の出身で、エルサレムの富豪の羊飼いとして生計を維持していた。主人の娘ラケルが、アキバがトーラー研究の道に入ることを条件に求婚してから、アキバの学者としての経歴が始まった。それは、まず自分の息子と共に文字を習得することだった。齢四十にしてのことであったと伝承は伝える。妻の元を離れ、リッダの学塾で、その後ブネイ・ブラクに開いた自らの学塾で研鑽を積んだ。ラビ・エリエゼル・ベン・ヒルカノスらに師事し、紀元九五、六年には既に学者として名を馳せるようになった。大成したアキバが一万二千人の弟子を連れて留守を守る妻の元に戻った時に、彼女が隣人に「アキバの学びが二倍になるなら、もう二倍の月日を待っていてもよい」と話しているのを聞きつけ、そのまま姿を見せることなく去り、さらに十二年トーラー研究に費やしたという伝説がある。

アキバのハラハー

アキバは、膨大な大海のごとき口伝トーラーの世界を秩序立て、ハラハーの体系化に大きな貢献を果たした。伝承から導き出される法本体、そしてその法が立脚するモーセ五書の法規部分についての解釈であるミドラシュ・ハラハーである。さらに、ミドラシュ・ハラハーと、法規以外についての解釈と伝承であるミドラシュ・アガダーの区分をしたのもアキバだと言われる。著名なラビたちは、彼ら独自のミシュナヨート（ミシュナ＝ハラハーを集めたコレクション）を有しており、各自の学塾の教材としていたと考えられている。ラビ・アキバのミシュナヨートも存在したらしい。このラビ・アキバのミシュナヨートを土台にして、二〇〇年ユダヤ共同体の首長でもあったラビ・イェフダ・ハナスィが、権威ある法規集『ミシュナ』を編纂したと考えられている。ラビ・イェフダのミシュナは、後々のユダヤ教の法規の最も権威ある典範となったが、その基盤をラビ・アキバが提供していることには疑いはない。

また伝承によれば、ハラハー資料を三区分に分けたのもアキバである。その三区分とは、典範化されたハラハー（＝ミシュナ）、典範から漏れたハラハー（＝トセフタ）、そしてハラハーについてのミドラシュ群である。ミドラシュ・ハラハーの中でも、出エジプト記についてのラビ・シメオン・バル・ヨハイのメヒルタ（尺度の意）、レビ記についてのシフラ（書物の意）、民数記についてのシフレ（書物の意）は、ラビ・アキバの解釈方法に即して編纂されたと考えられている。

アキバは、トーラーの言葉に余分なものはなく、一字一句、繰り返しの表現、その綴り、飾り文字にまで、文法的な意味とは別の次元の意味があると考える。そのような解釈活動を行うアキバの学塾での議論は、トーラーを授与されたモーセ自身にも理解できないのではないか、つまりトーラー本来の意味から逸脱しているのではないか、との危惧が向けられたが、アキバ自身が、全てのハラハーは既にモーセに与えられたと応じた。解釈活動の権威をモーセに帰着させることによって、ラビ・ユダヤ教、そしてその後のユダヤ教の支柱でもある口伝トーラーの創造、継承における自由も確立することになった。

学者としてだけでなく、人望という点からもアキバは同時代のユダヤ共同体の要であった。学者同士の意見対立の和解に当たり、また、ユダヤ教徒の代表団の一員として、ローマ皇帝に対して、ユダヤ教の信仰実践、教育に対する禁令を解くよう請願した。ギリシア人の改宗者アキラスを説得して、トーラーのギリシア語翻訳をさせた。後にこれはアラム語訳聖書の一つであるタルグム・オンケロスの基礎にもなる。伝承は、彼が貧者や改宗者、異教徒、女性など、学者以外の世界の人間にも温かい目を向けていたことを伝える。各地を巡る際に貧者への基金も合わせて募り、サマリヤ人を完全な改宗者としてみなし、その手によるパンをよしとした。また当時禁じられていた月経中の女性の化粧、装飾を、主人のために美しくあろうとする努力として認めた。また、アキバの謙虚な人柄も後代に伝えられているところである。アキバについての種々のエピソードは、同時代の学者世界の常識からすると、アキバはいわゆる賢者世界の枠を超えた独特な発想をし、リベラルかつユニバーサルな視点を有していたことを示唆する。それは、彼がトーラーの根本理念として、「自分のごとく隣人を愛せ」という戒律を挙げたことからも窺える。

アキバは、古代ユダヤ教神秘主義思想の系譜にも関わっていたようである。ヘブライ語聖書の中でも聖典として認めるか否か議論された雅歌の内容検討に当たったと言われるが、この雅歌における神の擬人的表現（五・一〇～一六）をもとにした『シウール・コマー』（神の身体の寸法）は、神の秘儀に関わる書として継承された。その著者は、権威付けのためであろうが、ラビ・アキバ、ラビ・イシュマエルに帰せられている。またタルムード中に見られる、果樹園に入った四人のラビのたとえ話にラビ・アキバが言及される。他の三人のラビは果樹園での神的なものとの接触を経て、何らかの危害を被ったのに対して、アキバだけが唯一無傷で果樹園から出ることができたとされる。これらの伝承に帰せられるアキバの名を鵜呑みにするわけにはいかないが、既にアキバのラビ・ユダヤ教創成期の時代に、神秘主義思想の系譜を抱えていたこと、そしてアキバは、ともすればその魅力に憑かれて自滅しかねない神秘主義思想を自ら支配できる、強固な意志と学びを有する者と見なされていたことを窺わせる。

アキバの殉教

アキバが生きた時代は、ローマ帝国によってユダヤ教の信仰生活の中心であったエルサレム第二神殿が崩壊するというユダヤ教存続の一大危機にあった。ローマ帝国はさらにユダヤ教の弾圧の手を強めてくる。そのような状況にあって、伝承が伝えるアキバの言動は、他のラビたちと一線を画する独自の視点があるように思われる。どのような現実を前にしても平常心を失わず、そこに一縷の未来の光を見出そうとしている節がある。その根底には、神のすることは最善のためであるという信念があった。例えば、ジャッカルが住みつくほど荒廃したエルサレム神殿の有様を嘆く弟子に対して、アキバは次のように説いて慰めた。「神殿崩壊の悲劇が預言され、それが成就されたのであるから、神殿再建の預言も成就される」。前述の、賢者以外の世界に生きる者たちへの眼差しにも窺えるように、アキバは他の賢者たちとは一線を画した発想によって、混迷するユダヤ教の新たなあり方を示唆したのではないだろうか。その視点には、「地の民」という彼自身の出自とその遍歴も影響しているのかもしれない。

ローマ帝国のユダヤ教弾圧に対して、一三二年バル・コホバを旗手にパレスティナ全土を巻き込む反乱が勃発する。他のラビが躊躇する中、アキバは熱狂的に反乱を支持する。民数記二四・一七と関係付けて、指導者バル・コホバを、イスラエルを敵の手から解放するメシアの来臨だと公言した。しかしながら、反乱は鎮圧され挫折した。以後この句は、ラビ・ユダヤ教の聖書解釈の伝統では、バル・コホバの乱に関するアキバの見込み違いへの批判のニュアンスを残して継承される。反乱制圧後、ローマ帝国当局からのユダヤ教弾圧はますます厳しくなる。

このような時代にあって、トーラーの学びこそがユダヤ人の実存であるとアキバは考えた。信仰の実践もトーラーの学びも禁止されるならば、トーラーの学びを優先させるとまでアキバは主張した。なぜなら、トーラーの学びが実践を導くからである。事実、トーラーの学びを禁止するハドリアヌス帝時代に、アキバは公然とトーラー教育を続けた。当局からの検挙を恐れる弟子たちにアキバは狐と魚のたとえを説いた。

川の中を魚はあちらこちらへと移動している。それを見た狐は問うた。「お前たちは何から逃げているのか」。魚は答えた。「人間が投じた網からだ」。狐は誘った。「ならば、乾いた陸に上がったらどうか」。魚は答えた。「われわれの生の要素である場所でも逃げ惑っているのに、そこから離れてしまったならばどんなに恐ろしいことか、必ずや死んでしまうであろう」。

ユダヤ人にとってトーラーの学びは、魚にとっての水のように、ユダヤ人が生きる場所、生の源であった。

かくして、トーラーの教育を続けるアキバは、ついにローマ当局によって投獄された。弟子たちがアキバを見舞いに訪れるエピソードが散見されることから、獄中においても特別な扱いを受けていたものと思われる。また、刑の執行もしばらく猶予されていたようである。やがて、アキバは磔刑に処された。が、その期に及んでもなお、アキバは平常心を失わなかった。時刻は夕べのシェマァを唱える時であったと言う。最期に及んでなお、祈りを唱えるのかという弟子の問いかけに対して、アキバは応えた。「長年心にかけていたシェマァの『魂をかけて』という事態がついに私にも訪れた。ならばどうしてそれを果たさずにいられようか」。そしてシェマァの最初の部分、「神は唯一なり」の部分を高らかに詠唱して息絶えたという。

中世ユダヤ教の人物

中世の始まりを既定することは難しい。この時代の大きな特徴は、ヘブライ語聖書から生まれた三つの一神教のうち、二つが国家権力と結びついたことにある。キリスト教は、ローマ帝国の国教となった後、ローマ帝国を滅ぼしたゲルマン諸国家の国教となる。そして、イスラームは登場早々、強大な帝国を形成することになった。それ以降、現在に至るまで、ヨーロッパ、中東では、この二つの宗教のパワーゲームの様相を呈している。フランク王国のカール・マルテルがウマイヤ朝を撃退したトゥール・ポワティエの戦いも十字軍の遠征も、キリスト教世界とイスラーム世界の対決として捉えることができる。同時に、もう一つの特徴は、移動の時代である。戦いにのって、人が動き、モノが動き、文化が動く。十字軍も、兵士と大衆の大移動と考えられる。黒死病の流行も、モノと人の移動に伴った菌の移動の一形態と考えられる。このような中世世界でユダヤ教徒は、キリスト教世界とイスラーム世界という二つの一神教世界の中に寄生して、二つの世界をしたたかに移動した。特にイスラーム圏では、当時最先端の学問と文化を吸収し、その恩恵にあずかりユダヤ哲学の黄金時代を築いた。そして、時には逆に二つの世界に刺激を与え、化学変化を起こさせる触媒のような働きをし、その結果、しばしば虐げられながらも、中世の代名詞でもある移動の中で、独特のネットワークを築きながらしなやかに生き延びた。

十〜十四世紀のイスラーム世界では、ギリシア、ローマの古典をアラビア語に翻訳し、吸収し、更なる発展を加えることで、様々な学問分野において豊かな発展が見られた。今でこそ、科学と宗教は対極にあるような印象があるが、そもそも数学、医学、化学、天文学も「神」の世界の探求から発したものである。中世世界においては、世界の技術の最先端はイスラーム世界にあった。そしてイスラーム社会の中で共存していたユダヤ教徒も、その最先端の知の恩恵を多分に享受していたのである。ユダヤ教思想史上、マイモニデスらを輩出した中世イベリア半島のユダヤ教世界は、黄金時代

（トール・ハザハヴ）と称される。

しかし、この中世ユダヤ教時代を代表する人物の足跡を辿ると、それぞれの時代での特徴が表れている。「黄金時代」に属する人物も、時代と場所によって、微妙にその生き様が変遷しており、それはまた、その時代、地域のユダヤ教の諸相を反映しているのではないかと思われる。ここでは「黄金時代」における四人のユダヤ思想、文学を代表する人物を取り上げながら、その足跡とユダヤ教の諸相を追いたい。その四人とは、バビロニアのユダヤ共同体で活躍したサァディア・ガオン、イベリア半島におけるユダヤ共同体の繁栄の旗手であるシュムエル・ハナギード、そして光注ぐイベリア半島の黄金時代にあって、その後で陥るユダヤ共同体の翳を早くも嗅ぎ取ったイェフダ・ハレヴィ、最後に、中世ユダヤ教史の象徴であり終焉でもあり、また近代ユダヤ教の先鞭でもあるマイモニデスである。この四人は、十世紀から十三世紀のそれぞれの世紀を代表する人物であるが、彼らのそれぞれの生き様を通して、各世紀のユダヤ共同体の置かれた状況の変遷が読みとれる。

サァディア・ガオン（八八二〜九四二）

十世紀バビロニアのユダヤ共同体

七世紀に登場し、瞬く間に勢力を伸ばしたイスラーム勢力は、六二八年、エルサレムに無血入城した。その後、ガリラヤを中心としたユダヤ共同体の影響力も、イスラーム勢力の下、徐々に弱まっていく。他方、バビロニアには、紀元前六世紀のバビロン捕囚解放後もその地に留まったユダヤ共同体が存在した。これは、バビロン捕囚時においても、必ずしもユダヤ教徒の境遇は一概に悲惨であったわけではなかったことを意味する。事実、ダニエルに象徴されるようなバビロニアの王朝内で重用される人物が輩出していた。彼らは、バビロニアで築き上げたものを放置しパレスティナに帰還することよりも、バビロニアの地に残ることを選んだ。そして、パレスティナに戻ったユダヤ教徒たちとも密接にコンタクトをとりながら存続し、やがて、パレスティナの共同体と並ぶ影響力を発揮することになった。特に、スーラ、プンペディタの学塾の権威は、パレスティナのユダヤ共同体が勢力を弱めるのと機を同じくして、相対的に大きくなることとなった。中でも、ダマスカスに首都を置いたウマイヤ朝に代わって、アッバース朝が首都をバグダッドに置いたことが大きい。バグダッド周辺に居住したユダヤ共同体は、イスラームの高度な文化、科学、思想、さらに、アッバース朝のグローバルな文化政策の恩恵を直接享受することになったからである。その象徴たる存在が、第七代カリフ・マームーンが創設した「知恵の館」である。また、イベリア半島から中央アジアまで広大な領域を支配することになったアッバース朝は、グローバルな支配を可能にするために、アラビア語を公用語として定め、同時に、領土内外に使節を派遣し、書物という書物を収集したという。これらの本は、「知恵の館」である図書館に収集され、翻訳された。

伝統の完成と抵抗と発展

サァディア・ガオンは、十世紀のユダヤ教世界を代表する思想家であり、初めて合理的な様式でユダヤ教を記述したとされる。上エジプト生まれであるが、若くして、単身でガリラヤ湖岸のティベリアの学塾の門を叩いたと伝えられる。二十歳にして、初のヘブライ語辞典を完成させたとされる。当時、バビロニアのユダヤ教共同体にある学塾では、それまでのラビ・ユダヤ教の議論を集大成したバビロニア・タルムードが完成した。バビロニア・タルムードは、その後、そして現在もなお、ユダヤ教の中でも別格の地位を有する聖典であり、ユダヤ教の生活全般を支え、論理思考を支え、あらゆる伝承を伝える書である。しかし、そこで展開される思想は、いわゆる神学を想定すると面喰う構成、論理が働いている。当時、パレスティナとバビロニアの二大中心が覇権を争う中、上エジプト出身の学徒が頭角を現すのは大変難しいところであった。しかし、サァディア・ガオンは、類稀なるエネルギーによって、バビロニアのラビサークルの中に入り込んでいったのである。

バビロニア・タルムードの完成、ここに、ラビ・ユダヤ教の完成体の姿を見ることができる。しかし、完成すると同時に、ユダヤ教内部からも外部からも、積み重ねられたラビ・ユダヤ教的な思想形態への突き上げを受けることになるのである。ある文化や伝統の完成は、同時に革新に向けた内なる動きとの絶えざる緊張関係にあることを物語る。

まず第一に、カライ派の出現である。カライ派の名は、「読む」という動詞カラーから来ている。読まれるもののみ、つまり朗読される成文トーラーのみを聖典として掲げるグループである。前述のタルムードに結集するような口伝トーラーの存在を否定し、成文トーラーであるヘブライ語聖書の記述通りに実行することを求めた集団である。その結果、安息日に「移動してはならない」「火を使ってはならない」というヘブライ語聖書での記述を文字通り受け取り、安息日には、暗闇の中で家から一歩も出ることなく沈黙のうちに過ごした。カライ派は、今なお存続するグループであり、二頭立てトーラーシステムを考案したユダヤ教の自己点検システムともいえる。

第二に、パレスティナとバビロニアの対立である。この時代には、パレスティナとバビロニアのユダヤ教の中心地が互いに自己のユダヤ教世界全体に対する権威に関して対立し、いがみ合うことにもなった。バビロニア・タルムードを完成させたバビロニアはますますその権威を増していた。

九二三年のこと、パレスティナとバビロニアのユダヤ教共同体は、ヘブライ暦について重大な論争に巻き込まれていた。ユダヤ教の様々な礼拝は、ヘブライ暦に依拠して行われる。そしてヘブライ暦は太陰暦をベースに太陽暦をミックスさせた複雑な計算のもとに構築され、暦を決定するのはラビ法廷の重要な役割であった。新月の観測と証言、すなわち新しい月に入る日の決定は、ミシュナにも多数議論があるように、重要な問題であった。そして、いったん計算がずれれば、全てずれていくことになる。十世紀の当時、既に暦は実際の月の様相ではなく計算則に従っていたという。バビロニアに対抗心を抱くパレスティナのラビサークルのガオン（学塾の長）であるアハロン・ベン・メイルは、新しい三年周期のパレスティナ暦をひっさげて、自分の権威を再主張しはじめた。その暦によると、その年のペサハと新年の祭り（ローシュ・ハシャナ）の日程が変わってくる。ベン・メイルの暦に従えば、ペサハの初日は日曜日になり、サァディアに従えば火曜日になる。サァディアは、過去四百年間うまくいっていたことを変えるべきではないとパレスティナ側に通告するが、対立はさらに激しくなり、ペサハを日曜日に開始せよというベン・メイル側の通知と、火曜日に初日を迎えよというサァディア・ガオン側の通知が、バビロニアのスーラから全ユダヤ共同体に向けて飛び交うこととなった。皆が固唾をのんで見守る中、パレスティナのユダヤ人は日曜日にペサハを始め、バビロニアのユダヤ人は火曜日に始めた。そして結局、新年には全共同体がもともとのバビロニアの暦に従うことになり、ここにベン・メイルの企ては失敗に終わり、ユダヤ共同体の分裂を阻止することができた。

第三の脅威は、絶対的なイスラームの文化的、言語的脅威であった。具体的には、アラビア語とイスラームを通して受容されたアリストテレス合理主義哲学が、伝統的なユダヤ教の脅威となった。当時のバビロニアのユダヤ人は、アラビア語を話し、アラブ文化またイスラームが受容したギリシア哲学に傾倒し、ユダヤの慣習を拒否するユダヤ人も出現しはじめていた。こうした状況の中で彼らをユダヤ教の伝統に引き返させることは至難の業であった。

しかし、サァディアは自らアラビア語を駆使し、ギリシア哲学を自分のものにし、流暢なアラビア語で『信念と知識の書』を執筆する。自らの筆をもって、ユダヤ教の教えが、アリストテレスやプラトンの哲学に抵触しないこと、合理的なユダヤ人も、アリストテレス哲学同様、トーラーを信じることが可能であることを論理的に立証したのである。そして、同化しかけていたユダヤ人を、トーラーとハラハーの世界に引き戻すことに成功した。また、サァディアは初のヘブライ語文法書、ヘブライ語辞書を著し、さらに聖書の初のアラビア語訳を完成させたのである。そこには様々な注釈も加えられ、アラブ圏のユダヤ人の聖書として長い間その権威を誇った。

一つの流れがある完成体を呈しそうなときに、直ちに、内から外から対立要因が発生する。これは、ユダヤ教に限らず起きる現象だろう。伝統と変革の対抗するベクトルの作用・反作用の中で歴史が作られる。そして、このベクトルの力をうまく利用できない場合に、その後の継続的発展が難しくなるのかもしれない。中世ユダヤ教の場合、サァディア・ガオンこそが、この変革をもたらす対立要因一つ一つにエネルギーをもって対処し、アラビア語、ギリシア哲学という相手側の懐に飛び込み、わが身をもってそれらを習得することで、逆に、太刀打ちできる論駁を展開できたのではないか。それによって、ユダヤ教は、その後もアラビア語とイスラーム文化の多大な潮流の中に飲み込まれずに済んだのではないだろうか。その『信念と知識の書』は、ユダヤ教初めての、体系的なユダヤ教思想の書として知られている。

シュムエル・ハナギード（九九三〜一〇五五）

後ウマイヤ朝の進出に伴い、イスラームの中心がイベリア半島に展開する。その流れに乗り、中世ユダヤ社会の中心もイベリア半島に移動する。イスラームの王朝の中で登用されるユダヤ人が輩出されるようになる。その先駆けとなったのがシュムエル・ハナギードであろう。「ナギード」とは、首長の意味で、当時のユダヤ共同体を代表する首長であった。自身が仕えるイスラーム王宮の政治、外交、軍事を一任され、最後までイスラームの王宮のために尽くす。かつ、自分の属するユダヤ共同体の代表として、貧者の学生のために書物を購入、また、同時代のユダヤ共同体全体の地位向上のために尽力したという。また、伝統的なラビ・ユダヤ教の様々な文献に精通しているだけでなく、優れたアラビア語の筆写の技術があり、当時のアラブ詩の影響を受けたヘブライ語による世俗詩の創作の

シュムエル・ハナギードの伝記漫画（Eric Mahr, *Shmuel HaNagid: A Tale of the Golden Age*, Mahrwood Press, 2005）

先駆けとして、多彩な詩文を著した。元来ユダヤ教を学び議論するための言語であったヘブライ語を、世俗的な創作、文学の言葉として新たな地平を開拓した。

九九三年コルドバで貧しい商人の子として生まれる。苦労して学ぶが、ベルベル人の進出によりアミリド王国が崩壊、一〇一三年コルドバの市民戦争を逃れ、シュムエルの一家はコルドバを離れマラガに逃れ、細々と商いと続けた。一方、トーラーの学び、科学、ヘブライ語、アラビア語の研鑽を積んだ。シュムエルが店を構えたのが、偶然、グラナダのベルベル人の王マクサンの息子ハブス王の高官イブン・アルアリフの住まいの近くであった。やがて、この高官の召し使いのためにシュムエルが代筆したアラビア語の手紙が、高官イブン・アルアリフの目に留まることになった。そのアラビア語の文法、修辞能力、その書写の類稀なる美しさ、その見識の高さに感銘を受けた高官は、ただちに、シュムエルを私設秘書として雇用することになった。二人はその後、親交を結び、シュムエルは高官に様々な政治的助言をし、アルアリフはそれに対して終生敬意を払った。

アルアリフはその臨終の際に、訪れた王ハブスに、自分の政治的成功は全てシュムエルの功績であったことを告げ、自分の死後、ハブス王のもとにシュムエルが仕え、その能力を発揮することを嘆願した。ハブス王は、アルアリフの高い評価にユダヤ人に対する自身の偏見を払拭し、アルアリフの願いを聞き入れ、アルアリフの死後、シュムエルはハブス国王の高官として政治的、軍事的助言を与えることになった。内政、外交に関して助言をし、戦闘には武将として現地で指揮をとった。二人の息子とその支持者の間で、ハブス王の継承闘争のあおりを受け、シュムエルは一時失脚する。しかし、やがて王位はシュムエルが仕える長男バディスに戻る。しかし、政治に関心のないバディスは、政治を全てシュムエルに一任した。一〇二七年、シュムエルは首長ナギードの地位に就く。以後三十年にわたり、ナギードの地位として内政・外交・軍事に携わる。これは、当時のユダヤ社会において最高の地位に上り詰めたことを意味する。しかし、シュムエルはその権力を乱用することなく、あくまで自分の仕える国王のために最後まで忠誠を尽くした。同時にスペイン、エジプト、パレスティナ、バビロニア各地のユダヤ共同体のために尽力した。特に各地の貧しい学徒のために、シュムエルは、トーラー、ミシュナ、タルムード他の写しを多数寄贈したという。

タルムード学者として、シュムエルの『タルムード概論』は、後にタルムードの『ベラホート篇』の全ての版に含まれることになった。さらに、詩人として、シュムエルは、世俗詩文学の興隆の先鞭をつけた。シュムエルの高い言語能力によって、高い修辞法によるアラビア語詩文の伝統が、ヘブライ語においてもいかんなく発揮され、元来宗教、学びのための言語であったヘブライ語に新たな世界を開いたことになる。

シュムエル・ハナギードは今なお、新たに伝記が出版されるなど、ユダヤ人の間で圧倒的に人気を誇る人物である。しかし、彼の活躍の発端は、当時のマラガで可能であったイスラームの高官の召し使いとの交流であり、その召し使いと高官の意志の疎通がとれていたことにある。ユダヤ人であってもその人柄と能力ゆえにシュムエルを雇用し、自分の死にあたって国王に推薦した高官、その部下の進言を聞き入れたハブス王。このような、草の根レベルでのムスリムとユダヤ人の交流や、部下と上司の風通しの良さ、そして、宗教を超えた敬意、こういった要素があってこその彼の活躍がある。対立ばかりが強調される一神教の間柄であるが、シュムエル・ハナギードの置かれた状況から学べることがあるのではないか。

一〇五六年、シュムエルは逝去。その死はユダヤ人からもムスリムからも広く悼まれたという。ナギードの地位は息子イェホセフが継承した。しかし、生来裕福であったイェホセフは、驕れるところもあったのであろう、父親ほどの信頼を博すことはできなかった。イェホセフが私欲を肥やすために権力を行使しているのではないかという疑念が生じ、一〇六六年、宮廷の中でイェホセフは処刑され、そのまま、それは千五百のユダヤ世帯が虐殺されるという事態に拡大した。グラナダ初のユダヤ人迫害であった。イスラーム、ユダヤ世界の両者で愛され、敬服されたシュムエル・ハナギードのまさに次の世代の子孫が、グラナダ初のユダヤ人虐殺の契機になるとは、厳しい歴史の現実をまた見せつけられるようでもある。

イエフダ・ハレヴィ（一〇七五〜一一四一）

中世ユダヤを代表する詩人であり哲学者である。

カトリックのカスティリヤ王国に制圧されたばかりのトレドで生まれる。次第にイスラーム色からキリスト教色が強まってくる時代にトレドで成長したことが、彼の生き方、思想に影響を与えたと思われる。青年期に南スペインにて高名な賢者、イツハク・アルファースィの元で、聖書ヘブライ語、アラビア語、そして、タルムードに加え、科学、哲学、形而上学を極めた。やがてその詩才は、既に名が知られていた詩人モシェ・イブン・エズラの目に留まるところとなった。特にモシェ・イブン・エズラに連れられて、王宮にて詩人と学者を関係付ける詩を披露した際には、その類稀なるかぐわしい才能ゆえに、帰らせてもらえないほどであった。

医術によって生計を立てていたと考えられ、貧乏とは無縁のはずであった。一女にも恵まれ、何一つ不自由はしていなかったはずである。しかし、成功の中で、シオンへの郷愁の念は彼を離れることはなかった。

それには時代と彼が育ったトレドという場所が影響していると思われる。トレドで見られたように、イベリア半島全体でキリスト教とイスラームの対立が激しくなり、宗教戦争の様相を呈してきたのである。ヨーロッパのキリスト教圏の東では十字軍が展開し、西ではレコンキスタ運動が進展、中近東・ヨーロッパをキリスト教の支配で統一しようとする機運が高まってきた。そしてイスラー

イェフダ・ハレヴィの彫像（カエサリア（イスラエル）のラリ博物館）

ム側は、かつてユダヤ人がそのもとで黄金時代を享受した寛容政策をとるイスラーム王朝が滅び、イスラームの原理に立ち戻ろうとする厳格なムワッヒド王朝が北アフリカから侵攻してきたのである。このキリスト教勢力とイスラーム勢力がぶつかるまさにその境界で、ユダヤ共同体の運命が翻弄されることになった。このような状況の中でイェフダ・ハレヴィの思考は辿り着いた。イスラーム国家の力を頼っても結局は支配者の気分次第でユダヤ人の運命は翻弄されるのだということに。他者の国家の中に寄生している限り、ユダヤ教共同体は他者の思惑の中で翻弄され続け、ユダヤ教共同体としての姿を発揮することはできないことを認識する。

そしてラビ・イェフダは、離散の民としてのわが身をいやというほど思い知り、離散の地における神の臨在を願い、イスラエルの民が離散の地のあちこちで漂流している様を詩に詠った。シオンへの帰還の願いは、彼を離れることはなかった。肉体は西にありながら、心は東にあった。そしてついに、パレスティナに移住することを決心する。それは、彼が哲学者として著した『クザリ王との対話』の中での王の友人のようであった。本当にイスラエルの民が念じるならば、エルサレムは再建されるだろうと考えていた。イェフダ・ハレヴィはついに一一四〇年、シオンに向かって旅立つ。そして途中で消息を絶つことになった。

イェフダ・ハレヴィの詩作は、その精巧な技巧もさることながら、崇高でまっすぐな神への愛に心打たれる。彼のピユート（典礼詩）は、今も多数、祈禱集にも収集され、モロッコ、イエメンの共同体から、スファラディーム、アシュケナズィーム、バビロニア、イラク、イラン、アフガニスタンに至るまでのユダヤ共同体で、各地固有の千差万別のメロディで、現在に至るまで歌い続けられてきた。それは、ピユートが聖典と並び、ユダヤ共同体を繫ぐ新たな絆となったことを表すであろう。それは、同時に彼らのそれぞれの出自というアイデンティティも共存させる手段ともなった。

マイモニデス（一一三五～一二〇四）

イスラーム王権下のイベリア半島や、エジプトのカイロを舞台に活躍し、アリストテレス合理主義哲学とタルムード的な伝統的ユダヤ教の接合を実現した中世ユダヤ思想の頂点に立つ思想家である。ユダヤの伝統では、彼の正式名称はラビ・モシェ（モーセ）・ベン・マイモンと言い、これを略してラムバムと呼ばれることが多い。「モーセからモーセの間にモーセなし」——出エジプトを指揮しトーラーを与えられたヘブライ語聖書中の人物モーセからマイモニデスまでに、モーセの名に匹敵する者はいない——とも言われるほど、ユダヤの伝統において不動の地位を築いている。また、カイロではアイユーブ朝のサラディーンに仕えた宮廷医術者としても名が高かった。

マイモニデスの彫像（1964年，コルドバ（スペイン）のティベリアデス広場）

生涯

一一三五年、スペインのコルドバにて生まれる。父親は判事であった。当時、コルドバは、中世イスラーム世界の中心であり、それは、すなわち世界の最先端の文化、科学の世界であったことを意味する。マイモニデスは、ユダヤ教伝統の聖書、タルムード他、イスラーム世界を通して、様々な学問を吸収した。しかし、一一四八年、ムワッヒド朝によるコルドバ陥落とそれに続く宗教弾圧を避けて、マイモニデス一家はコルドバを離れ、スペイン各地をさまよう。この彷徨体験は彼の思索上、また多彩な学問上の基盤になったと後に振り返っている。この彷徨期間中に、マイモニデスはタルムードの注解などの著作活動を始めたようである。

一一五九年頃にモロッコのフェズに落ち着く。当時多くのユダヤ人がムスリムに改宗したことで精神的苦渋を受けていたことに対して、マイモニデスは、たとえ祈りの最短縮版であれ、唱える者、よい行いをする者はユダヤ人であると主張し、合理主義の片鱗を窺わせる。この時期、様々な学問、特に医学の学びを進めていく。強制改宗が拍車をかける中、ついに彼はフェズを離れることを選ぶ。一一六五年アッコを経由してエジプトへ渡り、カイロに落ち着く。

カイロでは、宝石商を営む弟の経済的支援を受けて文筆業に専念し、著作出版の準備を進めることができた。また共同体の指導者としても人望を集める。しかし、弟がインド洋の海難事故で命を落としてから、マイモニデスが医術を本業に一家を支えることになった。サラディンの後継者でエジプトの実質的な支配者であるアル・ファーディルの侍医に任命されてから、マイモニデスの名声は高まった。前妻を早く亡くしたマイモニデスは、宮廷高級官吏の妹と再婚、息子をもうける。やがて、当代を代表する医師として宮廷の寵にあずかり、エジプトのユダヤ共同体の精神的・政治的最高指導者としての地位を確立した。また、そのタルムードに関する知識、明晰な分析、処理は、伝統的タルムード学においても、ユダヤ思想界の巨匠として賞賛された。医業とならんで世界各地のユダヤ共同体に宛てた書簡、文書の執筆など、激務の日々をこなしながら、その合間に、名高い代表作『ミシュネ・トーラー』と『迷える者への手引き』を完成させた。

一二〇四年十二月、その生涯を終えるまで、マイモニデスは多数の作品を著した。彼の死は、ユダヤ人だけでなくムスリムからも悼まれた。後にパレスティナのティベリアに埋葬された。

タルムード学者としてのマイモニデス――『ミシュネ・トーラー』

何よりも第一に、マイモニデスはタルムード学者であった。一一八〇年、ヘブライ語で書かれた『ミシュネ・トーラー』（第二のトーラーの意、別名『ヤド・ハハザカー』力強い手）は、ヘブライ語聖書以降のラビ・ユダヤ教が創出した、迷路のごとき戒律群とその議論の大海である口伝律法を、整然たる律法体系に再編したものである。

タルムードなどのラビ文献は、題目ごとに区分されてはいるものの、そこでは議論の流れに応じて関連する律法群が、連想的な発想のもとに絡み合った網のように引きずり出されてくる。議論の脱線もしばしばで、複数のハラハーについて、どれが妥当か、結論も出されないままに終わってしまうことも常である。そのような手のつけようのない混沌としたハラハーの世界を、マイモニデスは、ユダヤ思想史上初めて、ダイジェスト版に編纂しなおし、インデックス化したのである。

膨大なハラハーを主題ごとに分類、関連あるハラハーを大海のごときラビ文献から枝葉末節の議論を省略して、律法として必要な部分だけを提示、まとめあげた。そのあまりに整然たる構成は、当該ハラハーへ至るまでの議論やラビたちの少数見解の排除などに対して、ラビの権威、口伝たる伝承の権威を危うくさせるものとして、保守的ラビの反発を買った。また、ハラハーに付随してなされるマイモニデスの寸評や、律法を提示する順序、その根拠の提示など随所における彼の主張において、彼が立脚するアリストテレス哲学の影響を、読者は読み取らざるを得なかった。にもかかわらず、この書は、ギリシア哲学を解さない、もしくは全く共感しないタルムード学者の間で、現代に至るまで、何世代にもわたり参照される書となり、その果たした影響力は計り知れない。

マイモニデスにとっての合理主義哲学――『迷える者への手引き』

アリストテレス合理哲学の大成者として知られるマイモニデスであるが、彼にとってアリストテレス哲学を援用するとは、アリストテレス哲学的な理性至上主義によって理性的な思索を介して真の知に至り、人間の真の完成を目指す、そのような生き方をすることであった。彼の哲学的理念は、彼の代表作であり中世哲学の名著でもあり、アラビア語で書かれた『迷える者への手引き』に結晶化している。この書は、ギリシア哲学を知ったがゆえにユダヤ教の信仰を迷わせている者を、特に聖書における神の人間的、複数的描写に疑問を抱く者を、神の法の真なる科学へと「手引き」することを目的としている。

ギリシア哲学とユダヤ教の対立をあえて指摘しながら、それらが深層において一致すること、宗教と哲学は根本において一致することを示そうとした。その根本とは、アリストテレス哲学にみられる理性的思索によってのみ、人間は神を知ることになるという点である。シナイ山での神からモーセへのトーラー授与に遡るとされる口伝トーラーの集大成であるタルムードや、戒律の盲目的な実行を通すだけでは、人は神についての知には至らないと主張したのである。マイモニデスの描くイメージでは、タルムードに従事する賢者は、神の住まう宮殿まで辿り着いたものの入り口を見出せず、城壁をぐるぐる立ち回っているだけである。ユダヤ教の権威であるタルムードとそれについての伝統的な学びを、それだけでは不十分であり、神へは至らないとする彼の主張は、当時のユダヤ教世界に一大センセーションを巻き起こした。マイモニデスは主張する。トーラーを地道に研究した上で、数学、論理学、自然学を経て、神についての学、すなわち形而上学に理性の全てを行使して専心し、神について理解しうること、証明しうることへと理性的知によって全て到達した者、そのような者だけが、神の住まう宮へと足を踏み入れることができる。理性的な哲学的思考によってのみ人は神へと到達する。この点において宗教と哲学は一致するのであり、また宗教にとって理性的思索は不可欠なのである。

マイモニデスにとって神とは、全て存在するものの動力源として、また変化を起こさせる動態として存在している。元々が動態であるからどんなずれも入り込む余地がない。ということは、神は絶対的に単一的な存在である。では、なぜ聖書では、神は人間的に、また複数的な属性として表現されているのか。マイモニデスは、神の属性を「肯定的属性」と「否定的属性」に分ける。前者は、神の単一の本質から流出する無限の働きを規定するものであって、それによって自然界、人間界を様々に動かす。神の行為が複数であっても、その根源が単一であることには変わらない。また、聖書中の「神は＊＊＊である」という規定は、実は「神は＊＊＊ではないものではない」という欠如の否定として理解することを求めているのであって、そのような理解を経て排除されるものが全て排除されたとき、神が何であるかを人は見ることができるのである。これが否定的属性である。この二つの属性によって、聖書は、不可知の神を人間に知らせようとしている。

預言者はどのように位置付けられるのか。神に向かって方向付けられた知を人間の最高の完成状態とみなすのであるから、哲学者の神の認識と預言者のそれとの違いはないはずである。しかし、哲学者は理性の働きによってのみ神を認識するが、預言者においては、理性と想像力の両者の強烈な召命によって神の言葉を聞きその意味を理解し、それを人々に伝えることができる。ここに、預言者の認識は哲学者のそれの上位に置かれる。マイモニデスは、特に、モーセを特殊視する。モーセの預言者性は、理性、想像力の異常召命という説明原理を超えた、神の直接の超自然的働きかけによる。したがって、そのモーセによって啓示されたイスラエルの宗教は、比類するもののない唯一の絶対的な宗教であるということになる。

マイモニデスの影響

マイモニデスが、ユダヤ思想史上に与えた影響は計り知れない。肯定的であれ否定的であれ、彼の後に現れる思想家は、彼に対する態度を表明すること、彼を踏み台にすることを必ず求められた。彼を賛美する合理主義の系譜には、十七世紀オランダで活躍し、アムステルダムのユダヤ共同体からは破門され、キリスト教思想にその哲学が継承されるスピノザ、さらに十八世紀ベルリンを中心にユダヤ教改革運動を推進したモーゼス・メンデルスゾーンが名を連ねる。また、ユダヤ教の内部だけでなく、同時代の異文化、トマス・アクィナスなどのアリストテレス的キリスト教の思想系譜にも大きな影響を与えた。

一方、マイモニデスの合理主義へのアンチテーゼとして勃興するのがカバラーの神秘主義、さらに神秘主義を原動力とするメシアニズムであった。シャブタイ・ツヴィの挫折の後、シャブタイ的痕跡の払拭に努めるハシディズムの中にもメシア待望の理念は着実に潜在しており、時にそれは明瞭な形をもって現れる。合理主義と神秘主義的メシアニズム、共にマイモニデスの合理主義思想の落とし子であり、両者の拮抗関係の中に近代ユダヤ教は展開していくことになる。

イツハク・ルーリア（一五三四～一五七二）

既に古代末期のラビ・ユダヤ教内においてヘイハロート（神の住まう王宮についての描写）、メルカバー（神の乗る戦車についての描写）文学の形で潜在していたユダヤ教神秘主義は、十二世紀後半、主としてキリスト教支配下のユダヤ共同体で徐々に顕在化し、重要な著作が著された。『バヒールの書』、『ゾハル（光輝）の書』などである。そこで萌芽した、神的世界を成立させている十種の神の属性の体系であるセフィロートの思想などを十全に発展させ、中世カバラーの転機となる重要な概念を導入したユダヤ教神秘主義思想家が、イツハク・ルーリアである（正式名称イツハク・ルーリア・ベン・シュロモ、同時代の十六世紀のカバリストたちは、ラビ・イツハク・アシュケナズィと呼んだ）。十六世紀、イスラエルの上ガラリヤ地方の高原の小都市ツファットで活動した。彼の活動はわずか二年であったが、彼が導入した概念は、その後のシャブタイ運動、ハシディズムに大きな影響を与え、形を変えながらも継承されていく。

ユダヤ神秘主義の始祖であり、ゾハル中で筆者として帰せられているラビ・シメオン・バル・ヨハイが眠ると信じられていたメロン山に隣接する都市ツファットは、十六世紀初頭よりヨーロッパのカバラー思想家を魅了し、彼らが集団で移り住み、神秘主義の新しい中心地となりつつあった。さらに、スペインでのユダヤ人迫害が頂点に達したことを背景に、カバラーにも贖いの願い、メシアニズムが組み込まれ、それを推進する派がエルサレムに渡った。彼らに追従してパレスティナの地に渡る神秘家も現れた。

ツファットにルーリアが出現したのは一五七〇年、三十六歳のことだった。それ以前のルーリアの経歴は明らかにされていない。ルーリアは師から弟子へと継承された伝承に教えの権威を依拠する他の神秘家と異なり、彼の師にあたる人物は知られていない。彼は彼自身の直接的な神との結合によって知識を得たと弟子たちも考えた。ルーリアはツファットで弟子の小集団を持った。ルーリア自身は自分の教えを書き残し公表する意図は全くなく、教えを秘に伏すことを命じたが、二代目の弟子たちが禁を犯したために、ルーリアの導入した諸概念が広がることになった。

ルーリアの思想

ルーリアの導入した主要な概念は三つある。ツィムツーム（収縮）、シュヴィラー（破壊）、ティクーン（修繕）である。ツィムツームとは、神が自己の内奥へ収縮することである。それによって空虚な空間（テヒルー）が生まれ、そこへ第一のセフィラー（神の属性）が発散され創造が開始されると考えた。創造の原初を、神が離散していくという否定的な行為としてみなした点は特異的である。

ここから、創造は展開し、セフィロートからなる巨大な人間が形成されていくが、ここで大いなる破壊、シュヴィラーが起こる。ルーリアはこれを神の聖なる器の破壊というイメージで捉えた。光を包摂しようとする神の器が光を受けきれずに砕け散り、光は神の元へと回帰してしまったのである。なぜ、神の創造の計画が中断されてしまったのか。それは、その器の創造過程に異質の邪悪なる存在が含まれていたからである。シュヴィラーによって異質な邪悪なる要素は落下し、純粋なる光だけが天界へ回帰した。

ツィムツームは、創造の原初であると同時に、邪悪なる存在を分離し、神であるエイン・ソフ（無限なるもの）を一つの実体へと統合するための段階であったと位置付けることができる。ルーリアは大胆にも、創造の原初に、神の内に邪悪なる要素が存在していること、悪の源も善の源も同じく神なるエイン・ソフに由来すると考えたのである。

シュヴィラーによって破壊された器は、ティクーンのプロセスによって修繕され、善と悪の二元状態の真の統一が可能となる。そしてそれは、イスラエル民族の個々人に任された。聖書に描かれた物語はシュヴィラーの歴史とも読める。エデンの園でのアダムとエバの罪、シナイ山でトーラーを授与された直後の金の子牛の事件など、ほとんど善なる世界の極致かと見紛う状況において破壊的現象が生じている。そして、ティクーンのプロセスこそ、イスラエルの民が担う任務である。それは、トーラーと戒律に従った伝統的な宗教的生活によってである。個々人の宗教的な行為、思索の一つ一つが、砕け散った神の火花をあるべき神の領域に回帰させるための助けとなるのである。

このティクーンという概念はカバラーの変革点となった。というのは、従来のユダヤ教において理想状態は創造以前の原初にあったのが、ルーリアによれば、それはティクーン完了後の未来に置かれたことになる。ここに、カバラーは、未来を終着とする眼前の歴史プロセスに関与せざるを得なくなった。また、神の領域を統一させるのに人間の働きが必要と考える点で極めて人間中心的であるといえる。特に、イスラエル民族の個々人にその任務を負わせた点で、イスラエル民族全体の連帯責任を意識させることになり、それがイスラエル民族全体としてのナショナリズムのイデオロギーを提供したことになった。さらに、「捕囚」という状況に焦点を当てている点も特徴的である。ルーリアによれば、捕囚は神の善なる火花が散り散りに囚われになっている状況である。したがって、個々人が宗教的生活を送ることで、この捕囚状況からの解放も可能だと考えた。捕囚の民であることを意識せざるをえなかったのは、一四九二年スペインからのユダヤ人追放という時代背景にも多分に影響を受けている。さらに面白いのは、ルーリアのカバラーはその根本理論において革新的であるのに、個々人に要求するのは、結局のところ、トーラー、戒律に基づく伝統的宗教生活という極めて保守的な内容である。しかし、だからこそ、ルーリアのカバラーは、概念の革新性を理解しようがするまいが、その要求の保守性ゆえに受容されやすく、彼の死後二十年にして各地のユダヤ共同体に浸透するのである。

合理主義ユダヤ哲学の完全失墜の後、ルーリアのカバラーが唯一ともいえるユダヤ教神学として受容された。ルーリアのカバラーは、イスラエル民族全体をティクーンの担い手としてメシアとみなしている節はあるが、個人としてのメシアを想定するものではない。しかし、十六世紀後半、ガザの預言者にバックアップされたシャブタイ・ツヴィは、個人としてのメシアを表に出し、ユダヤ史上に残る強烈なメシアニズム運動を率いた。彼らの理論的ベースをルーリアが用意していたこと、そして、シャブタイ運動で爆発するユダヤ教内におけるメシアへの強い希求が、ルーリアの思想で、カバラーに伏線的に取り込まれていたことを見逃すわけにはいかない。

シャブタイ・ツヴィ（一六二六〜一六七六）

中世末期にヨーロッパ、中近東の大多数のユダヤ共同体を席捲した、ユダヤ史上最大のメシア運動の中心人物である。

シャブタイ・ツヴィの肖像画（イスラエル国立図書館所蔵）

生い立ち

一六二六年、オスマントルコのイズミールの商人の家に生まれる。メシアが生まれると考えられた第二神殿崩壊の記念日アヴの月九日生まれであるが、これはシャブタイのメシア性に信憑性を付加しようという後代の伝承であろう。アシュケナズィームの家系で、父親の代にトルコに移住、オランダ、イギリス商人の代理業務を生業とした。イズミールの勃興と共に、シャブタイ家も経済的成功を収め、暮らし向きは非常に豊かであった。ツヴィの兄弟も商業に従事した。高い教育を受けたシャブタイ・ツヴィは十八歳にしてその期待に応え、イズミールで最も高名だったラビからエリート層であるハハムとして叙任される。青年期にカバラーも学び始め、優れた能力を発揮した。

一六四二年頃より、躁鬱病を発病していたと思われる。恍惚状態から正常期を経て、鬱状態を迎えるという周期は、生涯続き、彼の人格形成に大きく影響した。恍惚状態には、断食を破るなど宗教法に触れる奇行、殊に、発してはならないという神の名を公言することを繰り返した。鬱期には人間関係から引きこもった。一六四八年、十八歳の時に、初めてメシアを自称した。一六五〇年までに二度の結婚、離婚を経験する。この時期、「神の頭の神秘」を語り始める。当時、メシアを自称することは珍しい現象ではなく寛容に扱われていたようであるし、ツヴィの美声、外見は人々を魅了した。

が、度重なる恍惚期の宗教法に触れる奇行、メシアの自称などから、イズミールのラビから破門される。以後、ギリシア、コンスタンチノープルを放浪し、一六六二年末よりエルサレムに滞在し、聖人の墓巡りに費やす。一六六三年カイロへ使節として赴任。そこでカバラーの学びに没頭し、しばらくの間安定期を送る。

メシアの到来

その頃、「神の頭たる者」がガザに現れたとの噂が流れ、ガザの預言者ナタンの力の逸話が広く知れ渡り、シャブタイ・ツヴィもガザへ会見を求めて赴く。ところが、シャブタイ・ツヴィを見たナタンの方が感銘を受け、彼こそがメシアであると直観。カバラーの理論から、彼が特別高位のメシアであること、彼をメシアに、自分をその預言者として描く彼の神秘哲学の基礎となる文書を著した。二十歳年下の若き傑出したラビでもあるナタンの承認を受け、シャブタイ・ツヴィはメシアであることを再認識、メシアの到来を再び強く主張し始めた。一六六五年、スィヴァン月の七日、全ユダヤ共同体に対してメシア到来宣言が公告された。若きナタンの預言は人々を捉え、メシア到来の知らせは、世界中のユダヤ人の共同体にたちまち広がった。大多数のラビは無論、カバリストの中にも反対者はいたが、禁制を引く以外になす術もなかった。同年九月には、贖いの産みの苦しみの時期であることが宣言され、ナタンは典礼集を作り、それに備えた。西欧にもメシア到来のニュースは伝わる。

一六六五年九月、シャブタイ・ツヴィはエルサレムを発ち、ツファット、アレッポ経由でイズミールに戻る。イズミールのユダヤ共同体は熱狂をもって彼を迎え、興奮のるつぼと化した。ユダヤ人のみならず、イギリス、オランダ、イタリア商人たちもその興奮に巻き込まれた。依然として、シャブタイ・ツヴィに異を唱えるラビたちもいた。十二月、朝の祈禱の後、シャブタイ・ツヴィと彼を信奉する群集は、反対者の最右翼であるポルトガル系ユダヤ教礼拝所に押し入る。巻物ではなく写しのトーラーを朗読し、祭司、レビ人を無視して、兄弟、その他の男女を朗読に呼ぶ。神の名を口にするなど、伝統的なしきたりを蹂躙し、自分に対峙するラビたちを罵倒し、彼がこよなく愛した歌を朗詠する。そして、群集に対して、自分がメシアであること、やがてトルコの王位を手にすること、その計画を宣言した。この劇的な事件は、大衆を魅了したメシア的ユダヤ教が、伝統的なユダヤ教に取って代わった象徴的な瞬間であった。

シャブタイ・ツヴィのニュースは、一六六六年までにはディアスポラ各地に行き渡り、ユダヤ人迫害、流血事件の体験の有無を問わず、社会階級、学識の有無を問わず、どこのユダヤ人共同体でも同様なメシア熱に浮かされることになった。

シャブタイ運動の成功

ユダヤ神秘主義研究の泰斗ショーレムは、シャブタイ運動の成功の秘密に五つの要因を掲げる。一、シャブタイ・ツヴィが聖地の出であること。二、シャブタイ・ツヴィの難解な個性を説明できる預言者ナタンの存在。三、古代から黙示信仰が潜在したことが新しい要素を取り込む下地となった。四、預言者による悔い改めという伝統的な要求が万人の心理を掴んだ。五、運動の全体的、国家的性格により、参加者の思想、立場が区別されなかったこと、である。

特に、預言者ナタンの果たした役割は大きい。彼によって、ルーリアのカバラーと紀元六世紀の『ゼルバベルの黙示録』以来の神秘主義的黙示思想が、シャブタイ・ツヴィにおいて融合されたのである。彼はルーリアのカバラーを踏襲したが、メシアが悪の核を打破することよってティクーン（修繕）が完成すると説き、メシアを中心に据えて宗教的な指導者としての任務を負わせた点で革新的である。一般のユダヤ人の役割は、伝統的な悔い改めをし、罪から身を遠ざけることでティクーンを進め、シャブタイ・ツヴィをメシアと信じることでメシアに霊的な力を与えると考えた。

ディアスポラの各地で、悔い改めの実践が報告された。週日のほとんどを断食で過ごす者、儀礼のための浴場は大混雑、夜には人々は裸で雪の中を半時間横たわり、茨で自己を傷つけた。商業的利害も絡んでくる。不動産を処分して、聖地への旅費を作る者、貧者のために渡航船を賃貸する者が現れる。各地からシャブタイ・ツヴィ会見の使節が出発した。ヨーロッパ、中東、北アフリカなど、全ディアスポラが空前のメシア熱に浮かれた。

メシアの改宗

シャブタイ逮捕の知らせも民衆の熱狂を挫くことはなかった。それどころか、彼が処刑されず優遇されていることが、彼の使命を証明すると理解された。彼は禁固中も躁鬱を繰り返した。しかし、一六六六年七月八日、シャブタイを訪れたポーランドのカバリストが、想定していたメシアとシャブタイの違いに落胆し、トルコ当局に、シャブタイに改宗の意図ありと密告したといわれる。彼は、メシアを敵に引き渡したとして後々批判された。もっとも、トルコ当局も、シャブタイの反道徳的な行動をマークしていた節もある。個別法廷で、自分がメシアであると主張したことを否定したうえで、死か改宗かの二者択一を迫られたツヴィは、スルタンの面前でイスラームへの改宗に同意した。仲介したのは、スルタンの側近とも、スルタン専属のユダヤ教からの改宗医師だったとも伝えられる。宗教的でもあったスルタンは、傑出したユダヤ教徒を抹殺するには忍び難く、彼ほどの人物ならば、多数の信奉者を同様にイスラームに改宗させることができると見込んでいたのかもしれない。「王宮の門番」との称号を与えられた重要改宗者となった。一六六六年九月十五日のことである。

メシアの背教が大きな衝撃と失望をもたらしたことには疑いない。事実、トルコ、イタリアのユダヤ共同体の権威筋は、運動の存在自体の隠蔽、無視に努め、何事もなかったかのように振る舞った。しかしながら、その一方で、シャブタイ支持の運動はさらに新たな展開を見せた。ショーレムに言わせれば、メシアの改宗は運動の終わりではなく始まりであった。ここでガザのナタンが決定的に重要な役割を果たした。ナタンは、シャブタイ・ツヴィとの何度かの会見を繰り返しながら、彼の背教という最たる奇行を神学的に意義づけた。シャブタイ・ツヴィは、異教徒、特にイスラーム世界に拡散してしまった聖なる火花を拾い上げるために、自らその身をその真っ只中に投じたのだと説明した。イスラームというクリパー（悪）の領域に自ら入り込むことによって、逆にそれを征服せんというメシアだけが可能な、最後の最も困難な任務を果たしている最中であり、対してユダヤの民に課せられているのは、トーラーの要求に沿ってティクーンのプロセスを進行させることだと主張した。挫折したように見えるシャブタイ派運動が、その後も存続し続けることを可能にしたイデオロギーの基盤となった。

その後も、シャブタイ・ツヴィは、ムスリムとしての任務を果たしつつ、ユダヤの戒律も部分的に遵守するという二重生活を送り、躁鬱状態も繰り返した。シャブタイ派運動は次第に下火になったが、地下で連綿と生き延びた。

シャブタイ派運動の挫折と反省から、ユダヤ教的な価値を一切払拭し、新たなる価値を周辺文化から見出そうとする動きが生まれ、それが近代ユダヤ教の同化路線を促した。他方、同化主義への反動として生まれたユダヤ教敬虔主義（ハシディズム）は神秘主義的傾向を強め、カバラー哲学の用語を用いながら、タルムードの学びよりも個々人の日々の生活での神との合一を信仰の中心に置いた。ハシディズムは現代においてもユダヤ教内の一大勢力である。そして、ユダヤ教に内在するメシア希求の徴候は、姿を変え、形を変え、潜在していく。シャブタイ派運動は、踏み台となって近現代的ユダヤ教の精神的覚醒を促したという点で、終わりではなく始まりなのである。

バルーフ・デ・スピノザ（一六三二〜一六七七）

十七世紀半ば、ちょうど同じ頃に、東西のユダヤ共同体それぞれから破門者が出た。東で破門されたのが前述のシャブタイ・ツヴィ。そして、西で破門されたのがバルーフ・デ・スピノザである。破門されたこともあり、ユダヤ思想の流れよりもむしろ西洋合理哲学の草分けとしてデカルトと並び称される。事実、エルサレム・ヘブライ大学図書館では、スピノザはユダヤ学図書の閲覧室ではなく一

スピノザの肖像画（1665年，ヴォルフェンビュッテル（ドイツ）のアウグスト公図書館所蔵）

般人文学図書の閲覧室で扱われている。

一六三二年、アムステルダムのユダヤ共同体の上流階級の家庭に生まれる。当時のアムステルダムにはポルトガルでのユダヤ人迫害を逃れて辿りついたユダヤ共同体ができていた。彼らの多くは、一旦はキリスト教に改宗したマラーノであったが、アムステルダムで再びユダヤ教に戻ったと考えられる。スピノザの家系もその一つだったようだ。父ミハエルは共同体の理事を務めるほどの信頼される地位にあった。

若き日のバルーフは、伝統的ユダヤ教教育を受け、ヘブライ語を学ぶ。聖書、タルムード、ユダヤ哲学の研鑽も積むが、世俗的学問（数学、物理、天文学）も貪欲に学んだ。六歳で母親を亡くし、弟、妹も早世し、父ミハエルもバルーフが二十二歳の時死去し、以後父の弟とバルーフで、果物の輸出入を手掛ける商会を共同経営した。若くして家族を亡くした経験も、家庭を大事にする伝統的ユダヤ家庭にあってはバルーフに何らかの影を落としているのではないだろうか。

商会の仕事の傍ら、イェシヴァー（学塾）への通学を続けるが、バルーフの師の宅は、アムステルダムを訪れる研究者、ユダヤ人学者のたまり場であり、そこで、様々な学問、神秘的思想、合理的思想を吸収したものと思われる。それでも、父の死後一年間はまだシナゴーグと友好的であり、税や寄付金も収めていた。

聖書をそらんじるほどその知識は長けていたが、同時に聖書と一般自然法則との矛盾を指摘し始める。さらにユダヤ教の伝統的な慣習、ハラハー批判を始める。聖書の奇跡の記述は自然法則と相いれず、ハラハーの諸規定は、恣意的、歴史的なものに過ぎず、神の法とは無関係であると主張した。もし神の法があるなら、普遍的な形で、揺るぎない形で、自然法則として宇宙の中にあるはずで、したがって神は宇宙そのもの。自然と神は一つ。自然の認識は神の認識に他ならないと考え、ついに神を宇宙の全体と一体視するに至った。いわゆる神則自然と言われる思想である。スピノザは聖書の批判、そして伝統的ユダヤ教の戒律の批判を展開し始めた。

スピノザの同時代のアムステルダムのユダヤ人社会は、決して偏狭ではなかった。最も文化が進み、啓蒙的なもの、世界市民主義的指向があった。バルーフは既にもともとマラーノとして、様々な価値観の中を浮遊してきた。さらに、大部分は羽振りの良い商人として貿易を通して様々な文化との接触があり、宗教、価値というものを相対的に見る視点があった。既に、イベリア半島でイスラームとキリスト教の狭間で翻弄される体験があり、宗教に対する懐疑への理解もあった。しかし、マラーノからユダヤ教へと再出発するにあたり、共同体内部の足並みを乱すことには気をつけねばならなかった。特に、外側のキリスト教世界から無神論や異端的傾向を見出されることによって、再び異端審問に目をつけられることをアムステルダムのユダヤ共同体は恐れたともいわれる。破門自体は、まあることであったので特別厳しい制裁であったわけではない。ただ、彼が聖書批判を繰り返し、礼拝を否定し、聖書の教え、ユダヤ教の慣習を破るようになったという行いが、元マラーノ的なユダヤ教から正統なユダヤ教の再興を果たすアムステルダムのユダヤ共同体の足かせとなった。

破門後は、彼は糊口をしのぐ分以外の全ての父の遺産を妹に譲り、ハーグでレンズ磨き職人としての一生を全うした。これは彼の光学研究のためでもあった。一六七〇年、『神学政治論』を出版するが、一六七四年禁書扱いとなる。ユダヤ教のみならず聖書批判、特に預言、預言者、奇跡現象に対する激しい批判が含まれていた。この中で、預言にも一切の価値も認めないことが明言されている。

合理主義的思想

彼の神学、哲学は、『エチカ』に表れる。万物のものは神がその存在原因であることを証明する。『エチカ』に至っては、一切の無駄が省かれた証明の形で彼の議論は展開する。これまでのユダヤ教文献の表現とは全く違う世界である。

ユダヤ教の流れで考えるならば、スピノザはマイモニデスからも多大な影響を受けたとされる。しかし、マイモニデスが、合理主義哲学とユダヤ教を結び付けるために、理性を使った段階的思考の最後には、預言的超常的現象を神に至る道として必要としたのに対して、スピノザはあくまで理性だけに依拠し、預言の有効性を棄却した点で大きく異なる。しかしながら、スピノザもこの世の中の万物の生成の根源は神であると考える点で、決して無神論者ではないと思われる。むしろ、神的なものでこの世は満ち満ちているからこそ、自然法則が神となるのであると考えるならば、実は最も宗教的であるようにも思われる。しかしスピノザの思想は、その後、ユダヤ教の中よりも、西洋哲学の源流として位置付けられることになる。

このような合理主義的な思想を生み出す素地が当時のユダヤ教社会にありながら、同じ時代に東の方で現れた扇動的なシャブタイ・ツヴィがメシア旋風を巻き起こし、アムステルダムはその拡散の中心にもなる。歴史の皮肉であるが、ユダヤ教の中世はこの同時代のシャブタイ・ツヴィとスピノザによって転換期を迎える。

バアル・シェム・トーヴ（一七〇〇〜一七六〇）

ユダヤ教敬虔主義ハシディズムの創始者。正式名称イスラエル・ベン・エリエゼル・バアル・シェム・トーヴ。十七世紀末、ユダヤ教神秘主義とメシアニズムが結合し、ヨーロッパ、中東のユダヤ共同体を席捲したシャブタイ運動の挫折の反省と反動から、東欧のユダヤ教世界の指導者層は、知性を指導者の権威の根拠として掲げ、タルムード研究と戒律の実践を重視した。それに対抗して、タルムードの学びや戒律の実践よりも、個々人の生活のあらゆる局面における神との法悦的な合一を信仰の中核に置くハシディズムが勃興した。彼らの教えは大衆の心を掴み、十九世紀、二十世紀に東欧のユダヤ社会を襲ったユダヤ人迫害という大悲劇にもかかわらず、各派に分派しながらも着実に増大を続け、ユダヤ教内の一大勢力となった。

バアル・シェム・トーヴは、頭文字をとってベシュト（Besht）と略称されることも多い。一七〇〇年、ポドリアの小都市の貧しい家庭に生まれ、戦争孤児となり苦労して成長する。二十代より自分の将来の任務を自覚し山籠り生活を送る。三十代半ば、治療師、指導者として頭角を現す。ウクライナ、ポーランド、南ロシアのユダヤ人共同体を遍歴しながら、無学の者や女性とも、一対一で、ときに小グループで平明な世俗的物語の形態をとった説教を続け、その教えを広めた。治療師としての力量、奇跡話の数々、カリスマ的な資質によって、学のないユダヤ人から学識者まで広く大衆を魅了した。彼の遍歴の物語は弟子によって語り継がれるうちにさらに伝説を生み、ハシディズムの最初のカリスマ指導者として崇められることになった。

ベシュトの教えの第一の特徴は、カバラーが、選ばれた神秘家のみが神との合一を達成して世界に救済をもたらすと説いたのに対して、個々人の存在を重視したことにある。個々人における日常のあらゆる局面で神と合一すること、そして個々人の魂が救済されることの重要性を説いた。それが世界の救済に先駆けるものだと考えた。彼はカバラーの用語を用いたが、その教えは大衆個々人に向けられており、カバラーの用語、観念を日常生活の宗教言語に転換させたと考えられる。この点において、ハシディズムは大衆による神秘的敬虔主義運動と位置付けられる。

カバラー文学で頻繁に用いられ、ベシュトの教えのキーワードとなるのが「ドゥヴェクート（神にすがりつくこと）」である。カバラーではこの用語は、神との神秘的合一を意味する用語であり、選ばれた神秘家が死後辿り着く神秘の階梯の最終段階であるが、ベシュトはこれを、日常生活の様々な局面全体にわたって達成されうる恒常的状態として捉える。そのための最も有効な手段が、ベシュトが宗教実践の中でも最重要視した「祈り」である。祈ることによって、神との癒着が達成されるのであり、癒着を目指して祈るべきである。そしてそのような状態は、宗教法の実践の最中だけでなく、日々の仕事、世俗的事柄に関わっている時にも持続するのであり、当人はいつも祝福されていると考えた。神との癒着が持続するという考え方によって、世俗生活を放棄する必要はなくなり、また極端な禁欲もする必要はなくなり、また肉体的な快楽が精神的快楽にも繋がるとされ、この世的なものが肯定的に意味づけられることになった。ここに大衆を魅了するポイントがあったと思われる。

ベシュトの教えには、後のハシディズムで発展しユダヤ教史における革新とも言えるツァディク（義人）理論の萌芽が窺われる。一般人とはかけ離れた稀有のレベルの神との合一が可能な人物が存在しており、彼らの使命は彼ら自身の魂を引き上げることだけでなく、ユダヤ人全体に対して、彼ら全体を高めるという使命を負っている。そのような人物がツァディクと呼ばれた。ツァディクは、一般ユダヤ人を代表して彼らの祈りを補助し、彼らを目的地に到達させる。またツァディクは、悪の元に下り彼自身の上昇によって悪を高め、善に転換する。従来ユダヤ教では、神と人間の間に介在するカリスマ的人間を置くことはなかった。カバラーにこれに類似した観念が生まれ、ベシュト以降のハシディズムで大きく発展し、その主要な理念となった。

ブラツラフのラビ・ナフマン（一七七二〜一八一一）

十八世紀から十九世紀初頭にウクライナ地方を舞台に活動したハシディズムのツァディク（義人、指導者）の一人であり、ブラツラフ・ハシディズムと呼ばれる流派を創始した。彼の残した思想は、シャブタイ運動の挫折と反省の後にも、ユダヤ思想上にいかに根強くメシア待望理論が姿を変え、形を変え、息づいているかを証明する。

生涯

ナフマンは、一七七二年、ウクライナの小村メジボジで生まれる。ハシディズムの創始者、バアル・シェム・トーヴ（ベシュト）を母方の曾祖父に、ベシュトの一派の卓越した指導者ナフマンを父方の祖父に有する由緒ある家系の生まれであり、ハシディズムの空気を存分に吸収して成長した。若い頃から、その才能、人柄で人を惹きつけ、信徒が彼の周りに集まり、ナフマンはツァディクとしての自分の役割を自覚するようになる。

一七九八年十一月、弟子を携えパレスティナへと旅立ち、ハイファ、ヤッフォ、ティベリア他を巡る。その旅の目的は、シャブタイ派やその末裔の極端なフランク派の犯した罪を是正するためであったらしい。しかし、滞在数か月にして、ナポレオンが聖地征服を目指して上陸。ナフマンは、アッコ滞在中にナポレオン軍に包囲され、トルコの軍船で脱出、クレタ島を経て、ようやくロシアに辿り着いた。帰郷後、数人の信者と共に集団を形成、彼らと共に町から町へと彷徨したが、行く先々で当時のハシディズムの中心人物との論争に巻き込まれることになった。

一八〇〇年、ウクライナのキエフ地方のズラトポリに到着すると、ウクライナ地方のハシディズムに絶大な影響を及ぼした重鎮他、多数から非難の矛先を向けられた。この頃から彼はメシアとしての自覚、自分の魂のあり方の理論を形成していく。後述する彼の過激なツァディク——メシア理論に、敵対者はシャブタイ派やフランク派の異端思想の痕跡を嗅ぎつけた。論争は激化し、一八〇二年より、ウクライナ、ポドリアの小さな町ブラツラフに移るが、そこでも論争は回避できず、ごく少数の例外を除いて、時のハシディズムの指導者たちを敵に回すことになった。ナフマン自身は論争に立ち入ることを避けたが、彼は、大衆からも見放された孤独な指導者、苦しむメシアとしての自己認識を強めていく。一八〇六年頃より、彼の周りに集まってきた弟子たちに語られた話は、後に高弟ナタンが書きとめて発表する『十三の寓話集』となる。一八〇七年、結核を発症したことが判明。死を悟ったナフマンは死地としてウマンを選び、一八一〇年に移住する。ウマンでは、一七八八年六月十九日から三日間でポーランド人とユダヤ人が約二万人虐殺されたという惨事がある。ウマンを死地に選んだのは、彼ら殉教者の霊を救済するためであったらしい。移住の半年後、一八一一年の仮庵祭の最中に逝去する。

唯一真のツァディクとして、ナフマンは自分の後継者を指名しなかった。これはハシディズムとしては異例のことである。しかし、信者たちもナフマンが存在しうる唯一の指導者であることを受け入れ、他のツァディクを立てることなく、彼を信仰し、教えを守り続けた。ハシディズムの諸流派は、死んだツァディクを崇めているとして、彼らを「死んだハシディズム」と蔑称した。にもかかわらず、ブラツラフ派は着実に生き続け、ナフマンはハシディズム内での流派を超えて、最も人気のある人物として今なお、多くの信者を惹きつけてやまない。彼が葬られたウクライナのウマンにある廟への巡礼も人気を博している。特にペレストロイカ政策以後、廟への巡礼客は急増の一途を辿っているという。

ナフマンのメシア──ツァディク論

ナフマンの神学の最大の特徴は、ナフマンの死後後継者を選ばなかったことにある。これはハシディズムとしては異例なことである。この根底には、彼のメシア──ツァディク論がある。

元来、ハシディズムは、ツァディクが信者の代表として神と人間を仲介し、悪を善に引き上げ、信者の汚れた魂を浄化すると考える。ツァディクを通して一般の信徒と神との接触も実現される。例えば、ツァディクの祈り、歌を聴くだけで信者は浄化され、神との合一に至るのである。そのような力を有するツァディクは流派ごとに存在し、ツァディク同士は同等であり、各流派に世襲で後継される。信者は自分のツァディクを信仰する限り、平穏な生活が保証されるという了解があった。かくして、ハシディズム全体としても流派内の争いは回避され、安泰を確立し、ほとんどの集団が保守化したのである。かつてシャブタイ運動は、メシアによる宇宙全体の変革を説く革命的なメシア運動であったが、そこから展開したハシディズムは、変化を伴わない各流派の個的な安定生活を保証する運動であり、その意味でメシアニズムとは逆行する。ショーレムに言わせれば、ハシディズムはユダヤ思想の中に潜在するメシア的推進力を中和させる方向性である。

そのハシディズムの只中にあって、ナフマンは、メシアとツァディクの役割を重ね、メシアであることを自認し、自分を唯一真のツァディクだと考えた。神と人とを媒介者としてのハシディズムのツァディク観を踏襲しつつ、ルーリア神秘学の宇宙変革のプロセス、そしてそこでの救済者の役割をツァディクに重ねたのではないだろうか。理論形成にあたって、彼自身の遍歴と苦難の体験も大きく影を落としているだろう。ナフマンにとって、ルーリア神秘学のツィムツーム、シュヴィラー、ティクーンという救済へと至る過程は、外的世界の変革の局面だけでなく、メシアの伝記であり、ひいてはメシアとしての彼自身の精神に生じた出来事である。メシアはツィムツームに加わり、シュヴィラーの大破壊を経ながら、ティクーンをもたらそうとしている。生涯にわたる彷徨、絶えず待ち受ける論争、排斥、困難を経たナフマンの魂もまた同じ道程を辿っている。ナフマンはおとぎ話の形式をとりながら、彼の魂の遍歴を描いた。そして苦しむメシアたる自分の役割は、ティクーンのプロセスを経て罪深い魂を救済することであると理解した。これが、神と人との媒介をなすツァディクとしての自分の役割でもある。

一方、ユダヤの民には、矛盾や不可解な点があってもツァディクたる自分への全身全霊の信仰を求めた。それを通して民は救済されるのである。その具体的な手段としての巡礼、告白の儀礼を、後のブラツラフ・ハシディズムは制度化した。ハシディズムにはもともと、毎安息日、祝祭にはツァディクの元を訪ねる習慣があったが、ブラツラフ派では、新年、ハヌカー、シャヴオートにツァディクの元に一堂に会して、信徒と共に祈ることを義務付けた。特に、ナフマンが新年に没したことを記して、新年の廟への巡礼は盛大なものになっている。告白の儀礼も他の派でも見られる制度であるが、ブラツラフ派では二重の意味が付された。ある信徒が新しくブラツラフ派に加入する際に、自分の罪をツァディクに告白するが、これは、彼はツァディクに全身全霊を捧げるという意志を象徴的に表すイニシエーションとして意味がある。同時に、罪をツァディクに告白するという日常習慣としての面がある。

ナフマンは、神と人間の媒介者であり、かつ宇宙変革者としてのメシアであるツァディクは、自分にだけ可能な任務であると考えた。それゆえ、後継者としてのツァディクを指名しなかった。信者たちもナフマンだけを存在する唯一の指導者として、今日まで彼を継ぐツァディクを選ぶことなく、彼が将来再び現れるという預言を信じ、彼の教えを守り、彼の再来を待っている。彼によってのみ、宇宙の変革は可能であると考えた。ここに、ハシディズムが握りつぶそうとした宇宙変革としてのメシアニズムが、まさにそのハシディズムの只中においてもなおかつ潜在し、契機があればそれが覚醒するという様相を見ることができる。ユダヤ思想史に内在するダイナミックな緊張関係を体現しているとも言える。

ブラツラフ・ハシディズム

ナフマン死後の、ブラツラフ・ハシディズムの存続には、弟子ナタンの果たした役割も無視できない。ナフマン存命中は、ナタンは重要な弟子というわけではなかったが、ナフマン死後、ナタンはその類稀なる組織力によって信徒集団の再編を図った。ナタン自身、自分の本業たる商売を忘れてブラツラフ・ハシディズムの組織化に没頭した。ナフマン存命中、またその死に際して、一時期信者が減少したが、やがてハシディズムの一大潮流となるほどの勢力を示すようになるのには、ナタンの貢献に負うところも大きい。

ブラツラフ派の特徴は、彼らがナフマン自身の著作にのみ依拠し、新しく書物を著さなかったことにもある。ナフマンの著作は、説教、寓話集、ナフマン自身によるそれらの注釈、彼の著作からの抜粋集に限られている。それらをまとめるのに、ナタンの文才も発揮された。その限られた書物と代表的な作品『十三の寓話集』にナフマンの思想は反映されている。これは、民間説話のモチーフを踏襲し個人的な表現をとりつつ、細部において神秘的真理が啓示されている書として、ユダヤ神秘主義を代表する文書として名高い。

第五章　ユダヤ教の書物

成文トーラー（ヘブライ語聖書）

ユダヤ教の根幹にあるのは、成文トーラー、つまりヘブライ語で書かれた聖書である。ヘブライ語聖書は、トーラー、ネヴィイーム、クトゥヴィームの三つにジャンル化されるので、それぞれの頭文字を取って、タナッハと呼ばれる。また、シナゴーグの礼拝で声に出して朗読されるので、「読み物」という意味でミクラとも呼ばれる。

一般に言うところの旧約聖書に当たるが、旧約聖書という呼び名は新約聖書を掲げるキリスト教からの呼び名であり、ユダヤ教にとっては、決して古くなることのない、唯一無二の成文の聖典である。

狭義のトーラーとは、律法書と訳される聖書の最初の五冊である。創世記、出エジプト記、レビ記、民数記、申命記であり、モーセ五書とも呼ばれる。シナゴーグの礼拝において一年一周期で朗読されるのは、このモーセ五書の部分であり、聖典の中でも別格の地位を占めている。しかし、聖なる書物とはいうものの、ありがたい話ばかりを載せているわけではない。また往々にして選民と呼ばれ、また自称もしているが、決して優れたイスラエル民族の姿ばかりを描いているわけではない。むしろ人間が、またイスラエルの民がしくじる話も満載である。しくじる人間の姿を追いかけていくと、聖書へのハードルが低くなるかもしれない。

カインとアベル

筆者らが個人的に惹かれるのが、人類第二世代のカインとアベルの物語である。エデンの園の中央にある木の実を神の命に反して食したアダムとエバは楽園を追放される。そして、エバが産んだのがカインとアベルである。

さて、アダムは妻エバを知った。彼女は身ごもってカインを産み、「わたしは主によって男子を得た」と言った。彼女はまたその弟アベルを産んだ。アベルは羊を飼う者となり、カインは土を耕す者となった。時を経て、カインは土の実りを主のもとに献げ物として持って来た。アベルは羊の群れの中から肥えた初子を持って来た。主はアベルとその献げ物に目を留められたが、カインとその献げ物には目を留められなかった。カインは激しく怒って顔を伏せた。主はカインに言われた。

創世記四・一〜一六

「どうして怒るのか。どうして顔を伏せるのか。もしお前が正しいのなら、顔を上げられるはずではないか。正しくないなら、罪は戸口で待ち伏せており、お前を求める。お前はそれを支配せねばならない」。

カインが弟アベルに言葉をかけ、二人が野原に着いたとき、カインは弟アベルを襲って殺した。

主はカインに言われた。

「お前の弟アベルは、どこにいるのか」。

カインは答えた。

「知りません。わたしは弟の番人でしょうか」。

主は言われた。

「何ということをしたのか。お前の弟の血が土の中からわたしに向かって叫んでいる。今、お前は呪われる者となった。お前が流した弟の血を、口を開けて飲み込んだ土よりもなお、呪われる。土を耕しても、土はもはやお前のために作物を産み出すことはない。お前は地上をさまよい、さすらう者となる」。

カインは主に言った。

「わたしの罪は重すぎて負いきれません。今日、あなたがわたしをこの土地から追放なさり、わたしが御顔から隠されて、地上をさまよい、さすらう者となってしまえば、わたしに出会う者は誰であれ、わたしを殺すでしょう」。

主はカインに言われた。

「いや、それゆえカインを殺す者は、誰であれ七倍の復讐を受けるであろう」。

主はカインに出会う者が誰も彼を撃つことのないように、カインにしるしを付けられた。カインは主の前を去り、エデンの東、ノド（さすらい）の地に住んだ。

人間の第二世代にして、既に兄弟のうち弟が神に偏愛され、それを兄が嫉妬するという暗い人間模様が展開する。しかもその結末は殺人である。この箇所を読むと、非常に陰鬱な気持ちになる。人間誰しも、こうした嫉妬の念があるのではないか。しかも、このカインとアベルの物語には時代考証的な背景は全く語られない。カインが地の人となり、畑の収穫物を捧げに来て、アベルが動物を捧げたということだけである。カインの何が問題視され、アベルの何がよかったのかも語られない。舞台装置がはぎ取られたところで、時代設定や歴史的状況を超えた人間の心の奥底にあるどす黒いものを見せつけられているようないやな気分になる。

なぜ、このような嫉妬、葛藤する人間の醜い姿を聖書は冒頭から見せつけてくるのだろうか。それは、人間とはこうして嫉妬心にのたうちまわる存在なのだということを最初のうちに見せるためではないだろうか。人間の第一世代、アダムとエバは、神の命令を聞かなかったし、神に対して嘘もついた。また、アダムはエバに責任をおしつけたりもした。しかし、アダムがエバに対して妬むことはなかった。あくまで、神と人間との関係の中で、神の命じることを人間が守らないという弱さを暴露している物語である。そして、生まれたカインとアベルの世代である。人間の資質として問題になるのは、横にいる人間に対する嫉妬の念だということを教えるためではないだろうか。創世記の最初期から、人間のこの他者に対するちりちりする気持ちへの警告が語られている。そして、時代考証的な背景をはぎ取られたカインの心情だけを想像させる物語の中で語られるということは、それだけ、人類にとっての普遍的な問題になることを予見しているのではないか。

カインは、自分が一瞥もしてもらえない、なおざりにされていると感じているが、この話は、物語としてはカインが主人公である。エバがカインを産んだという部分は、エバがカインをカナー（得た）（創世記四・一）という言葉遊びが効いている。しかも、妬みを意味する別の語根の単語「カナー」も連想させる。実際には、カインという名前は、「金属を打つ」という意味に関係があるので、「得る」や「妬み」という意味のカナーとは別物だが、カインとカナーを関係付けることで、物語の重厚な基底音が響く。しかし、アベルのヘブライ語はヘヴェルであるが、その誕生については単に「つけ加えて生まれた」と言われているにすぎない。アベルの名は再びは言及されない。「蒸気」や「虚しさ」も意味するヘヴェルは響きもはかなげである。

最初から、聖書のこの部分は、カインに焦点がある。カインが生き残ったから、彼が仕方なく人類史を継いだのではなく、最初からカインが主人公なのである。この妬み深いカインを軸として人類が繋がれていくことが、人類史の前提とされているのではないか。しかし、悲しいかな、カインにはそれが分からなかった。つまり、自分が端っこに追いやられたような気がして苦しんでいる時こそが、神が与えた主人公の時ということではないだろうか。

ハガル

創世記二一・九〜一九

サラは、エジプトの女ハガルがアブラハムとの間に産んだ子が、イサクをからかっているのを見て、アブラハムに訴えた。

「あの女とあの子を追い出してください。あの女の息子は、わたしの子イサクと同じ跡継ぎとなるべきではありません」。

このことはアブラハムを非常に苦しめた。その子も自分の子であったからである。神はアブラハムに言われた。

「あの子供とあの女のことで苦しまなくてもよい。全てサラが言うことに聞き従いなさい。あなたの子孫はイサクによって伝えられる。しかし、あの女の息子も一つの国民の父とする。彼もあなたの子であるからだ」。

アブラハムは、次の朝早く起き、パンと水の革袋を取ってハガルに与え、背中に負わせて子供を連れ去らせた。ハガルは立ち去り、ベエル・シェバの荒れ野をさまよった。革袋の水が無くなると、彼女は子供を一本の灌木の下に寝かせ、「わたしは子供が死ぬのを見るのは忍びない」と言って、矢の届くほど離れ、子供の方を向いて座り込んだ。彼女は子供の方を向いて座ると、声をあげて泣いた。神は子供の泣き声を聞かれ、天から神の御使いがハガルに呼びかけて言った。

「ハガルよ、どうしたのか。恐れることはない。神はあそこにいる子供の泣き声を聞かれた。立って行って、あの子を抱き上げ、お前の腕でしっかり抱き締めてやりなさい。わたしは、必ずあの子を大きな国民とする」。

神がハガルの目を開かれたので、彼女は水のある井戸を見つけた。彼女は行って革袋に水を満たし、子供に飲ませた。

この追放されるハガルとイシュマエルの物語も不条理の物語である。イシュマエルがイサクをからかっているのを見て、サラは、ハガルとイシュマエルを追い出すようにアブラハムに頼んだが、具体的にどんないたずらであったかも分からない。ここに描かれる子供を連れてさまよう母親ハガルの心情は、現代の母親も大いに共感するところである。また、アブラハムも、イシュマエルの父親としての苦悩を表している。そして、神も、イシュマエルも一つの国民とすることをアブラハムに約束している。イサクもアケダーという生死にかかわる試練に遭うことを考えると、イシュマエルにとってもこれは生死にかかわる試練である。ともに試練を乗り越えたところで、大いなる国民としての将来が待っているということではないだろうか。

また、神の愛が、イシュマエルの系図に対しても十分に注がれていることがこの箇所から読み取れる。イシュマエルはアラブ民族の祖であるとされる。現実のイスラエルと周辺諸国での対立を思うとき、神のハガルとイシュマエルへの愛と約束を、当事者たちは今一度思い起こす必要がある。

口伝トーラー――ミシュナ

ミシュナとは、ラバン・ヨハナン・ベン・ザッカイによってエルサレム第二神殿崩壊前後にヤブネに作られた学塾で、それまでに伝えられてきた、成文トーラーやその他の習慣についての伝承を集大成したものである。ラビ・メイルが収集したミシュナ群を、二〇〇年、ラビ・イェフダ・ハナスィが集大成したと考えられている。

ミシュナの原義は、シャナ「繰り返す」「学ぶ」を表すように、繰り返し暗唱され伝承された。ミシュナは、いくつかの篇（マセヘット）から構成される巻（セデル）が、六巻から構成される。後代のタルムードは、このミシュナについてのさらなる議論を集大成したものであり、同様の篇・巻の構成をとる。ミシュナは、膨大な生活慣習に関する伝承を収集し、伝承することによって神殿なき時代のユダヤ教生活の基盤を形成することになった。さらに、神殿なき時代に神殿に代わる伝承の学びというユダヤ教の新たな中心を創生することになった点で、その重要性は強調しきれるものではない。しかしながら、その内容は徹底的な法規議論であり、とことん枝葉末節に拘っている点が興味深い。神殿崩壊の荒廃したユダヤ教世界において、そこまで懸命に残すべきものだったのか、と思うような内容が伝承されている。安息日の重要性は既に論じたが、その安息日についての篇の最初に掲載されているのは次のような内容である。

安息日の物の運搬の禁止

ミシュナ、シャバット篇一・一

安息日の物の運搬には、内側については二種類、実際は四種類に分かれ、外側についても二種類、実際は四種類に分かれる。どうして、そうなるか。

貧者が外側に立ち、家主が内側にいて、貧者が手を内側に伸ばして家主の手に物乞い用の器を置くか、もしくは家主の手から品物を取って搬出したなら、貧者は責務を負うが、家主は免責になる。家主がその手を外側に伸ばして貧者の手に品物を置くか、貧者から器を取って内側に入れたならば、家主は責務を負うが、貧者は免責される。貧者がその手を内側に伸ばして家主が貧者の手から物乞い用の器を取るか、家主がその中に物品を入れて貧者がそれを搬出したら、どちらも免責される。家主がその手を外側に伸ばして貧者が家主の手から物品を取るか、貧者が家主の手の中に物乞い用の器を置いて家主がそれを内側に搬入したら、どちらも免責される。

「七日目にはそれぞれ自分のところにとどまり、その場所から出てはならない」（出エジプト記一六・二九）に基づき、物を私的領域から公的領域に移動することは禁止されている。しかし、どのような場合に物の移動が許されるかを議論している。私的領域からと、公的領域からという二つの方向×搬入・搬出の二種類があるので計四種類の移動がある。そして、貧者と家主という具体的なケースの中で検証する。貧者は公的領域にいることであり、家主は私的領域にいることである。そして、物の運搬の仕方で免責（安息日の物の移動の禁を犯していない）とされる場合と有責（禁を犯している）とされる場合を検証する。

そして、有責にされているのは、ある物品を一つの領域から他の領域に移動し、それを置くという二つの動きを同一の人間が行うことであることがわかる。この二つの動作が二人の人間によって分担されている場合には免責となっている。

このような議論により、議論の表面には出てこないが、物の運搬とは、領域をまたぐこと、そして別の領域に置かれることの二段階から成立しているという前提がうすら見える。

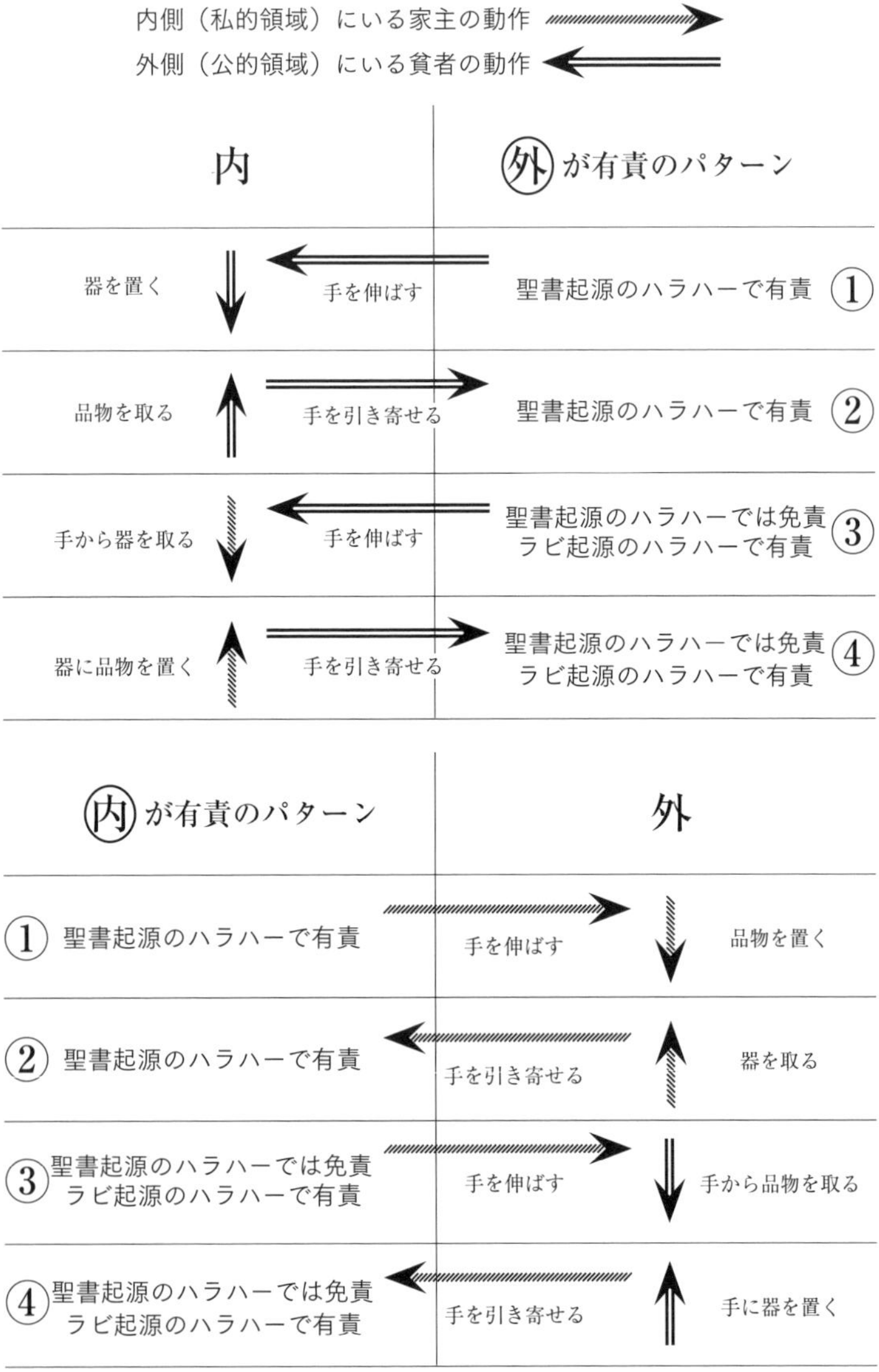
内側（私的領域）にいる家主の動作
外側（公的領域）にいる貧者の動作
内
外が有責のパターン
器を置く
手を伸ばす
聖書起源のハラハーで有責 ①
品物を取る
手を引き寄せる
聖書起源のハラハーで有責 ②
手から器を取る
手を伸ばす
聖書起源のハラハーでは免責
ラビ起源のハラハーで有責 ③
器に品物を置く
手を引き寄せる
聖書起源のハラハーでは免責
ラビ起源のハラハーで有責 ④
内が有責のパターン
外
① 聖書起源のハラハーで有責
手を伸ばす
品物を置く
② 聖書起源のハラハーで有責
手を引き寄せる
器を取る
③ 聖書起源のハラハーでは免責
ラビ起源のハラハーで有責
手を伸ばす
手から品物を取る
④ 聖書起源のハラハーでは免責
ラビ起源のハラハーで有責
手を引き寄せる
手に器を置く

以上は聖書起源のハラハーである。しかし、ラビたちはこれら全ての物の動きを有責とする。それが「二種類、実際は四種類」という表現が意味するところである。

ここでは、貧者と家主ということとん具体的の状況において、これまでの伝承を整理する中で、物の運搬の原理が同時に基底音として響いている。ラビたちは、貧者と家主という極めて具体的なケースを議論しながら、同時に、物の運搬とは何かというメタ議論をしているのである。さらに、いかに、安息日の規定の中でも、例えば貧者に家主が施しできるかという可能性も表している。法規に順守しつつ、可能な行為を広げようという模索とも感じられる。

他方、この法を安息日についての篇の冒頭に位置付けるほどの重要性があるのかという疑問も禁じ得ない。もっと安息日の一般則――安息日はいつ始まるのか、いつ終わるのか、何をしてはいけないのかなど――の点が議論の冒頭に来るべきであるような気もする。しかし、我々が判断する物事の重要性の序列も我々の先入観であり、絶対ではないことを認識する必要があるのかもしれない。

安息日に禁じられた三十九種類の行為

ミシュナ、シャバット篇七・二

安息日に禁じられた仕事の第一範疇は三十九種類ある。種まき、耕すこと、刈り取り、取り入れ、脱穀、吹き分け、選別、製粉、篩《ふる》い、こねり、パン焼き、羊毛の刈り取り、漂白、櫛《くし》とり、染色、撚糸《ねんし》、縦糸の装着、ヘドルの目の装着、撚糸の機織、撚糸の取り外し、結び目をつくること、ほどくこと、ふた針縫うこと、そのために切り裂くこと、鹿をわなにかけること、屠殺、皮剥ぎ、塩漬け、皮なめし、滑らかにすること、切断すること、二字書くこと、消すこと、建築、取り壊し、消火、点火、ハンマーでたたくこと、一つの領域から他の領域に運搬すること。

安息日に行ってはならない第一範疇の仕事についてのリストである。安息日の一般則に近いものであるが、シャバット篇の中でもかなり後半に出てくる。聖書の中で、安息日が言及された後（出エジプト記三五・一～三）に、幕屋の建設が語られることから、安息日の規定でいうところの仕事は、幕屋の建設に関わる仕事であろうという類推もあり、この箇所では幕屋建設に関わる多くの仕事が挙げられている。

しかし、現在でも、ここで挙げられた三十九種類の仕事の範疇が、安息日の議論の根底にある。そして、これらの仕事内容をよくよく見ると、男性の仕事だけではなく、女性の仕事――パンを焼いたり、糸をつむいだり――や、そして子供にも関係のある仕事――字を書いたり、消したり――まで含まれることがわかる。安息日は、一家の成人男性だけが守ればいいのではなく、全員が守らなければならない法であり、また、だからこそ、一家の成人男性だけがのうのうと安息して過ごせるわけではなく、一家の成員全てが安息すべき日なのであることを示している。これは、安息日が全ての人を平等に扱うということにも繋がるだろう。

安息日の灯火・消火と女性の外出

ミシュナ、シャバット篇二・一

安息日の灯火は、何を用いて点灯してよく、何を用いて点灯してはならないだろうか。杉の皮、梳《す》いていない亜麻、カラク、柳の皮、砂漠の繊維、海苔、タール、蠟、カスター油、燃やさなければならない油、（羊の）尻尾（から絞った）脂肪、獣脂で（安息日の灯火に）点灯してはならない。メディア人のナフムは言う。たぎった獣脂で（安息日の灯火に）点灯してもよい。しかし、賢者たちは言う。たぎってようが、たぎっていまいが同じで、（安息日の灯火に）それ（獣脂）で点灯してはならない。

ミシュナ、シャバット篇二・五

異邦人、泥棒、悪霊を恐れて灯火を消す者、あるいは病人が眠れるように灯火を消す者は免責される。

ミシュナ、シャバット篇六・一

女は何をつけて外出してもよいだろうか。また何をつけて外出してはならないだろうか。女は毛糸の撚糸、亜麻の撚糸、また頭（髪）に飾り帯をつけて外出してはならない。また彼女はそれらを緩めるまではそれらをつけて浸水してはならない。また彼女は――もしそれらが縫いつけられていなければ――額の飾り帯や髪飾り、また被り物をつけて公共領域に（外出して）はならない。あるいは金の町（の形をした冠型の髪飾り）、耳環、鼻輪、印章のついていない指輪、または穴のあいていない針をつけて（外出して）はならない。しかしもし彼女が（それらをつけて公共領域に）外出しても贖罪の献げ物の債務を負わない。

安息日についてのさらに種々雑多な規定である。シャバット篇二・一では、安息日の灯火を灯す材料として何が許されるかということを議論する。普通の感覚で浮かんでくる疑問であろうか。しかし、実際、生活状況が変われば、通常の灯は手に入らないこともあろう。そうしたあらゆる場合を想定しての議論である。この過程で、様々な動植物、脂の種類を知ることになる。ある種、百科事典的な様相を呈してくる。また、結局獣脂を使ってよいのか悪いのか、結論はオープンにされているのもラビ・ユダヤ教文献の特徴である。

安息日の規則は絶対であるかのような印象があるが、そもそも生命の危険がある場合には、安息日の法よりも生命を助けることが優先される（ピクアッハ・ネフェシュ）。それは、悪霊を恐れる場合のように、そこまで緊迫していない場合にも援用される。さらに、病人のために安息日の規則を破ることも可能である。意外とそのハードルは低い。

さらに、女性について何を装着してよいかが議論されている。ここからわかるのは、女性の装飾についても非常にラビたちは詳しく知っているということである。

健常者と障がい者

ミシュナ、ババ・カマ篇四・四

もしも、健常者の雄牛が、聾唖者、知的障がい者、年少者の牛をついた場合、所有者は有罪である。しかし、聾唖者、知的障がい者、年少者の牛が健常者の牛をついた場合、所有者は有罪ではない。もし、聾唖者、知的障がい者、年少者の牛が、他の人の牛を突いた場合、裁判所は彼らに対して監督者を任命し、彼らの牛は監督者の前で検証されなければならない。もし、聾唖者が健常者になった場合、知的障がい者が、理性を取り戻した場合、年少者が年齢に達した場合、その雄牛はそれゆえに、もう一度害を及ぼすことはないと考えられる。

イスラエルで生まれた筆者らの長男は、新生児期に生命の危険に陥り九死に一生を得たが、今なお重度の障がいを負っている。しかし、イスラエル社会で早期療育を受けることができたために、母子共に多大な恩恵に与ることができた。当時の日本よりも、はるかに小回りの利く、実質的な障がい児療育の制度ができていた。またイスラエル社会では、視覚や聴覚、身体に障がいを持った人々が、自然に社会生活を送っているし、必ずしもハード面ではバリアフリーではないけれど、ソフト面でのバリアフリーは進んでいて、阿吽《あうん》の呼吸で通りがかりの人が困っている人を助ける姿を多々見てきた。であるならば、イスラエルを支えるユダヤ社会の根底にあるラビ・ユダヤ教文献においても、障がい者に対する温かい議論が展開しているに違いない、と思いきや、確かに障がいに関する議論は盛んであるが、そのほとんどがこの引用箇所のような法的議論である。しかし、こうした法的議論においても、いくつかの興味深い前提があることが指摘できる。

第一に、聾唖者でも、知的障がい者でも、雄牛を所有することが可能であると想定されている点である。思考能力では劣るにしても、健常者同様の所有権はあるわけである。

第二に、この法的議論の中にも、聾唖者に対する配慮は窺える。彼らの牛が危害を加えたら、彼らの監督能力の不足を理由に彼らが免責にされる。ここには、彼らの能力を見下す視線がないともいえない。しかし、だからといって、彼らに雄牛の所有権が否定されることはないのである。そして、彼らが雄牛を所有していたら、周囲の者が注意しなければならないという暗黙の前提が窺える。また、彼らの牛が事故を起こした際には、わざわざ彼らのために監督人が設定されるという点も興味深い。十分な主張ができない彼らが不利にならないようにという配慮と理解できる。

第三に、聾唖者や知的障がい者が健常者になることがあるという想定がされている点である。そもそも年少者という、人間誰しも通過する状態と並置されていることも興味深い。聾唖者が健常者になった場合、逆に健常者が聾唖者になった場合、また知的障がいにおいても同様の可能性があることは、他の言説でも再三繰り返される。

このような議論の形態は、一つには、ありとあらゆる可能性についてしらみつぶしに検証するというミシュナ、タルムードの法的思考に基づくものではある。しかし逆に、同時にまたこのような議論が頻繁に繰り返され、口伝トーラーとして頭に叩き込まれる過程で、こうした障がいは固定された絶対的な状態ではないということを、受け手に植えつけるのではないだろうか。

珠玉の言葉——ミシュナ、アヴォート篇

ミシュナの大抵の部分は、先に見た法規議論である。しかし、ネズィキーン（損害）巻アヴォート篇には、格言的な言葉の数々が収録されており、他の篇とは全く趣を異にしている。なぜ、このような格言集が編纂されたか、また、なぜそれがネズィキーン巻に収録されたかについては諸説ある。このアヴォート篇から、いくつかを紹介しよう。トーラーの学びの重要性と共に、神、トーラーの存在を意識しながら、社会において生きることの大切さ、社会の中で人間関係を維持することの大切さを語る言葉が多い。

ミシュナ、アヴォート篇一・一

モーセはシナイからトーラーを受け、それをヨシュアに伝えた。ヨシュアは長老に、長老は預言者に、預言者は大協議会の成員に伝えた。彼らは三つのことを伝えた——慎重に物事を判断しなさい。多くの弟子を興しなさい。トーラーに垣根を設けなさい。

ミシュナ、アヴォート篇一・二

義人シメオンは、大協議会の残りの者であった。彼は語ったものである。世界は三つのものの上に成り立っている。トーラーと神への祭儀と慈悲あふれる行為の上に。

ミシュナ、アヴォート篇一・一七

彼（ラバン・ガマリエル）の息子、シメオンは言った。「わたしは賢者たちの間で成長したが、自分にとって沈黙にまさるものはなかった。肝心なのは、トーラーの解釈ではなく実践である。誰であれ、口数の多い者は罪にいたる」。

ミシュナ、アヴォート篇一・一八

ラバン・シメオン・ベン・ガマリエルは言う。「この世は三つのものの上に立っている。正義の上に、真実の上に、平和の上に。『城門では真実と正義に基づき、平和をもたらす裁きをせよ』（ゼカリヤ書八・一六）と言われているからだ」。

ミシュナ、アヴォート篇三・一

アカヴヤ・ベン・マハラルエルが言った。「三つのことに思いを巡らしなさい。そうすれば、あなたは罪の手に陥ることはない。あなたはどこから来たのか、どこへ行くのか、そして誰の前であなたは将来、議論され清算されることになるのか、についてである。どこからの来たのか。塵からである。どこへ行くのか、塵と埃と虫けらの場である。そして、誰の前で、議論され清算されるのか、王の中の王、ほむべきかな聖なる方の前で、である」。

ミシュナ、アヴォート篇四・八

（ラビ・ヨセの息子、ラビ・イシュマエル）は言った。「一人で裁判してはならない。なぜなら、かの方を除いて、一人で裁いてはならないからである。また、私の意見を受け入れよと言ってはならない。というのは、それは彼らの権利であってあなたの権利ではないからだ」。

ミドラシュ・アガダーの世界

アガダーとは、法規以外のあらゆるテーマを網羅するジャンルである。聖書の物語についてのより詳細な描写であったり、ラビたちのエピソードや、神学的議論から、人々の暮らしや生活の知恵に関わるようなエピソード、民間信仰、科学、動植物学、栄養学、哲学、倫理などなど、ユダヤ百科全書的様相を呈している。

アブラハムはなぜハランを発ったか

ここでは、アブラハムが父をハランに残してカナンへと向かうに至った経緯についてのミドラシュ・アガダーを紹介しよう。まず、ヘブライ語聖書では、次のように語られている。

創世記一一・二七〜一二・三

テラの系図は次のとおりである。テラにはアブラム、ナホル、ハランが生まれた。ハランにはロトが生まれた。ハランは父のテラより先に、故郷カルデアのウルで死んだ。（中略）……テラは、息子アブラムと、ハランの息子で自分の孫であるロト、および息子アブラムの妻で自分の嫁であるサライを連れて、カルデアのウルを出発し、カナン地方に向かった。彼らはハランまで来ると、そこにとどまった。テラは二百五年の生涯を終えて、ハランで死んだ。主はアブラムに言われた。「あなたは生まれ故郷、父の家を離れて、わたしが示す地に行きなさい。わたしはあなたを大いなる国民にし、あなたを祝福し、あなたの名を高める。祝福の源となるように。あなたを祝福する人をわたしは祝福し、あなたを呪う者をわたしは呪う。地上の氏族は全て、あなたによって祝福に入る」。

聖書ではこのようにしてアブラム（改名する前のアブラハム）は登場する。しかし、何を思ってアブラハムがカルデアのウルを後にしたかは一言も述べられていない。この箇所に対して、ユダヤ教の聖書解釈であるミドラシュ・ラッバーでは以下のような解釈が展開する。

創世記ラッバー三八・一三

「ハランは父のテラよりも先に、故郷カルデアのウルで死んだ」（創世記一一・二八）。

あるときは、ある女性がやってきて、彼女は小麦粉の入った器を出してアブラハムに求めた。「これを偶像たちに捧げてください」。彼は、棒をとり、偶像たちを壊しつくし、一番大きい偶像に棒をもたせた。父親が戻ってきて詰め寄った。「なんということをしたのだ」。彼は答えた「隠すことはできません。一人の女がやってきて、これを偶像に供えたのです。すると、一体がいいました。『わたしが先に食べる』。他の偶像が言いました。『私が先だ』。そして、一番大きい偶像が彼らを壊してしまったのです」。「お前は私をからかうのか」と父親は叫んだ。「彼らにそんな知恵があるわけないだろう」。「ご自分の口が言ったことをお聞きになりましたか」。

父は、アブラハムをニムロデのところに送った。「火を拝もうではないか」。ニムロデが提案した。「むしろ水を拝みましょう。水は火を消すのですから」とアブラハムは言った。「では、水を拝もう」。「いや、雲にしましょう。雲が水をもたらすのだから」。「では、雲を拝もう」。「いや、風にしましょう。風は雲を追い散らします」。「ならば風を拝もう」。「いや、人間にしましょう。人間は風の中でも立っていられます」。「お前は言葉を弄んでいるだけだ。やはり火を拝もう。お前をその中に投げ込んでやる。お前が頼みにする神に助けに来させよ」。

さて、ハランは、立ったままどちらにつくか決めかねていた。「もしアブラムが勝つなら、私はアブラムの信仰の者だと言おう。もし、ニムロデが勝つなら、ニムロデの側につこう」。

アブラハムが燃えさかる炉に落とされたが、彼は無事戻ってきた。ニムロデがハランに尋ねた。「お前はどっちの側につくのか」。「アブラムです」。そこで、ニムロデはハランをとらえて、彼を燃えさかる炉に突き落とした。そして彼は焼きただれて、彼の父親の眼前で死んだ。それで、「ハランは父のテラよりも先に、故郷カルデアのウルで死んだ」（創世記一一・二八）と書かれている。

こんな物語は前述の聖書の中にはどこにも存在しない。唯一暗示させるのが、弟ハランが父の前に死んだという記述である。「〜の前に」のヘブライ語原語は、アル・プネイであるが、これは時間的な「前」だけでなく、場所的な「前」、つまり「眼前で」という意味合いにもとれる。そこでここから、ユダヤ教の解釈者は、ハランには父親の眼前で死んでしまうようなことが起こったに違いないと考えた。ただその点においてのみ、これだけの伝承がこの聖書のこの箇所の聖書解釈として結びついたのである。

実際に、偶像崇拝者である父親をやりこめるアブラハムの物語は、外典、偽典、またクルアーンにも多数散見される。しかし、比較してみると、微妙に力点が違う。中でも、父親との血縁も断ち切るアブラハムを際立たせているのはユダヤ教のこのミドラシュである。対して、キリスト教の伝統には、私見によれば、この偶像崇拝を打破するアブラハム像が全く取り込まれていないことは興味深い。様々な並行箇所がある以上、キリスト教側が全くこの話を知らなかったとは考え難い。アブラハムの父親が偶像崇拝者であったこと、またアブラハム自身の模範的、敬虔的なイメージとは程遠いやんちゃな行動が問題視されているのであろうか。

疑うアブラハム

ラビ・ユダヤ教の聖書解釈におけるアブラハムは決して信仰の模範人ではない。キリスト教では、黙って神の命に従ったその従順さが評価されるが、ミドラシュでのアブラハムは冒頭から文句を言い、神の命に疑念を発している。

創世記ラッバー三九・七

「生まれ故郷、父の家を離れてわたしが示す地に行きなさい」（創世記一二・一）。「私が出て行くと、神の御名に泥を塗ることになるのではないでしょうか。人々が、『彼は老齢の父親を置いて出て行った』と噂するでしょう」。が、いざ、出立するやいなや、飢饉に見舞われたが、彼は、抗議もつぶやきもしなかった。

創世記ラッバー四六・三

アブラハムは言った。「そんなにも割礼が大事ならなぜ、アダムに与えられなかったのか」。ほむべきかな、聖なる方は言われた。「私とあなたがこの世にいるだけで十分である（私のことを認識していなかった前の世代には関心はない）。もし、あなたが割礼を実行しないのなら、私の世界がここまで存在したというだけで十分であり、非割礼もここまで存続したということで十分であり、割礼もこれまで忘れられていたということで十分である」。

アブラハムは言った。「割礼を施す前は、人々が私の信仰に加わったものです。割礼後も来るでしょうか。旅行者は、変わらずやってくるだろうか」。

ほむべきかな、聖なる方は言われた。「私があなたの神であることだけで十分とせよ、私があなたの守護者であることだけで十分とせよ。そしてそれはあなたにとってだけではない。私の世界にとっても、私がその神であり守護者であることで十分である」。

ヘブライ語聖書中では、一切の不平も文句も言わず、神の命に従うアブラハムであるが、ミドラシュでは、割と情けないアブラハムであり、神の召命、割礼に際しても、極めて人間的な逡巡を打ち明けている。こうした人間的な悩みを乗り越えてこそ、神の命を実行したことも一層強く印象づけられる。

論駁するアブラハム

創世記ラッバー四九・八

「あなたがあなたの世界にもたらした怒りで、あなたは義人と悪人を滅ぼすのですか。義人ゆえに、悪人の裁きを先に延ばさないだけでなく、義人と悪人を一緒に滅ぼそうとしている」。

「人間は怒りに支配される。が、ほむべきかな聖なる方は怒りを支配するはずである」。

「あなたの怒りは、動物を食い荒らす雌熊のようだ。食い散らす動物がいなくなると、自分の子供まで殺してしまう」。

「あなたの怒りは、棘を落とす大鎌である。棘を落としきってしまうと、バラの花まで落としてしまう」。

「そのような行為は、神の名を汚すものだ」。

アブラハムは嘆願したのだ。「彼らの良き行いを一緒にして下さい。そうすれば、五十人分にはなるでしょう」。

「あなたは世界の中の義しき方ではないのですか。あなた自身を入れてくだされば五十人分にはなるでしょう」。

「人間の裁きにおいてさえ、司令官から長官へ、長官から政府役人に控訴できる。しかし、あなたは、あなたの裁きには誰も控訴はできないのだから、あなたは正しくないことをしようとしているのではないか」。

「あなたは世界に大洪水をもたらさないと約束したではないか。あなたは約束を破るのか。洪水の海ではなく、火の海をもってか。そうすると、あなたはあなたの約束に一致した行いをしないことになる」。

「もし、あなたが、世界が持ちこたえるように望むならば、絶対的に厳格な裁きなどありえない。もしも、厳格な裁きを何がなんでも求めるならば、この世界は存続できない。しかしあなたは両端を握っている。世界と厳格な裁きの両方を。もう少しでも進むならば、世界は持ちこたえることはできない」。


この箇所でアブラハムは、断固、激しい口調で神を非難する。聖書本文でも、この箇所は前後のアブラハムとは違って饒舌に神と交渉するが、ミドラシュでのアブラハムは、まるで水を得た魚のようである。堰を切ったかのように、神を弾劾する言葉がとうとうと流れ出る。最終的には、アブラハムが裁きについての見解を神に向かって述べ立てるという構成になっている。

前述の逡巡するアブラハムとはずいぶんイメージが違う。この間に何が起こったのだろうか。それは、割礼である。割礼によって名前もアブラムからアブラハムに変えられた。名前の変化は中身の変化である。そして、割礼を通して、神とも対等に渡り合えるような言葉を得たのではないだろうか。

学徒となったモーセ

バビロニア・タルムード、メナホート篇二九b

ラヴ・イェフダが言った。ラヴの名前で言った。

モーセが高きところに上がると、ほむべきかな聖なる方が、いくつかの文字に冠を施しているのを見た。モーセはかの方に尋ねた。「世界の主よ、誰がその字を追究するのか」。神は答えた。「やがて、何世代もの終わりに、アキバ・ベン・ヨセフという名の者が現れ、文字の角の角まで解釈して、ハラハーの山に山を重ねるだろう」。モーセは御前に言った。「世界の主よ、私にその者を見せてください」。神はモーセに言った。「あなたの後ろを向いてみなさい」。

（そこはラビ・アキバの学塾で）モーセを（ラビ・アキバの講義を聴いていた弟子の）八列目の最後に加えた。モーセは彼らが何を言っているのか理解できず、萎えてしまった。しかし、一人の学生がアキバに「どこからそれが分かるのか」と聞いた時に、アキバは「全てはシナイのモーセ（が受けたトーラー）からである」と答えたので、それを聞いてモーセは慰められた。

モーセは、ほむべきかな聖なる方の前に戻ってきて言った。「世界の主よ、あなたには、このような者がありながら、トーラーは私を通して与えられるのですか」。神は言った。「黙りなさい。これがわたしの考えである」。モーセは尋ねた。「私に彼（ラビ・アキバ）の報いを見せてください」。後ろを見てみると、肉屋の市場でアキバの肉が計量されているのを見た。モーセは言った。「世界の主よ、このトーラーにして、この報いですか」。神は言われた。「黙りなさい。これが私の考えである」。

ラビの聖書解釈の一面を表している。モーセは、トーラーに飾り文字を入れている神に対してその目的を問う。すると神は、後代優秀な賢者が、文字の角という角を解釈し、多くのハラハー（規律）を生み出すためであると答える。つまり、ラビたちは、ヘブライ文字の飾りまで議論の対象になるほど、自分たちが成文トーラーの隅々まで議論することを示唆している。つまり、理念を運ぶ器でしかないかもしれない文字の形まで、神の意図が入っているものとして議論するようになるということを説く。それは、文字自体が神の教えを表すと考えていることを意味する。翻せば、既に、自分たちがそのような議論をしており、それには意味があるということを主張しようとしている。そしてそのような細かい、往々にして枝葉末節的な議論をすることが、モーセにシナイ山でトーラー（十戒の石板）が与えられた時点で定めづけられている。全ての口伝トーラーの内容は、モーセがシナイ山で石板を受け取った時に与えられており、それを探し出すのが後代のラビの任務なのである。

その優秀な賢者とは誰かと問うモーセを、著名なラビ・アキバの学塾に座らせる。もちろん時代錯誤の、いわば想像上の話である。そして、一番後ろの席に座らされたモーセは、何を議論しているのかさっぱりわからず当惑しているという。想像すると何だかモーセが哀れにもなる。しかし、この議論の根拠がどこにあるのかを聞かれたアキバが、モーセからだと答えたことに安堵する。ラビの議論が、モーセすら理解できないものであること、しかし、同時にそれはモーセに授けられたトーラーに帰着するという信念があるというその両面を語っている。

続いて、モーセは神に、アキバのその後を問う。さぞや大きな報いが与えられるであろうことを予想する。しかし、アキバの最期は、ローマ兵に八つ裂きにされる姿である。しかもその肉が市場で売られているという情景はあまりにも残酷である。この話は何を伝えようとしているのか。トーラーに秀でることと報いを得るということは別物であるということか、それでもなお、トーラーを究めることが求められるのであり、トーラーの学びの究極の姿を物語っているのだろうか。同時に、全ては神が欲したこと、神の意図は計り知れないということを語っているのだろうか。

タルムード的思考

安息日の物の移動　その二

バビロニア・タルムード、シャバット篇二a

【ミシュナ】安息日の物の運搬には、内側については二種類、実際は四種類に分かれ、外側についても二種類、実際は四種類に分かれる。どうして、そうなるか（ミシュナ、シャバット篇一・一）。

【ゲマラ】私たちは別のところで学んだ。偽証には二種類あり、それは四種類になる。不浄の認識形態には二種類あり、それは四種類になる。皮膚病の外見には二種類あり、それは四種類になる。安息日の移動には二種類あり、それは四種類になるとある。しかし、ではなぜここで、「内側については二種類、実際には四種類に分かれ、外側についても二種類、実際は四種類に分かれる」と書かれているのか。

他では、単純に、「二種類が四種類になる」とあるのに。

それは、ここでは、安息日が主題であり、労働の主要形態と派生形態が教えられているからだ。しかしあちらでは、主題は安息日ではなく、ただ労働の主要形態が教えられており、派生形態は教えられていないからだ。

では、労働の主要形態とは何か？――移動のことだ。しかし、移動はただ二種類ではないか。これらのいくつかは有責であり、いくつは有責ではないとでも言うのか（いやそうではない）。皮膚病の外見は、全部有責のことである。だから、ここも全て有責のことを含んでいるはずではないか。

ラビ・パパが言った。むしろ、ここでは安息日が主題で、有責の行為と有責ではない行為が含まれているが、あちらでは、安息日が主題ではないので、有責の行為だけが教えられており、免除される場合については教えられていないからだ。……

先に見たミシュナ一・一の安息日における物の移動の制限に関わる規定についての議論についてのさらなる議論である。タルムードでは、議論の対象となるミシュナが引用された後、【ゲマラ】としてそのミシュナについての議論が展開する。ゲマラとは「学び」という意味である。

さて、ここで議論の対象となるミシュナ一・一では、物を移動させるときには大別して二種類の状況があり、それが実際には四種類の状況に分けられるということを言っている。しかし、このミシュナについてのタルムードの議論は、物の移動という状況に焦点が当たるのではなく、なんと、このミシュナの中の「二種類、その中は四種類に分かれ」という純粋に表現上の問題に関心が引きずられてしまう。そして「（聖書起源のハラハーは）二種類あり、それが（ラビ起源のハラハーを加えると）

四種類になる」という類似の表現をする別の伝承が引きずり込まれる。そして、なぜ、表現が違うのか（内側については～、外側については～）という議論になる。同じ、二種類、四種類を扱いながらなぜ違う表現になるのか、そこに働く原理を探ろうというわけである。しばしば、タルムードでは、主題から外れて、何がその議論の原理であるのかを探る、いわばある種のメタ議論を展開している。しかし、外見上はあくまで個別の具体的ケースでの話が展開する。イスラエルでのタルムード講読にあたっては、たえず、何が原理なのかに注意することの重要性が説かれたものである。

こうした議論の集大成がバビロニア・タルムードである。ミシュナ成立までの、ミシュナに所収されていない見解も含め、さらにミシュナ以降のアモライームたちの議論も網羅し、さらに編纂、編集の手を経て、バビロニアにおいて完成した。完成にあたっては、ラヴ・アシの貢献が大きいとされる。タルムードの語源は、ラマド「学ぶ」である。つまり、学びの集大成であり、また、その後の学びの中心となる書物である。タルムードには、パレスティナで編纂されたパレスティナ・タルムードもある。イスラーム勢力の台頭の中、荒廃の始まるパレスティナのユダヤ教社会で早々に編纂されたと想定されるパレスティナ・タルムードに対して、じっくりと入念に編纂されたバビロニア・タルムードは、まさにユダヤ教の百科全書の名に値する書物であり、以後、タルムードの学び、注釈、理解は、ユダヤ教の学びの中心になる。

教師としてのヒレル

バビロニア・タルムード、シャバット篇三一a

〈ヒレルが怒るかどうか、賭けが行われた。ヒレルを怒らせたら四百ズズを得る、失敗したら四百ズズを失う〉。

金曜日のことであった。ヒレルが頭を洗って（安息日に入る用意を）していると、この者が入口にやってきて言った。「誰がここにいるのか、ヒレルか。誰がここにいるのか、ヒレルか」。ヒレルが上着を着て彼のもとにやってきて言った。「どうした、私の息子よ、何を求めているのか？」その者は言った。「質問がある。なぜ、バビロニアの人たちの頭は、そんなにも丸いのか」。ヒレルは彼に言った。「私の息子よ、素晴らしい質問をしたものだ。それは、彼らには、優れた助産婦がいないからだ（助産婦が出産時に頭の形を整えていた）」。

その者はいなくなり、少しするとまた戻ってきて言った。「誰がここにいるのか、ヒレルか。誰がここにいるのか、ヒレルか」。ヒレルは上着を着て彼のもとにやってきて言った。「どうしたのか、私の息子よ。何を求めているのか」。「質問がある」。「私の息子よ、質問してみなさい」。「なぜ、タルモドの人の目はそんなにも円いのか」。ヒレルは答えた。「私の息子よ、素晴らしい質問をしたものだ。なぜなら、彼らは、砂っぽい所に住んでいるからだ」。

彼はいなくなり、少しすると戻って来て言った。「誰がここにいるのか、ヒレルか。誰がここにいるのか、ヒレルか」。ヒレルが上着を着て彼のもとにやってきて言った。「どうした、私の息子よ、何を求めているのか？」その者は言った。「なぜ、アフリカ人の脚はそんなにも長いのか」。ヒレルは答えた。「私の息子よ、素晴らしい質問をしたものだ。なぜなら、彼らは、湿地に住んでいるからだ」。「私にはたくさんの質問があるが、あなたが怒るのではないかと心配している」。ヒレルは、上着で身をくるみ彼の前に座って言った。「あなたが抱えている質問を全て言いなさい」。それで彼は言った。「あなたが、イスラエルのナスィ（首長）と呼ばれるヒレルか」。ヒレルは答えた。「そうだ」。彼はヒレルに言った。「もしあなたがそうなら、あなたのような人を増やさないでくれ」。ヒレルは言った。「なにゆえに？」彼は言った。「私はあなたのために四百ズズを失った」。〈賭けをしていたことを明らかにした〉。ヒレルは彼に答えて言った。「あなたは自分の性質に注意しておかなければならない。あなたに四百ズズと、さらにもう四百ズズの損失をさせるのがヒレルだ。それでもなおヒレルは怒ることはない」。

安息日の準備で忙しくしているヒレルの元に、どうでもいい質問をする者がやってきた。ヒレルを怒らせたら四百ズズを得るという賭けをしている者だ。そんな無礼な人間に対しても、ヒレルは、上着を身に着けて丁重に迎える。そして「私の息子」と呼びかけ、その質問を聞いてやる。それだけでなく、「良い質問だ」と声をかけ、その質問に丁重に答える。その者はまたしばらくするとやってきて、またも、どうでもいいような質問をする。それに対してもヒレルは丁重に扱うのだった。そして、またもやって来て、くだらない質問をするが、それでもヒレルは態度を変えない。さらに、本格的に上着を着こんで彼の前に座り込み、さらなる質問を聞き出そうとする。ついにその態度に、怒らせようとした相手も音を上げてしまうのだった。教師たる者の姿を見せられた。

ヒレルの黄金律

バビロニア・タルムード、シャバット篇三一ａ

タンナの教え――ある時、異邦人がシャンマイの前にやってきて、彼に言った。「あなた方にはいくつのトーラーがあるのか」。彼らは答えた。「二つである。書かれたトーラーと口伝のトーラーである」。異邦人は、彼に言った。「書かれたトーラーについて、私は信じる。書かれたトーラーについては信じない。書かれたトーラーについてのみ教えるという条件で、私を（ユダヤ教に）改宗させてくれ」。これを聞いて、シャンマイは彼を追い出した。その者は、ヒレルの前にやってきて同じ要求をした。ヒレルは、彼を改宗させた。ある日、ヒレルが彼（その改宗者）に、アレフ、ベイト、ギメル、ダレット（ヘブライ語のアルファベット）を教えていた。その次の日、ヒレルは彼にそれを逆の順番で教えた。その改宗者は言った。「昨日は、あなたはこのように教えていたではないか」。ヒレルが答えていった。「ほら、私を信用しているではないか。同様に、私を信用して口伝トーラーも信用しなさい」。

再び改宗者の出来事。ある異邦人がシャンマイの前にやって来て、言った。「私が片脚で立っている間にトーラーの全てを教えてくれるなら、私を改宗させよ」。それを聞いて、シャンマイはその者を手で追い出した。その者はヒレルの元にやってきて言った。ヒレルは彼を改宗させた。そして言った。「自分に嫌なことは、人にしてはならない。これがトーラー全体である。残りは、全てこれの解釈である」。

（中略）

しばらくして、これらの改宗者が同じ所にやって来て、彼らは宣言した。「シャンマイの厳しさは我々を世界から滅ぼしてしまう。ヒレルの謙遜さはシェヒナー（神の臨在）の翼の下に我々を連れてきてくれる」。

前述の怒らないヒレルの伝承の続きである。ここでは、シャンマイ学派に追い出された改宗者を、まずはその改宗者の願い通りに改宗手続きをとってやる。シャンマイ学派も決して器量が狭いのではなく、ユダヤ教の根幹の一つである口伝トーラーを認めないならば、それはユダヤ教を認めないことであるので、改宗させないという判断は当然である。また、簡単にトーラーの全てを学ぼうという安直な態度を許さないのは宗教者として当然の判断であろう。一見ヒレルはいい加減であるかのようにも思える伝承である。しかし、ヒレルが優れているのは、改宗者の思いを聞き入れながら、いつの間にか、口伝トーラーの教えが必要であることを認識するように指導していることである。

また、トーラー全てが依拠している句「自分にしてほしくないことを人にするな」とは、古今東西の別なく見られる格言でもある。ヒレルの行動様式を説明する句でもあろう。人間関係の個人化が進むこの世の中において、光となる句ではないだろうか。

それは天にはない

バビロニア・タルムード、ババ・メツィア篇五九b

タンナは教える。その同じ日に、ラビ・エリエゼルは世界中の全てに答えた。しかし、賢者たちは、それを受け入れなかった。ラビ・エリエゼルは言った。「もしハラハーが私に一致しているなら、このイナゴマメが証明するだろう」。そうすると、イナゴマメの木はその場で根こそぎにされ、百アンマ移動した。四百アンマと言う者もいる。彼ら（賢者たち）は彼に言った。「イナゴマメから証言は導き出せない」。彼はまた彼らに言った。「もしハラハーが私に一致しているなら、この水路が証明するだろう」。すると、水路の中の水が逆流した。彼らは彼に言った。「あなたは、水路から証拠を導き出すことはできない」。彼は彼らに言った。「もしハラハーが私に一致しているなら、ベイト・ミドラシュの壁が証明するだろう」。すると学塾の壁が傾き今にも崩れ落ちそうになった。直ちに、ラビ・ヨシュアが壁を非難し、言った。「もし賢者の学徒たちが、互いにハラハーのことを競い合っているなら、何がお前たちの利点になるのか」。すると、壁はラビ・ヨシュアに敬意を表して倒れもせず、またラビ・エリエゼルに敬意を表して直立もしていなかった。そして、それらはいまだに斜めに立っている。彼（ラビ・エリエゼル）は、また（賢者たちに）言った。「もしハラハーが私に一致しているなら、天が証明するだろう」。バト・コールが出て言った。「あらゆる所でハラハーは彼の通りになっているラビ・エリエゼルに対して、お前たちは何なのだ（なぜ言い争うのか）？」ラビ・ヨシュアが立ち上がって叫んだ。「それは天にはない」（申命記三〇・一二）。

ゲマラは問う。「天にはない」とはどういうことか。ラビ・エレミヤが言った。「トーラーはシナイ山で既に与えられているからだ。われわれは天の声には耳を傾けない。というのはシナイ山で、あなたは『多数の者に従うべきだ』（出エジプト記二三・二）とトーラーの中に書かれたからだ」。

ラビ・ナタンがエリヤに会って、彼に尋ねた。「その時に、ほむべきかな聖なる方は何をしておられたか」。「聖なる方は、『わたしたちの息子たちが私を打ち負かした、私の息子たちが私を打ち負かした』と言いながら微笑んでおられた」とエリヤは答えた。

穢れてしまったオーブンを再び清めることができるかという議論を巡り、孤高のラビ・エリエゼルができるという立場を取り、多数の賢者たちはできないと考えている。ラビ・エリエゼルは事実、彼の論に対するあらゆる反論に対して答えることができたが、多数派はそれを認めなかった。そこで、ラビ・エリエゼルは、超常的な力で、自らの正しさを証明しようとした。最初にイナゴマメの木を動かし、水路の水を逆流させ、学塾の壁を斜めにしてみせる。最後には、バト・コール（直訳では「声の娘」、すなわち「神の声」）がラビ・エリエゼルの正しさを唱える。しかし、多数派のラビたちはたじろがない。ハラハーを決定するのは、人間であり多数派である。多数によって認められない見解は、いくら超常的な力をもってしても認めるわけにはいかないという。

驚くべきことは、バト・コールすら却下されていることである。いわば、天からの声は、神からの直接的な交信である。つまり、神からの直接的な声の権威を否定しているわけである。第二神殿時代には、まだバト・コールの権威は認められていた。それ以前には、預言の力も権威があった。しかし、ラビ・ユダヤ教の伝統では、預言もバト・コールも途絶えてしまった。以後、それらの決定力は一切認めない。タナイーム伝承であることに依拠すれば、紀元前後~紀元二〇〇年の議論と考えられる。この時代には、バト・コールも、さらにバト・コール以前に途絶えたとされる預言であっても、その権威は却下され、人間の議論が優先されるのである。

さらに、続いて、エリヤの口を借りて、神自身がそのようなユダヤ教の姿に満足している様子が窺える。ここで、自分が言い負かされたというヘブライ語（ニツェフーニ「私を打ち負かした」）と、それ以前の学塾で賢者同志が議論しあっているというヘブライ語（メナツヒーム「競い合っている」）は、同じ動詞が使われている。学塾の延長上に、神との議論もあるということを示唆しているのではないだろうか。もちろん、ここで神が喜んでいると考えているのは、この伝承の担い手であるラビである。既に、神の見解をラビが代弁しているという点も興味深い。

時期を考慮すると、原始キリスト教が拡大していく時代である。イエスは様々な奇跡を起こした。また復活もした。キリスト教は、「旧約」聖書での預言がイエスに体現したと考える点で、預言者としての正当な継承権を主張していると言える。このような同時代の状況を考えると、このタナイームの伝承は、バト・コールや預言も含めて、超常的現象との決別の宣言とも考えられる。ここに、人間の議論が中心であるというユダヤ教のエッセンスが通底していることが実感される。

「思いを尽くして、魂を尽くして」ラビ・アキバの殉教

バビロニア・タルムード、ベラホート篇六一b

タンナは教える。かつて邪悪な王国が宣告した。イスラエルがトーラーに従事しないように定めた。パポス・ベン・イェフダは、ラビ・アキバが大衆をたくさん集めて、トーラーに勤しんでいるのを見つけた。彼に言った。「アキバ、あなたは王国を恐れないのか」。ラビ・アキバは言った。「あなたにたとえ話をしよう。これは何に似ているか。川沿いを一匹の狐がうろついている。そして、こちら、あちらに魚が集まっているのを見た。彼らに狐は言った。『何からお前は逃げているのか』。『人々が私たちに投げる網からである』。『網を逃れて陸に上がってくることを望まないのか。そうしたら、私がお前たちと一

緒にいてやろう』。魚たちは狐に言った。『人々が一番賢い動物だと言っているのはあなたのことか。お前は賢いのではなくて、愚かだ。私たちが生きる場所でさえ、私たちは恐れているのだ。私たちが死ぬような場所であったら、どんなにそうであることか』。わたしたちも同じような状況にある。トーラーに勤しむことが、『そうすればあなたは命を得て、かつ長く命を保つことができる』（申命記三〇・二〇）と書かれているのに、そこでも私たちはこんなに恐れているのに、もし、私たちがトーラーをやめてしまったら、どんなにそうであることか」。

彼らがラビ・アキバを捕えるのに数日もかからなかった。そして、彼を投獄し、またパポス・ベン・イェフダを捕えた。そして、彼を彼の傍に置いた。ラビ・アキバは彼に言った。「パポスよ、誰があなたをここに連れてきたのだ」。パポスは答えた。「ラビ・アキバよ、トーラーのために捕えられたあなたは幸いです。それに対して、おお、パポスよ。彼（＝自分）は無意味なことのために捕えられてしまった」。彼らが、ラビ・アキバを出したのは、ちょうどシェマァ・イスラエルを唱える時であった。そして、彼の肉を鉄の櫛でそいでいた。しかしながら、彼はその身に天の王国の軛を受けた。彼の学徒が彼に尋ねた。「わが師よ、この時になってもシェマァ・イスラエルを唱えるのか」。彼らに言った。「ずっと、この句のことを残念に思っていた。『全ての魂（ネフェシュ）をかけて』とは、あたかも、あなたの魂を取ってという意味である。いつになったら、私自身にこのようなことが起きて、これが実現できるのだろうか、と残念に思っていた。そして今、私のもとにやってきた。どうして、それを実現しないことがあろうか」。そして彼は、エハド（シェマァ・イスラエルにおける「（主は）唯一である」の部分）を伸ばして発音していた。彼の魂がエハドの発音と共に出ていくまで。そのとき、バト・コールが発せられて言った。「幸いなるかな、ラビ・アキバ。あなたの魂が、エハドの発音と共に出て行った」。務めの天使たちが、ほむべきかな聖なる方の前で言った。「このトーラーにして、これが報いなのか。『主よ、御手をもって、死すべき人々から（私をお救いください）、人々から』（詩篇一七・一四）と言われているではないか」。（神は）彼らに答えた。「『彼らの分け前は（永遠の）命にある』（同上）と言われているように」。バト・コールが発せられて言った。「幸いなるかな、ラビ・アキバ。あなたは来る世での場所を得た」。

ハドリアヌス帝時代のユダヤ教迫害期のラビ・アキバと彼の殉教を伝える伝承である。ローマ帝国のユダヤ教迫害をものともせず、飄々とトーラーを教えるラビ・アキバの様子を伝える。そのあとの殉教の情景を含め、ラビ・アキバにはどこか達観した姿が窺える。鉄の櫛で八つ裂きにされてなお、シェマァ・イスラエルを唱えようとする。シェマァ・イスラエルの句、「わが魂（ネフェシュ）をかけて」を今こそ実現できることを喜んで、運命を受け入れている姿が描かれる。処刑であること、天の王国、軛が言及されるのは、イエスの磔刑を彷彿させられる。イエスが「レマ・サバクタニ（なぜ、私を見捨てられたのか）」と神に対して、おそらく限りない絶望の言葉を発したのに対して[17]、あく

(17) エリ・エリ・レマ・サバクタニ（マタイ二七・四六）は、アラム語で「我が神、我が神、なぜ私をお見捨てになったのか」を意味する。ギリシア語の福音書本文の中で、この箇所はアラム語のギリシア文字表記になっている。何かを引用したのか、インパクトのある言葉だからこそ原語で記載したのか、議論は一致しない。しかし、アラム語文法の観点からは、サバクタは、「あなたは見捨てた」という完了形であること、さら

まで、日々の祈りを唱えようとする淡々としたアキバの対比が際立つ。そして、務めの天使たちの言葉を借りて、このようにトーラーに尽くした者が、このような最期を遂げることへの批判的な言葉が発せられる。

ちなみに、モーセの口を借りて、「このトーラーにしてこの報いか」というアキバの殉教への疑念は、バビロニア・タルムード、メナホート篇二九bでも発せられる。つまり、ラビたちの間でも、これだけトーラーに尽くしたラビ・アキバが、なぜ、こんな壮絶な死を迎えなくてはならないのかという疑問があったのだろう。しかし、メナホート篇での神の答えは、冷徹である。これはこれ、それはそれ、全ては神の御心のままであると突き放した答えである。トーラーの学びと報いというものが切り離されていて、学びとは、報いや何かを期待するものであってはならない、というラビたちの断固たる姿勢を反映しているように思える。

他方、この伝承では、最終的には、アキバは来る世への場所を得たということが宣言される。しかし、務めの天使による抗議を経てのことであり、無条件にアキバのトーラーの学びへの報いが与えられたわけではない。

苦しみについての伝統は沈黙と祈り

バビロニア・タルムード、ベラホート篇六二a

タンナは教える。ラビ・アキバが言った。「かつて私はラビ・ヨシュアのあとをついてトイレに入り、彼から三つのことを学んだ。東、西に向くのではなく、北、南を向いて用を足す。立位でなく座位で用をたす。右手ではなく、左手で拭う」。ベン・アザイは彼に言った。「自分の師に対してなんてことをするのだ」。彼は答えた。「これだってトーラーであるから、私は学ばなくてはならない」。

タンナは教える。ベン・アザイが言った。「かつて私はラビ・アキバのあとをついてトイレに入り、彼から三つのことを学んだ。東、西に向くのではなく、北、南を向いて用を足す。立位でなく座位で用をたす。右手ではなく、左手で拭う」。ラビ・イェフダは彼に言った。「自分の師に対してなんてことをするのだ」。彼は答えた。「これだってトーラーであるから、私は学ばなくてはならない」。

ラヴ・カハナは、ラヴの寝台の下に身を隠して、彼が妻と語り合い、笑い、それから行為を行うのを聞いていた。（寝台の下からラヴ・カハナはラヴに）言った。「アッバの口が、まるでこれまで食べ物を貪ったことがないかのように（あなたの行為は貪欲ですね）」。（ラヴは）彼に言った。「カハナ、ここにいるのか。出て行きなさい。これは世間の道に反する」。（ラヴ・カハナは）彼は答えた。「これだってトーラーであるから、私は学ばなくてはならない」。

では、なぜ、右手で拭わず左手で拭うのか。ラヴァは言った。「なぜなら、トーラーは（神の）右手で

に完了形の動詞に第一人称の目的格の接尾辞「私を」が合成される、非常に重い言葉遣いである。つまりイエスは、この時点において、神に対して、「私を見捨てるのか」ではなく「私を見捨てたのか」と問いかけている。自分が見捨てられたという絶望が、未完了形ではなく完了形で、かつ目的語が動詞に合成される重い表現をとっているのではないか。ここに人としてのイエスの深淵なる絶望があるからこそ、イエスの復活の意味が高まるのではないだろうか。

与えられたからである」。というのは、次のように言われている。「その右手から、法の火が彼らに（与えられた）」（申命記三三・二）。ラッパ・バル・バル・ハナが言った。「なぜなら、（食事の際）右手は口に近いからである」。そして、ラビ・シモン・ベン・ラキシュが言った。「なぜなら、その（右手で）テフィリーンを（左腕に）結ぶからである」。ラヴ・ナフマン・バル・イツハクが言った。「その手でテアミーム（聖書の朗誦記号）を示すからである」。これはタナイームの次の議論も同様である。ラビ・エリエゼルは言う。「その手で食べるからである」。ラビ・ヨシュアは言う。「その手で書くからである」。ラビ・アキバは言う。「その手でトーラーのテアミームを示すからである」。

ラビ・タンフーム・バル・ハニライが言った。「誰であれ、トイレで謙虚な者は三つのものから救われる。蛇、サソリ、そして邪悪な霊である」。ある者は言う。「彼の夢さえも（邪悪な霊に）妨害されない」。

ティベリアでのあるトイレの話。そこに二人で入ると、昼間であっても、（邪悪な霊により）危害がもたらされるという。しかし、ラビ・アミとラビ・アシがそこに、一人一人で入ると、危害がもたらされなかった。ラビたちは彼らに言った。「怖くなかったのか」。彼らは答えた。「私たちには、ある伝統がある。トイレに関する伝統は、謙虚と沈黙である。苦しみについての伝統は、沈黙と慈悲への祈りである」。

前述のラビ・アキバの殉教の描写のすぐ後に、トイレでの振る舞い方、東西南北、どちらに向くかと話題が転じられる。共通するのは、共にラビ・アキバが関係しているという点である。殉教という壮絶なシーンを描写しながら、ラビ・アキバ繋がりで、トイレの話になってしまう。このあたりの、空気を読まないタルムード的思考が面白い。トイレの仕方を巡って、さらには、自分の師の一挙一動を吸収することがラビたちの学びであったことを教えてくれる。

トイレの話が続くが、その最後に、トイレで謙虚な者について語られる。たしかに、トイレの中でも謙虚な人間でいることは難しいのではないか。トイレの中では、ついつい様々な本音、素の自分が出てしまうものではないか、と考えると、大部分、どうでもいいようなことを議論しながら、キラッと意味深い教えが埋め込まれている。それが一つにはタルムードの魅力である。

さらに、最後に、苦しみについての伝統がある。ここでは、明示されていないが、この一連のトイレの話が、ラビ・アキバを軸にして連想し、展開されていることを考えると、アキバの殉教の場面が無意識に響いているのではないか。そうだとするなら、この苦しみにおいての伝承が沈黙と祈りというのは、ラビ・アキバの最期のシーンに繋がる。アキバは、慈しみの祈りではないが、死を静かに受け止め、少なくとも祈りの中枢であるシェマァ・イスラエルを唱えた。その姿がここでまた借景のごとく、浮かび上がってくる。苦しみに対して、沈黙と祈りをもって立ち向かうこと、これもまた意味深い教えではないだろうか。

神秘主義の系譜　パルデスに入った四人のラビ

バビロニア・タルムード、ハギガー篇一四b

我々は、バライタで学んだ。四人がパルデス（果樹園）に入った。彼らは、ベン・アザイ、ベン・ゾマ、アヘル(「別の者」、エリシャ・ベン・アブーヤのこと)、ラビ・アキバであった。彼らにラビ・アキバが言った。「あなたがたが、清さがあるという石に到達しても、水、水、と言わないように。というのは、次のように書かれているからだ。『わたしの家においては、人を欺く者を座に着かせず、偽って語る者をわたしの目の前には立たせません』(詩篇一〇一・七)」。

ベン・アザイは見て、死んだ。それについては、「主の慈しみに生きる人の死は主の目に値高い」(詩篇一一六・一五)と書かれている。ベン・ゾマは見て、怪我をした。それについては、「蜂蜜を見つけたら欲しいだけ食べるがよい。しかし、食べ過ぎて吐き出すことにならぬように」(箴言二五・一六)と書かれている。別の者は、果樹園の若芽を切り刻んだ(つまり、異教へと走った)。ラビ・アキバは、安全に出た。

ユダヤ神秘主義の潮流として「カバラー」という単語を耳にすることがあるかもしれない。「神秘主義」は通常、主流から外れた秘密主義的な思想のイメージがあるが、カバラーとは、そもそも伝統という意味である。つまりユダヤ教の神秘主義であるカバラーは、伝統のラビ・ユダヤ教文献に精通して初めて足を踏み入れることができる世界である。ラビ・ユダヤ教の真髄であるバビロニア・タルムードの中に神秘主義の源泉となる伝承がある。

四人の著名なラビたちが、パルデス(果樹園)——ひいては、パラダイスをも暗示するが——の中に入ったところ、ラビ・アキバ以外は、命を失ったり、怪我をしたり、道を外れることになった。何を見たのかはわからない。しかし、神秘主義的体験がいかに危険か、そして、最もラビとして名を成したラビ・アキバだけが正常にいられたということを暗示している。ラビ・ユダヤ教に精通して初めて到達できる世界であることを示している。

中世ユダヤ思想家のテキスト

ミシュナ、ミドラシュのラビ・ユダヤ教文献に読み慣れると、中世以降のユダヤ哲学者と総称される人物の著作は逆に新鮮に思える。一人称で語られ、曲がりなりにも一つのテーマで話が進んでいくという、我々にとっては標準の語り方に出会うからである。その筆頭が、サァディア・ガオンの『信念と知識の書』である。

サァディア・ガオン

『信念と知識の書』第一章

さて、いまや、私は、次のような予備的考察を完全に明らかにしたからには、私は、我々の主――彼が高められんことを――が、全てのものを創造されたこと、そして彼がそれらを無から創造されたことを私たちに明らかにしてくれたと言おう。それゆえ、聖典には次のように、「初めに神は天と地を創造された」（創世記一・一）と書かれている。また、「私は主、万物の造り主、自ら天を延べ、独り地を踏み広げた」（イザヤ書四四・二四）とも言われている。それ以外にも、これは、彼によって、奇跡と驚異によって実証されており、私たちはそれを真理と受け取った。

次に、このことが果たして、預言によって実証されたように、理性によって支持されるかを検証した。そして、これがたくさんの方法によって支持されることを発見した。その中でも、私は以下の四つの証拠を挙げよう。

最初は、有限性からである。つまり、天も地も共に有限なるものである。なぜなら、地は宇宙の中心であり、天はその周りを周回している。それゆえ、必然的に次のようになる。それらの中に帰属する力は有限である。というのは、有限の本体に無限の力が宿ることは不可能だからである。そのような可能性は、知られたところ全てから否定されているからだ。さあ、これら二つを維持している力が有限であるから、それらは必然的に最初と終わりがあることになる。

この証拠を私が思いついた後で、暇なときに私は検証した。私はそれを急いで公式化することなく、まず実証した。私は自問した。「おそらく、地はその長さ、高さ、深さにおいて無限かもしれない」。しかし、続いて私は言った。「もし、そうならば、太陽は地を覆うことはできず、地の周りを毎日毎晩一度、そしてきまった場所から何度も上り、きまった場所に沈むという、周回を終えることはできない。それは、また月や、残りの星についても同様である」。

そして、自問した。「それならば、無限なのは天なのか？　しかしながら、気づいた。その全体で動き、地の周りを永遠に周回しているのに、そんなことが可能であろうか」。私たちに隣接する部分だけが周回し、残りの部分があまりに大きすぎて周回できないということは考えられないからである。というのも、私たちが天という術語で理解しているものは、この周回しているものだけだからである。それ以上のものについての考えもないし、ましてや、私たちが天と信じているが周回しないと主張できるものについては言わずもがなである。

続いて私は自分の考察を深めて、自問した。「しかし、もしかするとたくさんの地と天があるのかもしれない。そして、それぞれ、その自身の地を覆い尽くす天があるのかもしれない。そうすれば、世界の数は無限になるのではないか」。しかしながら、認識した。それは自然の見地から不可能であることを。というのも、自然に従えば、地の要素が火の要素の上位にあることも、空気の要素が水の要素の下にあることも許されないからである。というのは、火も空気も軽いのに対し、地と水は共に重いからである。事実、私たちの地のこの外側に、塵の汚れがあるならば、それは、空気と火の層全体を通過して、この地上の塵に到達するはずであったことを知っているからだ。同様に、我々のこれらの海の外に、水が集められたならば、それは、空気と火の層を切り裂いて、これらの水の本体に到達したであろう。

それゆえ、私は、揺るぎない結論に到達した。私たちの天と地以外にないのであり、またこの地以外の地はないということを。そして、この天は有限で、この地も有限であるということを。こうした天が有限であるということは、その中に宿る力も有限であるはずであり、それが止む境界に達するということである。また、その力が止んだあとは、こうした天は存続し続けることはできないし、それが存在する以前に、天が存在できるはずはない。

天地を神が創造されたと聖典に書かれていることが、理性によって証明されるかを考察している。そして、一つのステップとして、創造された天地は有限であること、つまりどこかの段階で始まりがあったということを証するために、段階を踏んで考察を深めている。タルムード学者でもあり、同時に様々な学問への造詣も深かったサァディア・ガオンであるが、一人称を用い、天地が無限かどうかという一貫した主題で論を進める点において、これまでのラビ・ユダヤ教の語り口とは異なる。まず、有限であることを証明するために、無限ではないことを証明する。第一に、地が計量的に無限ではないこと（無限であったら太陽は周回できない）、次に天が無限ではないこと（無限であったら地を周回できない）、数量的にも天が無限ではない（無限であったら、重量的に重い地の要素が軽い火の要素の上に来ることがありうるが、それは当時の科学の常識に反する）ということから、天地が無限であるということを否定している。

「私」が一つのテーマを掘り下げるという点で、通常の論考スタイルであるが、段階を踏みながら天地が無限ではないという可能性をしらみつぶしにしていく手法、そして、そもそも聖書の句を発端に、聖書に書かれていることを証明しようという姿勢、聖書の引用から始まること、そして、ともすれば、横道に逸れてしまいそうな独り言——暇なときに論証してみた——の下りなどは、何とか、自分をタルムード的思考法から脱却させようと努めている観が漂っている。また、一点の曇りもない天動説であることも、当時の認識を窺わせるものである。無からの創造というテーマは、結局、マイモニデス、特にスピノザが立証しようとしたテーマであり、その意味で、サァディア・ガオンの議論は時代を先取りしていたと言えるだろう。

マイモニデス

『ミシュネ・トーラー』「借用に関する法（ヒルホート・セヒルート）」一・一～二

四つのタイプの管理者にトーラーでは言及している。しかし、それらについては、三つの原則しか適用されない。四つのタイプの管理者とは、以下の通りである。無償の管理者、（無償の）借用者、有償の管理者、（有償の）借用者である。

それらに適用される三つの原則とは次の通りである。

無償の管理者の場合、（まず第一に）所有者から委託された物品が盗まれたり、消失したりした場合、そして言うまでもないことだが、（第二に）動物が死んだり、捕獲されたりするような管理者の能力を越える要因によって、その物品が損なわれた場合、（いずれの場合も）通常のやり方に従って管理したと誓いさえすれば、その管理者は免責となる。というのは次のように言われているからである。「人が銀あるいは物品の保管を隣人に託し、それが隣人の家から盗まれた場合、もしその盗人が見つかれば、盗人は二倍にして償わなければならない。もし、盗人が見つからない場合には、その家の主人が神の御もとに進み出て、自分は決して隣人の持ち物に手をかけなかったことを誓わなければならない（出エジプト記二二・六～七）。

無償の借用者の場合、（まず第一に）借用した物品が消失したり、盗まれたりした場合、（第二に）借用した動物が死んだり、傷ついたり、捕獲されたりするような借用者の能力を超える要因によってその物品が損なわれた場合、（いずれの場合も）その借用者は弁償しなければならない。というのは、次のように言われているからである。「人が隣人から家畜を借りて、それが傷つくか、死んだならば、所有者が一緒にいなかった時には必ず償わなければならない」（出エジプト記二二・一三）。

有償の管理者と（有償の）借用者については、一つの原則に従う。（まず第一に）有償で借用したり、有償で委託された物品が消失したり、盗まれたりした場合、彼らは弁償しなければならない。（第二に）動物が死んだり、傷ついたり、捕獲されたり、野生の動物によって引き裂かれたりするような管理者の能力を超える要因によって、その物品が損なわれた場合、誓いをしさえすれば、彼らは免責になる。というのは、次のように言われているからである。「人が隣人に、ろば、牛、羊、その他の家畜を預けたならば、それが死ぬか、傷つくか、奪われるかして、しかもそれを見た者がいない場合、自分は決して隣人の持ち物に手をかけなかった、と両者の間で主に誓いがなされねばならない」（出エジプト記二二・九〜一〇）。そして、次のように言われている。「ただし、彼のところから確かに盗まれた場合、所有者に償わなければならない」（出エジプト記二二・一一）。

要するに、無償の管理者はいずれの場合も誓うだけでよい。無償の借用者の場合には、いずれの場合にも弁償しなければならない。ただし、後で説明するように、借用の目的であったその労働の最中に動物が死んだ場合をのぞく。有償の管理者と有償の借用者は、物品が消失したり、盗まれたりした場合には、弁償しなければならない。しかし、自分の能力を超える要因によって物品が損なわれた場合には、誓いをするだけでよい。例えば、その動物が傷ついたり、捕獲されたり、死んだり、野生の動物によって引き裂かれたり、座礁した船中で失われたり、武装した盗賊に奪われたり、管理者の能力の及ばないようなその他の主要な出来事で失われた場合である。

上記ミシュナ、タルムードの議論を主題ごとに整理して無駄を省いたのがミシュネ・トーラーである。ミシュナの議論がタルムードにおいて、字面にひかれていかに主題とは関係のない方向に展開するかは、先にバビロニア・タルムード、シャバット篇二aで見た。様々な議論――主題についての議論、表現の問題を扱いながらその背後にある原理を探ろうとするメタ議論、様々なレベルの議論が混在し、様々な結論が絡み合ったタルムードの議論――を吟味し、本当に主題に関係する議論を抜き出した点で、ミシュネ・トーラーは画期的な書である。ここでは物品の管理という問題について、集中して論じている。これまでのミシュナ、タルムードの議論とは一線を画していることが窺える。

『迷える者への手引き』三・二四

試練の問題は非常に難しい。これはトーラーの最も難しいところだ。トーラーは六つの箇所でそれに言及している。それをこの章で明らかにしよう。試練の問題で人々の間で一般に受け入れられている考えは、次の通りである。試練とは、神が個人に対して、彼が罪を犯したことへの罰としてではなく、むしろ彼に対する褒美を増大させるために、あえて災難をもたらすことである。しかしながらこの見解は、トーラーでは明言されているわけではない。また、この見解が文字通りに表明されているのは、先ほどの六つの箇所の内の一箇所でしかない。この箇所の意味については、後で説明しよう。実はトーラーの原則は、この見解とは正反対である。それは、高められるかの方について、「真実の神で偽りなく」（申命記三二・四）と言われているように。

また、多くの賢者たちも、この見解に賛成はしていない。というのも、彼らは言っている。「罪のない死はない、過ちのない苦しみはない」（バビロニア・タルムード、シャバット篇五五a）。

そして、このラビの見解を、あらゆる知的な法の信奉者は当然信じるべきであり、神に不正義を帰するべきではない。それで、ザイード（ルベン）や誰であっても、自分は罪から無罪であり、完全であり、自分に起こったことには非はないと見なしてはならない。

しかし、トーラー（の六箇所）で言及されている試練から受ける印象は、ある個人やある民族の信仰や従順さの程度を神が知るためにこれらの試練がもたらされたということである。そして、これが、試練に関する大きな難点、特に、縛りの物語（アケダー、イサク供犠）についての難点である。それは、神とそこに関係する二人の個人にのみ示された。そして、アブラハムに、次のように言われている。「あなたが神を畏れる者であることが、今、分かったからだ」（創世記二二・一二）。また別の箇所でも言われている。「あなたたちの神、主はあなたたちを試し、心を尽くし、魂を尽くして、あなたたちの神、主を愛するかどうかを知ろうとされるからである」（申命記一三・四）。またこれとも同じである。「あなたの心にあること、すなわち御自分の戒めを守るかどうかを知ろうとされた」（申命記八・二）。

さあ、ここでこれらの問題を解いてみせよう。

トーラーで言及される全ての試練の意味と目的は、人々に、彼らが何をすべきか、彼らが何を信じるべきかを知らせるためである。したがって、ある行為を命じる試練の目的は、その個々の行為が完遂されることではなくて、後代の人々が真似るべき、従うべきモデルとなることである。それゆえ、「主を愛するかどうかを知ろうとする」という言説の真の意味は、神自身がそれを知りたいということではない。というのは、神は既に知っているからだ。そうではなくて、この意味は以下の言説のように理解しなくてはならない。「わたしがあなたたちを聖別する主であることを知るためのものである」（出エジプト記三一・一三）。つまり、人々が知るためである。

（中略）

そして、アケダーでのアブラハムについても、これは、トーラーの二つの重大な概念を有している。そのうちの第一は、神への愛と畏れの限界を我々に知らせることにある。というのは、この物語の中では、彼は財産や自分の生命の犠牲とは、比較にできないようなことをするように命じられている。事実、これは、この世で起こりうる最も常軌を逸した出来事である。このようなことは、人間の性質が想像できないことである。そして、ここには、子供をほしいという思いにあふれた不妊症の男がいる。大いなる財産を得ている。そして、彼の子孫が国民となることを願っている。望みを失ったのち、子供がもたらされて、どんなに自分の子供に関わったことであろうか、どんなに彼を愛しただろうか。しかし、彼がかの方を畏れるがゆえに、その命令を実行しようとする彼の愛ゆえに、彼は、この愛すべき小さな存在を諦め、彼に関する全ての望みを諦めたのである。そして、三日間の旅路の後に彼を屠ることに同意した。というのは、もし彼がその命令が下されるやいなや、それを直ちにすることを選んでいたなら、それは、ぼんやりした、困惑の中での行為であり、しっかりした反省の欠けた行為である。しかし、命令の数日後に行ったことによって、この行為が彼の命令、彼の愛、畏れに対する正しい理解と熟考によって行われたことになる。

イサク供犠に関して、神が試すことについてのマイモニデスの議論である。ここで特徴的なのは、この試練の目的が、本当に神が、アブラハムがその試練に立ち向かうかどうか試すことではなかったという指摘である。なぜなら、全知全能であるはずの神に分からないことがあるのかという疑問が生まれるからである。

神には全ての結果は分かっているはずなのに、何故試すのか。それは、それを知った後続の世代、そしてトーラーとして読んだ者たちが、アブラハムのような行為に続くモデルを示すためであるとマイモニデスは答えているように思う。聖書の物語の外に立った見方、物語の機能に着目した解釈は、それまでのラビ・ユダヤ教にはなかったのではないだろうか。その根底には、神に試練の予見ができないのか、アブラハムの信仰の程度が神には分からないのかという、鋭い疑問が発生したことにある。この疑問もそれまでの聖書解釈ではなかった斬新な発想である。その発想に答えているのがマイモニデスのこの解釈である。

アケダーの物語は、ユダヤ聖書解釈上きわめて重要な解釈である。アブラハムや神の立場ではなく、それを読む者への波及効果について考えていることは、聖書に対するアプローチの仕方のターニングポイントになる。

また、アブラハムが神の言葉の後、直ちに命令を実行に移したのではなく、三日の旅程の後であったことから、理性がはっきりしている状態で実行したことをアピールしているのも、マイモニデスの理性への傾倒が窺われる点である。

スピノザ

『エチカ』第一部「神に関して」

定義

一、「自己起因」ということで、わたしは、「本質が存在を含むもの」を意味する。もしくは、「性質が存在としてのみ知覚されるもの」を意味する。

二、ものはその種類に応じて有限と呼ばれる。それが同じ性質の別のもので限定されるときには。例えば、身体は有限と呼ばれる。というのは、我々はいつも別のより偉大な身体を思いつくからだ。同時に、思考は別の思考で制限される。しかし、身体は思考によって制限されないし、思考は身体によって制限はされない。

三、「実体」ということで、私は、「それ自体の中にあるもの」、そして、「それ自体を通して知覚されるもの」を意味する。言い換えれば、観念が他の観念とは独立して形成されるものである。

四、「属性」とは、「実体の本質を構成するものとして知性が認識するもの」を意味する。

五、「様式」とは、実体の修正（様式化）、あるいは、それが存在しそれ自体とは別の形で知覚されるものである。

六、「神」とは、私は「絶対的に無限なもの」を意味する。つまり、実体が無限の属性から構成され、そのそれぞれが永遠と無限の本質性を表現しているものである。

説明：私は「絶対的に無限」と言い、「その種に応じて無限」とは言っていない。というのは、「その種に応じて無限」に過ぎないものは、無限の属性は否定されるからだ。しかし、絶対的に無限のものは、その本質に何であれリアリティを表明するものがあり、否定はないからである。

ミシュナの時代からみるとついにここまできたかと思わせる記述のスタイルである。数学の証明のプロセスを呈している。既に、何の引用も聖書からはなされない。神が無限であるということは、サァディア・ガオンも主張しているが、サァディア・ガオンは、しばしば脱線しそうな論の流れを懸命に引き戻している観があったが、スピノザになると、完全に抽象の中で議論が展開している。

第六章　ピユートの世界

ピユートとは

日本においては、まだユダヤ教の理解自体が進んでいるとは言えないが、そのユダヤ教において生みだされてきた様々なジャンルの文献の中でも、ピユート（典礼詩）と呼ばれるテクストについては、ほぼ全くと言っていいほど知られていないのではないだろうか。本書の最後となるこの第六章では、ピユートの豊かで興味深い世界について紹介したいと思う。

そもそもピユートという名称であるが、これはギリシア語「ポイエテース」からの借用語である。少し奇妙なのは、シナゴーグでのユダヤ教の祈りにおいて詠まれた典礼詩という、極めてユダヤ教の内部的な活動のことを、なぜ外来語で呼ぶ必要があったのかという点である。おそらくは、もともとはラビたちが、ある種の蔑称として付けた呼び名であり、ピユート詩人（パイタン）自身は、自分たちの詩のことを「ピユート」と呼ぶことは決してなかったのである。

特に古代末期から中世にかけてのパレスティナにおいて、精力的に創作されてきたピユートであるが、中世以降は、難解で古臭い詩として、ユダヤ教徒の間ではあまり評価されてこなかったという側面もある。伝統的なピユートは、言語的には、言葉遊びや造語を多用した極めて難解な文体で書かれており、内容的にも、ラビ文献の聖書解釈の中から様々な言説を集めて、それを詩の中で省略した形で暗示するという、一種の謎解きのような特徴もある。そのため、ピユートは、ユダヤ教の古き悪しき伝統の代名詞のように考えられることもしばしばであった。六世紀パレスティナで活動し、最も有名なピユート詩人といえる（少なくとも、十九世紀末のゲニザ文書の発見までは）、エルアザル・ビラビ・カリールが、プリムの祭りの直前の安息日のために書いた詩の最初の部分を見てみよう。ヘブライ語の音の響きを感じてもらうために、最初に仮名文字への転写を載せる。

アツ・コツェツ・ベン・コツェツ
ケツツァイ・レカツェツ
ベディブール・メフォツェツ
レツツァイ・レラツェツ

おそらく、現代のイスラエル人であっても、この詩を初めて耳にしてその意味を理解できる人はいないのではないか。たった四行の中で「ツ」の音が十五回も出てくるし、内容も、タルムードやミドラシュといったラビ文献に精通していなければ理解できないようなものである。このような難解で謎だらけの言葉で詩人が伝えたかったことは、結局以下の通りである。

悪人の子である悪人（＝ハマン）は急いだ。
虐げられている者たち（＝ユダヤ人）を虐げるために。
衝撃的な言葉（＝中傷）によって、
打ちのめされている者たち（＝ユダヤ人）を打ちのめすために。

このようなピユートの文体は、啓蒙主義の影響を受けた近代ユダヤ人にとっては、古臭く形骸化したユダヤ教それ自体を体現するものとして見られていた。例えば、十九世紀のイディッシュ語作家メンデレ・モイヘル・スフォリムは、『物乞いたちの書』において、タルムード学者たちのことを、「ミトアツコツェツィーム（訳のわからない議論をしている者たち）」という造語を使って表現している。これは、ヘブライ語の動詞の再帰形であるヒトパエル態に、ピユート詩人カリールの「アツ・コツェツ（悪人が来た）」という表現を、あたかも語根であるかのように挿入し、活用させたものである。このメンデレの造語自体は、カリール本人もびっくりするような、大胆で面白い造語であるが、もちろんメンデレは、古臭いピユートやそれが象徴するユダヤ教への風刺としてこのようなことをしたのである。

このように、単なる言葉遊びに過ぎないとして、研究者の間でもまともに研究の対象とはならなかったピユートであるが、十九世紀末のカイロ・ゲニザ文書の「発見」（あくまでも西洋世界にとっての）を契機にして、徐々に研究者の注目を集めるようになってきた。実は、この難解で謎だらけの詩文テクストの精読を通して、その時代やその地域におけるユダヤ人の典礼の慣習、彼らが使っていたアラム語やヘブライ語といった言語の特徴、彼らが引用しているミドラシュやタルムードといった古代末期のラビ文献、彼らが学んでいた中世の哲学や思想、そして彼らが生きていた時代や地域の政治的、文化的背景、といった様々な事柄を我々は学ぶことができるのだ。

ピユートの定義と学派

まずは、ピユートとは何か、定義をしておこう。中世ヘブライ文学の基本的な形式は「詩」である。そしてその詩の中でも、シナゴーグにおける礼拝という枠組みの中で詠まれたのが「典礼詩」であり、それ以外のありとあらゆる日常的な場面で詠まれたのが「世俗詩」である。ユダヤ教の伝統では、前者はシーラット・コデッシュ（神聖詩）、後者はシーラット・ホール（世俗詩）と呼ばれている。ただし、ここで注意しなければならないのは、現在、学問の世界で用いられている区分は、あくまでも詩が詠まれる枠組みによるものであり、必ずしも詩の内容によるものではないという点だ。例えば、シナゴーグでの礼拝とは無関係に詠まれた「世俗詩」において、詩人の極めて宗教的な感情が豊かに表現されることもあれば、基本的には、毎週決まったシナゴーグでのトーラー朗読の箇所（パラシャー）の内容に従って詠われた「典礼詩」においては、時には宗教的感情とはほど遠いように見える、日常生活に関する様々な法規を巡る無味乾燥な議論が延々と詠われることもある。以上が、中世ヘブライ詩の二大ジャンルの定義であるが、ピユートという名称は、典礼詩のもう一つの別名なのである。

四～五世紀に始まり十一～十二世紀に至るまで、パレスティナ（後にはバビロニアも）を中心に活動した中世ヘブライ文学の「東方学派」は、ごくわずかな例外を除いて、基本的には典礼詩（ピユート）のみを生み出してきた。一方、十世紀のアル・アンダルス（イスラーム統治下のイベリア半島）で、当時絶大な影響力を誇っていたアラブ文学を模範とすることで興り、シュムエル・ハナギード、シュロモ・イブン・ガビロール、モシェ・イブン・エズラ、イェフダ・ハレヴィといった著名な詩人たちを生み出した中世ヘブライ文学の「西方学派」においては、これまでの伝統的な典礼詩に加えて、ユダヤ文化史上初めて世俗詩も盛んに創作されることとなった。さらに、この時期のヘブライ文学においては、アラブ文学におけるマカーマートというジャンルの影響を受けて、基本的には韻を踏んだ散文で書かれ、ところどころに詩が挿入されるという、全く新しい物語形式の第三の文学ジャンルも生まれた。

近代までのユダヤ社会において最も有名で評価されてきた詩文ジャンルは、中世ユダヤの黄金時代において生み出されたスペインの世俗詩であり、これらの詩は、詩人たちの世俗詩集（ディワーン）の形で広くユダヤ民衆に知られ、馴染みのあるテクストであった。一方ピユートに関しては、ごく一部のテクストが、スィドゥール（通年の祈禱書）やマハゾール（主要な祭日の祈禱書）といった、様々な時代や地域のシナゴーグにおける祈禱書の中に収められ、その詩人の名前さえも知られぬまま、礼拝の際に詠まれてきたに過ぎなかった。ところが、一八九六年、その一部の写本が英国ケンブリッジ大学のシェヒター博士のもとに持ち込まれたことに端を発するカイロ・ゲニザ文書の発見によって、この膨大な数に上るゲニザ文書の内、実に四割ほどが祈りやピユートの類のテクストであること、そしてこのピユートの世界は、これまで誰も思いもよらなかったほどに豊かで奥深いものであることが、徐々に明らかになっていったのだ。

現時点では、ピユート詩文は、日本語訳ではもちろんのこと、英語訳でさえも読めるものはあまりないと言ってよい。では、原語であるヘブライ語ではどうかと言うと、校訂版が出版されているピユート詩文は、実は全体の一部にとどまっており、その他多くのテクストは、いまだゲニザ文書といった中世の写本の中に眠ったままである。そこで、本章では、これまでの章で扱われたテーマや人物を振り返りながら、それらに関連する興味深いピユート詩文のいくつかを、場合によってはゲニザ写本から直接解読をすることにより、和訳の形で紹介したいと思う。

古代末期から中世にかけて様々なジャンルのピユートが創作されたが、詩人たちが最も力を注いだのが、安息日のためのピユートである。毎週の安息日ごとに、彼らは自分が所属するシナゴーグでの礼拝のために、その安息日にふさわしい新しいピユート集（様々な種類のピユートから構成される一セットの作品）を準備したのであり、ここには創造性あふれる文化的活動があったのだ。この安息日のために（後の時代には祝祭日にも）書かれたピユート集の二大人気ジャンルが、クドゥシュタとヨツェルであった。実はピユートという詩文は、シナゴーグでの祈りの内容と切り離すことができないほど深く結びついているので、この二つのジャンルについて説明するには、まずはユダヤ教における祈りについて詳しく解説することがどうしても必要となる。少し込み入った話になるが、どうかついてきていただきたい。

ユダヤ教の祈り

ユダヤ教徒には、一日三度の祈りの義務がある。夕方の祈りをアラヴィット、朝の祈りをシャハリット、昼過ぎの祈りをミンハーと呼ぶ。さらに、安息日、祝祭日、新月といった特別な日には、第四の祈り（ムッサフ）をシャハリットの直後に加える。さらに、一年に一度、ヨム・キップール（大贖罪日）においては、第五の祈り（ネイラー）をミンハーの後、日没の前に加える。

ユダヤ教における祈りの基本は、祝福の祈り（ブラハー）である。これは、「主よ、～であるあなたはほむべきかな」という形式の短い句である。この祝福がいくつか集まったものが、ユダヤ教における祈りの中核ともいえる、アミダー（立禱）である。これは起立して祈ることから、このような名で呼ばれる。アミダーは通常、十八の祝福から構成されていることから、通称シュモネ・エスレ（十八）とも呼ばれる。実は、本来はこのように十八の祝福だったのが、後代になってもう一つ祝福が加わったことにより、現在では合計十九の祝福となっている。しかし、依然としてシュモネ・エスレという呼び名は使われ続けている。

アミダー

十八の祝福からなるアミダーは、第一部、第二部、第三部と大きく三つのグループに分けることができる。

神への賛美を表明する第一部は、三つの祝福からなっている。これらの祝福は、その重要性ゆえに、特別に名前が付けられている。第一祝福はアヴォット（父祖たち）であり、これは祝福の最後の「アブラハムの盾」という言葉に由来する。第二祝福はグヴロート（力）であり、これは祝福の最後の「死者を生き返らせるお方」という言葉に由来する。第三祝福はクドゥシャット・ハシェム（御名の神聖さ）であり、祝福の最後の「神聖なる神」あるいは「神聖なる王」という言葉に由来する。

神のイスラエルに対する慈悲についての第三部も同様に、三つの祝福からなっている。第十六祝福はハ・アヴォダー（神への仕え）であり、祝福の最後の「シュヒナーをシオンにお返しになるお方」あるいは「我々はあなたを恐れ、あなたにお仕えする」という言葉に由来する。第十七祝福はハ・ホダアー（感謝）であり、祝福の最後の「あなたの名はよい、我々はあなたに喜んで感謝する」あるいは「よき方、我々はあなたに喜んで感謝する」という言葉に由来する。第十八祝福はハ・シャローム（平和）あるいはハ・コハニーム（祭司たち）であり、祝福の最後の「彼の民、イスラエルを、平和のうちに祝福するお方」あるいは「平和をなされるお方」という言葉に由来する。

ここまでは、あらゆるアミダーに共通する部分である。平日のアミダーにおいては、第一部と第三部の間に、第二部として十二（現在では十三）の祝福が挿入され、合計十八（十九）となる。この第二部の祝福の内容は、日常生活に関する様々な事柄における神への懇願である。一方、安息日や祝祭日においては、この第二部の祝福の内容はふさわしくないということで、これら十二の祝福の代わりに、たった一つの特別な祝福（クドゥシャット・ハヨム「本日の神聖さ」）を唱える。よって、安息日と祝祭日のアミダーは、合計七つの祝福から構成されることになる。

クリアット・シェマァ

アミダーと並んで、ユダヤ教で義務とされている祈りのもう一つの中核がクリアット・シェマァ（シェマァを唱えること）であり、一日に二回、夕方の祈り（アラヴィット）と朝の祈り（シャハリット）において行われる。これは、トーラーの中から三つの短い箇所を朗読することである。すなわち、一、申命記六・四〜六・九「聞け、イスラエルよ（シェマァ・イスラエル）。我らの神、主は唯一の主である。……」。二、申命記一一・一三〜一一・二一「もし、あなたがたが命令によく聞きしたがって（シャモア・ティシュメウー）、……」。三、民数記一五・三七〜一五・四一「主はモーセに仰せられた。『イスラエル人に告げて、……』」。つまり、クリアット・シェマァとは、神の唯一性について（第一聖句）、褒美と罰について（第二聖句）、房に関する戒律（に代表される、トーラーのあらゆる戒律）について（第三聖句）の学びの役割がある。

さらに、このクリアット・シェマァの前後に、祝福が付け加えられる。夕方の祈り（アラヴィット）においては、クリアット・シェマァを唱える前に言われる第一祝福が「夕方をもたらすお方」、第二祝福が「彼の民、イスラエルを愛する（オヘヴ）お方」（アハヴァー（愛）の祝福とも呼ばれる）であり、クリアット・シェマァを唱えた後に言われる第一祝福が「イスラエルをお救いになった（ガアル）」（ゲウラー「救済」の祝福とも呼ばれる）であり、第二祝福が「彼の民、イスラエルを永遠に守るお方」である。一方、朝の祈り（シャハリット）においては、クリアット・シェマァの前の第一祝福が「光るものを創造される（ヨツェル）お方」（ヨツェル「創造主」の祝福とも呼ばれる）、第二祝福が「彼の民、イスラエルを愛でもって選ばれたお方」（アハヴァー）であり、クリアット・シェマァの後には祝福は一つだけで、「イスラエルをお救いになった」（ゲウラー）である。

さらに、夕方の祈りと朝の祈りにおいて、クリアット・シェマァの後に来る祝福「イスラエルをお救いになった」（これは、夕方の祈りにおいては二つの祝福の中の一番目であり、朝の祈りにおいては唯一の祝福である）を唱える際には、出エジプト記の中の「海の歌」として知られている箇所から二つの聖句を言うことになっている。第一聖句は「主よ。神々のうち、誰があなたのような方があるでしょうか（ミ・カモーハ）。誰があなたのように（ミ・カモーハ）、聖であって力強く、たたえつつ恐れられ、奇しいわざを行うことができましょうか」（出エジプト記一五・一一）で、第二聖句は「主はとこしえまでも統べ治められる」（出エジプト記一五・一八）である。以上が、クリアット・シェマァとそれに付随する祝福および聖句である。クリアット・シェマァを唱え終えると、すぐにアミダーに移る。

クドゥシャー

ユダヤ教典礼の二つの中核であるアミダーとクリアット・シェマァに関して、さらに、特別に「クドゥシャー」と呼ばれる句について説明しなければならない。これは、古代末期のユダヤ神秘主義の伝統の中で読まれていた句であり、メルカヴァー（神の戦車）に関する秘密をテーマとし、主の前で賛美の歌を歌う天使たちの様子を描いたものである。すなわち、「聖なる、聖なる、聖なる（カドッシュ、カドッシュ、カドッシュ）、万軍の主よ。その栄光は全地に満つ」（イザヤ書六・三）と「御住まいの主の栄光はほむべきかな」（エゼキエル書三・一二）の二つの句がクドゥシャーである。

クリアット・シェマァに関しては、パレスティナの伝統によれば、安息日と祝祭日の朝の祈り（シャハリット）においてのみ、クリアット・シェマァの前の第一祝福「光るものを創造される（ヨツェル）お方」の中に、このクドゥシャーの二つの句が挿入される。これを特に、クドゥシャット・ハヨツェル（ヨツェルのクドゥシャー）と呼ぶ。一方、アミダーに関しては、パレスティナの伝統によると、安息日、祝祭日、新月、その他の特別な日の朝の祈りにおいてのみ、その第三祝福クドゥシャット・ハシェム（御名の神聖さ）の中にクドゥシャーが挿入される（ただし、新年にはシャハリットに加えて、ムッサフの祈りにおいても、さらにヨム・キップールにはシャハリット、ムッサフ、ミンハー、ネイラーの四つの祈りにおいても、アミダーにクドゥシャーが挿入された）。これを特に、クドゥシャット・ハアミダー（アミダーのクドゥシャー）と呼ぶ。

このクドゥシャーを唱えることによって、シナゴーグで礼拝しているユダヤの民は、神を賛美する天使たちと自分たちを同一視することになるのであり、シナゴーグにおける祈りの最大のクライマックスと言える。さらにアミダーにおいては、このクドゥシャーから第三祝福クドゥシャット・ハシェム自体への橋渡し的な役割を持つ、第三の句が挿入される。すなわち、「主は、とこしえまでも統べ治められます。シオンよ、あなたの神は代々にいます。ハレルヤ」（詩篇一四六・一〇）である。さらに、パレスティナのユダヤ人の典礼伝統に限っては、クリアット・シェマァの一部の句が、アミダーのこの箇所において、第四、第五の句として挿入される。すなわち、クリアット・シェマァの最初の句「聞け、イスラエルよ。我らの神、主は唯一の主である」（申命記六・四）と最後の句「わたしは、あなた方の神、主である」（民数記一五・四一）である。

トーラー朗読

ピユートを理解するためには、アミダーとクリアット・シェマァに加えて、祈りにおいて重要なもう一つの活動を理解する必要がある。それは、今でも安息日ごとに行われている聖書朗読であり、朝の祈りにおけるアミダーの後に行われる。その中心となるのが、トーラー（モーセ五書）の朗読である。創世記から申命記までの五書を細かく分けて（パラシャー）、安息日毎に朗読していき、ちょうど一年間で読み終えるという、極めて厳密に計算されたシステムなのである。

実は、この一年周期のパラシャー方式は、バビロニアのユダヤ共同体起源のものであるが、古代末期のパレスティナにおいては、別の独自の方法が採られていた。そして、ピユート詩人たちも、初期に活動した者たちは、このパレスティナ方式に基づいてピユートを書いているのである。パレスティナ方式によれば、トーラーはもっとずっと細かく分けられ、それぞれの箇所は、パラシャーではなく、セデルと呼ばれる。このセデル方式は、読む箇所がかなり短いだけでなく、シナゴーグによって長さが違ったり、途中で朗読を中断したりと、かなり柔軟な方式であった。共同体によって、一五四、一五五、一六七のセデルに分けて朗読したことが知られており、大体三年半の周期で読み終えていたことになる。

さらに、トーラー朗読の後に読まれたのが、ハフタラーである。これは、トーラー朗読の箇所（セデルあるいはパラシャー）に関連する内容を持つ部分を、預言書の中から読む習慣である。ちなみに、今ではもう失われてしまったパレスティナ方式であるが、特に、それぞれのセデルに合わせて読まれたハフタラーについては、依然として不明の場合が多い。後述するように、ピユート詩人はハフタラーの箇所も詩の中で扱っているので、当時のパレスティナにおけるトーラーと預言書朗読の習慣を明らかにするうえでも、ピユートのテクストは重要なのである。

以上の説明から分かるように、安息日ごとにピユートを書いた詩人たちは（特に朝の祈りにおいては）、三つのテーマ、すなわち、一、祈りにおける祝福の種類、二、トーラー朗読の箇所、三、預言書朗読の箇所を同時に扱う必要があり、それらをいかにうまく関連付けるかが、詩人の腕の見せ所だったのである。

クドゥシュタ

アミダー（シュモネ・エスレ）の祈りを飾るために書かれたピユートを、クロヴァーと呼ぶ。最も単純な形としては、十八連から構成される詩であり、それぞれの連が祝福を一つずつ扱うというものである（クロヴァット・シュモネ・エスレと呼ばれる）。しかし、実際に盛んに創作されたのは、安息日と祝祭日におけるアミダー、つまり中間にある十二の祝福の代わりに特別な一つの祝福（クドゥシャット・ハヨム「本日の神聖さ」）を挿入した、合計七つの祝福を飾るために書かれたピユートである。ここでも、単純な形としては、七連が七つの祝福を扱うというものもあるが（シヴアタ（シェヴァ＝七）と呼ばれる）、安息日や祝祭日の中でも、クドゥシャーの句が挿入された朝の祈りのアミダーに関しては、極めて独特の形のピユートが書かれた。クドゥシャーの句にちなんで、これを特にクドゥシュタと呼ぶ。もちろん、クドゥシュタは、アミダーを飾るピユートと定義されるクロヴァーの中の、様々なヴァリエーションの一つにすぎないのだが、ユダヤ教の典礼伝統においてあまりにも有名なために、クドゥシュタという独自のジャンルとして扱われている。

クドゥシュタは、一つの単体のピユートではなく、複数の異なった形式や内容で書かれた詩が集められてできた、長編のピユート集のようなものである。では、その構造を見ていこう。

クドゥシュタの構成

本来、クドゥシュタは、安息日や祝祭日における七つの祝福を飾るはずであったが（シヴアタのように）、実際には極めて奇妙な構造になっている。第一祝福アヴォット（父祖たち）、第二祝福グヴロート（力）を飾った後、第三祝福クドゥシャット・ハシェム（御名の神聖さ）の中に挿入されたアミダーのクドゥシャー（パレスティナの伝統では合計五つの句からなる）に近づくにつれて、クドゥシュタは膨張に膨張を重ね、様々なタイプの詩が次から次へと挿入される。先述の通り、このアミダーのクドゥシャーを唱えることは、シナゴーグにおける祈りのクライマックスであるので、最大限の敬意が払われた結果であろう。そして、無事アミダーのクドゥシャーに辿り着くと、もう詩人（そして聴衆である礼拝者たちも）の力は尽きてしまったのであろうか、ここでクドゥシュタ自体は終わってしまう。詩人は、第三祝福の最後の言葉「神聖なる神」を飾ることをせず、その後の四つの祝福、すなわち、第四祝福クドゥシャット・ハヨム（本日の神聖さ）、第五祝福ハ・アヴォダー（神への仕え）、第六祝福ハ・ホダアー（感謝）、第七祝福ハ・シャローム（平和）に関しても、ピユートで飾ることはない。これらの祝福は、ピユートなしの簡素な基本形で唱えられることになる。

クドゥシュタがなぜこのような構造になったのかは、ピユート研究における大きな謎であるが、いずれにせよ、このクドゥシュタこそが、古代末期のパレスティナにおいて詩人たちに最も好まれたピユートのジャンルであることは疑いない。

では、具体的にクドゥシュタの構造を説明しよう。クドゥシュタは通常、八種類のピユートからなるピユート集である。

第一ピユートはマゲンと呼ばれる。この名は、第一祝福の最後の言葉「アブラハムの盾（マゲン）」から付けられた名前である。その構造はというと、本体部分は三つの連からなり、その後、聖句が連続して引用され、最後に、結びの連が一つ挿入され、アミダーの第一の祝福「主よ、アブラハムの盾であるあなたはほむべきかな」で終わる。ここで注目したいのは、聖句の連続において、その最初の句は、その日のトーラー朗読の箇所（セデルあるいはパラシャー）の一句目が引用されていることである。

次に、第二ピユートはメハイェと呼ばれる。この名は、第二祝福の最後の言葉「死者を生き返らせる（メハイェ）お方」に基づいている。このメハイェの構造は、マゲンと全く同じであり、本体（三連）、聖句の連続、結び（一連）となっている。聖句の連続の最初に、その日のトーラー朗読の箇所の二句目が引用されており、アミダーの第二の祝福「主よ、死者を生き返らせるあなたはほむべきかな」で終わる。

その後の第三ピユートはメシャレシュ（三番目）と呼ばれる。本来ならば、このメシャレシュは、第三祝福であるクドゥシャット・ハシェム（御名の神聖さ）を飾るべきものであり、マゲンやメハイェと同じ構造であったはずであるが、実はここから、第三祝福の中に挿入されたアミダーのクドゥシャーに向けての大きな膨張が始まるので、若干奇妙な構造になっている。メシャレシュは、本体と聖句の連続だけで構成されており、祝福への橋渡し的な役割である結びの連が欠けているのだ。また、聖句の連続の最初には、預言書からハフタラーの一句目が引用されている。

ここから先は、アミダーのクドゥシャーに向けて、様々なタイプのピユートが次から次へと挿入される。一般的なクドゥシュタにおいては、第三ピユートであるメシャレシュの後、第四ピユート、第五ピユート、第六ピユート、第七ピユート（しばしば、ラヒート「素早く詠む詩」と呼ばれる）、第八ピユート（スィルーク「結び」と呼ばれる）と続く。この最終詩スィルークは常に、「互いに呼び交わして言っていた。『聖なる、聖なる、聖なる、万軍の主よ。その栄光は全地に満つ』」（イザヤ書六・三）の聖句の引用で終わるが、これそこが、アミダーのクドゥシャーの最初の句である。

では、六世紀にパレスティナで活動したと思われるヤナイという有名な詩人が、パレスティナ方式のトーラー朗読による、申命記六・四から始まる箇所（セデル）のために書いたクドゥシュタの中から、第一ピユートから第三ピユートまでを和訳で読んでみたい。

ヤナイ、申命記六・四のセデルのためのクドゥシュタ

［第一ピユート　マゲン］

あなたは一つです。誰があなたを翻すことができましょうか。
あなたはあなたのみです。あなたと比べることのできるものなどいません。
あなたを王とした民（＝イスラエル）を、
あなたは、あなたの定住の場所（＝地）においてご自分に似せられました。

あなたは、彼らの唯一性をご自身の唯一性に似せられました。

そして、彼らの運命をご自身の運命に似せられました。

あなたは彼らに諭しました。恐れつつあなたに仕えるようにと。

そして、慄きつつあなたの（唯一性について）証言するようにと。


あなたは、学ぶ者たち（＝イスラエル）に意味（＝クリアット・シェマァ）を教えられました。（クリアット・シェマァ）によって、あたかも日々の生贄を捧げたかのように、常に（あなたを）喜ばせることができます。

あなたの王国の栄光を、皆一つになって（唱えています）。

あなたを唯一であると宣言することによって、自分たちも唯一になるために。


以下のように書かれている。「聞け、イスラエルよ。我らの神、主は唯一の主である」（申命記六・四）。

そして以下のように言われている。「聞け、わが民よ。私は、あなたをたしなめよう。イスラエルよ、よく私の言うことを聞け」（詩篇八一・九）。

そして以下のように言われている。「聞け、わが民よ。わたしは語ろう。イスラエルよ、わたしはあなたを戒めよう。私は神、あなたの神である」（詩篇五〇・七）。

そして以下のように言われている。「私たちはみな、ただひとりの父を持っているではないか。ただひとりの神が、私たちを創造したではないか。なぜ私たちは、互いに裏切り合い、私たちの先祖の契約を汚すのか」（マラキ書二・一〇）。

そして以下のように言われている。「私はくるみの木の庭へ下って行きました。谷の新緑を見るために。ぶどうの木が芽を出したか、ざくろの花が咲いたかを、見るために」（雅歌六・一一）。

そして以下のように言われている。「しかし、みこころは一つである。誰がそれを翻すことができようか。神はこころの欲するところを行われる」（ヨブ記二三・一三）。

そして以下のように言われている。「私は、私の愛する方のもの。あの方は私を恋い慕う」（雅歌七・一一）。

彼の愛は私たちに向けられ、
彼の接吻は私たちの口にある。
私たちの周りを囲む盾よ。

主よ、アブラハムの盾であるあなたはほむべきかな。

［第二ピユート　メハイェ］

愛は死のように非常に強い。
それは、燃え盛る火のようである。
ラハヴ（＝諸国）の水もそれを消すことはできない。
（神はその愛を）恐れをもって我々にお与えになった。

驚くべきことに、人の群れ（＝イスラエル）が、
あなたに抱くほどの愛は他にはありません。
ふさわしい聖なる場所（＝シナゴーグ）にて、あらゆる人の目の前で、
あなたを喜ばせるもの（＝クリアット・シェマァ）を唱えています。

傲慢な愛（＝諸国の学び）に携わる者に向かって、
愛らしい雌鹿（＝トーラー）に携わるように、あなたは言われました。
なぜならば、その炎は火の炎、
彼らがあなたに対して抱く愛の力だからです。

以下のように書かれている。「あなたは心を尽くし、魂を尽くし、力を尽くして、あなたの神、主を愛しなさい」（申命記六・五）。

そして以下のように言われている。「大水もその愛を消すことができません。洪水も押し流すことができません。もし、人が愛を得ようとして、自分の財産をことごとく与えても、ただのさげすみしか得ら

れません」（雅歌八・七）。

そして以下のように言われている。「『わたしはあなたがたを愛している』と主は仰せられる。あなたがたは言う。『どのように、あなたが私たちを愛されたのですか』と。『エサウはヤコブの兄ではなかったか。――主の御告げ。――わたしはヤコブを愛した』」（マラキ書一・二）。

そして以下のように言われている。「主は遠くから、私に現われた。『永遠の愛でもって、わたしはあなたを愛した。それゆえ、わたしはあなたに、誠実を尽くし続けた』」（エレミヤ書三一・二）。

そして以下のように言われている。「愛らしい雌鹿、いとしいかもしかよ。その乳房がいつもあなたを酔わせ、いつも彼女の愛に夢中になれ」（箴言五・一九）。

私は、常にあなたに向かって呼びかけます。
そして、ずっとあなたにお願いします。
あなたの力の露で、私を生き返らせてください。

主よ、死者を生き返らせるあなたはほむべきかな。

［第三ピユート　メシャレシュ］
あなたの名前の唯一性を唱える者たちによって、あなたの名前は唯一となります。
あなたの名前を呼ぶ者たちによって、あなたの名前は呼ばれます。

二つの神を（信仰する）王国を、一つ一つ根こそぎにしてください。

そしてあなたの王国を、一つの民（＝イスラエル）に返してください。


穏やかな人（＝ヤコブ）の息子らが心を一つにしていると、あなたが見る時、あなたに向かって言われるでしょう。「どの国民があなたの民のようでしょう」と。


ある日（＝終末）において、特別な救済について知られます。

そして、あなたは一つであり、あなたの名も一つであることが知られます。


以下のように書かれている。「主は地の全ての王となられる。その日には、主はただひとり、御名もただ一つとなる」（ゼカリヤ書一四・九）。

そして以下のように言われている。「相つどうて、神をほめたたえよ。イスラエルの泉から出た者よ。主をほめたたえよ」（詩篇六八・二七）。

そして以下のように言われている。「救いは主にあります。あなたの祝福があなたの民の上にありますように」（詩篇三・九）。

「あなたは神聖であられ、イスラエルの賛美を住まいとしておられます」（詩篇二二・四）。


六世紀の詩人ヤナイがこのクドゥシュタを書いた安息日におけるトーラー朗読の箇所（セデル）は申命記六・四で始まる部分であるが、これはもちろんクリアット・シェマァである。そこで、クリアット・シェマァを唱えることの重要性がこのピユート全体のテーマとなっている。また、その第一句における神の唯一性（第一ピユートのマゲン）や、第二句における神とイスラエルの愛（第二ピユートのメハイエ）も大きなテーマとなっている。さらに、このセデルに対応するハフタラーであるゼカリヤ書一四・九から始まる部分を基にして、神の王国と地上の諸国との関係性（第三ピユートのメシャレシュ）についても述べられている。

ヨツエル

特に、六～八世紀のパレスティナにおいてクドゥシュタは最も好まれたジャンルであったが、九～十一世紀のパレスティナ（およびバビロニア）においては、クドゥシュタに代わって新たなジャンル、ヨツエルが大人気となる。おそらく、クドゥシュタに代表される、アミダーを飾るというクロヴァーのジャンルは、既に初期の詩人たちによって書き尽くされたと感じたのであろう、後期の詩人たちは、まだあまりピユートが入り込んでいない、新しい領域を求めたのだ。

ヨツェルとは、朝の祈り（シャハリット）におけるクリアット・シェマァの前後の祝福とそこに含まれる聖句を飾るための詩である。このヨツェルの構造を理解するには、以下の五つの祝福や聖句が重要となってくる。一、クリアット・シェマァの前の第一祝福「光るものを創造されるお方」、二、その第二祝福「彼の民、イスラエルを愛でもって選ばれたお方」、三、クリアット・シェマァの後の祝福に含まれる第一聖句「主よ。神々のうち、誰があなたのような方があるでしょうか」、四、その祝福に含まれる第二聖句「主はとこしえまでも統べ治められる」、五、クリアット・シェマァの後の祝福「イスラエルをお救いになった」である。

ヨツェルの構成

ヨツェルは通常、七種類のピユートからなるピユート集である。

第一ピユートは、グフ・ハヨツェル（ヨツェル本体）と呼ばれる。クリアット・シェマァの前に来る第一祝福「光るものを創造される（ヨツェル）お方」には、決まった導入部分がある。それは、「主よ、われらが神よ、世界の王、光と闇を創造されるお方、平和をなし、全てを作り出されるお方、あなたはほむべきかな」である。第一ピユートであるグフ・ハヨツェルは、このオープニングの最後の部分から、ヨツェルのクドゥシャーの第一聖句「聖なる、聖なる、聖なる、万軍の主よ。その栄光は全地に満つ」（イザヤ書六・三）への橋渡しとして挿入される。この第一ピユートは、ヨツェル集全体の中で中心的なピユートであり、分量も最も多くなっている。また、グフ・ハヨツェルの各連においては、その安息日に朗読することになっているトーラーの箇所（パラシャー）の句が連続して引用されている。

第二ピユートは、オファンと呼ばれる。これは、ヨツェルのクドゥシャーの第一聖句から、その第二聖句「御住まいの主の栄光はほむべきかな」（エゼキエル書三・一二）への橋渡しとして挿入される。このピユートの名前「オファン」は、クリアット・シェマァの前に来る第一祝福の中に出てくる「オファニーム（車輪、ここでは天使）と聖なる獣」という表現から取られており、この第二ピユートでは常に天使がテーマとなっている。

第三ピユートは、メオラー（あるいはメオロート）と呼ばれる。クリアット・シェマァの前に来る第一祝福「光るもの（メオロート）を創造されるお方」への導入となっており、詩の最後には、第一祝福自体が来る。

同様に、第四ピユートは、アハヴァーと呼ばれる。クリアット・シェマァの前に来る第二祝福「彼の民、イスラエルを愛（アハヴァー）でもって選ばれたお方」への導入となっており、詩の最後には、第二祝福自体が来る。その後、クリアット・シェマァ自体が唱えられる。

第五ピユートは、ズラットあるいはエメットと呼ばれる。これは、古代末期の典礼伝統では、クリアット・シェマァ自体を唱えた後に、「本物で（エメット）、堅固である」や、「あなた以外に（ズラットハ）神はいない」といった決まり文句を付け加えていたが、それにちなんだ名前である。クリアット・シェマァ自体の結びの部分から、クリアット・シェマァの後に来る祝福「イスラエルをお救いになった」（ゲウラー）における第一聖句へ、つまり、「主よ。神々のうち、誰があなたのような方があるでしょうか……」（出エジプト記一五・一一）への橋渡しとして挿入される。この第五ピユートは、第一ピユートに次いで、規模の大きな詩となっている。またここでは、各連の最後にその安息日のトーラー朗読に対応するハフタラー（預言書からの朗読）の部分の句が連続して引用されている。

第六ピユートは、ミ・カモーハと呼ばれる。クリアット・シェマァの後の祝福（ゲウラー）における第一聖句「主よ。神々のうち、誰があなたのような方があるでしょうか（ミ・カモーハ）……」か

《ヨツェル詩の構成》

前の第一祝福（ヨツェル）
- 序
- 第一ピユート（グフ・ハヨツェル）
- クドゥシャーの第一句（イザヤ書6：3）
- 第二ピユート（オファン）
- クドゥシャーの第二句（エゼキエル書3：12）
- 第三ピユート（メオラー）
- 結び
- 第四ピユート（アハヴァー）

前の第二祝福（アハヴァー）
- 結び

クリアット・シェマァ
（申命記6：4-9、11：13-21、民数記15：37-41）

- 第五ピユート（ズラット）

後の祝福（ゲウラー）
- 第一句（出エジプト記15：11）
- 第六ピユート（ミ・カモーハ）
- 第二句（出エジプト記15：18）
- 第七ピユート（アドナイ・マルケイヌー）
- 結び

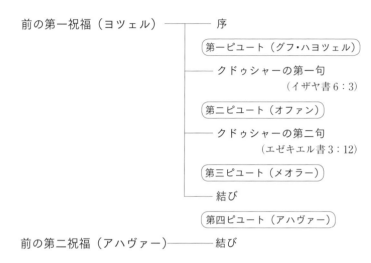

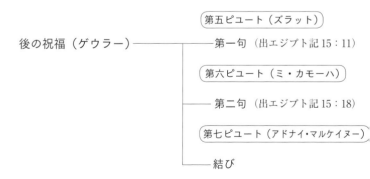

ら、その第二聖句「主はとこしえまでも統べ治められる」(出エジプト記一五・一八)への橋渡しとして挿入される。

第七ピユートは、アドナイ・マルケイヌーと呼ばれる。クリアット・シェマァの後の祝福における第二聖句「主(アドナイ)はとこしえまでも統べ治められる(イムロッフ)」から、クリアット・シェマァの後に来る祝福自体「イスラエルをお救いになった」(ゲウラー)への橋渡しとして挿入される。アドナイ・マルケイヌーとは「主は我々の王」と言う意味であるが、これは、第二聖句の「主は統べ治められる」からきている。そして詩の最後には、祝福自体が来る。

では、この複雑なヨツェル集を実際に味わってみよう。十~十一世紀にパレスティナで活動したシュムエル・ハシュリシという詩人によるピユートを読んでみたい。この詩人は、当時のパレスティナの学塾において、長であるガオンと第二位のアヴ・ベイト・ディーン(裁判所の長)に次いで、第三の地位(ハ・シュリシ)にまで上り詰めた人物でもある。

以下は、彼が「テツァヴェ」(出エジプト記二七・二〇~三〇・一〇)というトーラー朗読の箇所(パラシャー)のために書いたヨツェル集である。このパラシャーは、「あなたはイスラエル人に命じて(テツァヴェ)」(出エジプト記二七・二〇)という言葉で始まるので、このように呼ばれる。ちなみに、彼はパレスティナで活動したが、既にバビロニア学派の影響で、パレスティナ方式のセデルではなく、バビロニア方式のパラシャーによる分割方法を採用している。また、このパラシャー「テツァヴェ」に対応するハフタラーはエゼキエル書四三・一〇以降の箇所である。第三、第四、第六、第七ピユートは全文の和訳であるが、第一ピユートは計四部中一部、第二ピユートは計二部中一部、第五ピユートは計八連中二連のみの和訳となっている。

シュムエル・ハシュリシ、「テツァヴェ」のパラシャーのためのヨツェル

［第一ピユート　グフ・ハヨツェル］
光を衣のように着ているお方（＝神）は、闇の中から光を創造された。
（その後、神は）、親しい者たち（＝イスラエル）が燭台のともしびで照らされるために、使者（＝モーセ）を、そのことに関する担当者に任命された。
「あなたはイスラエル人に命じて、灯火用に上質の純粋なオリーブ油を持ってこさせなければならない」（出エジプト記二七・二〇）。

（水に浸かった）乾燥オリーブの油、胡麻油、ナッツ油、なたね油は無効である。義務となるのは、純粋なオリーブ油である。
西のともしびは絶えず灯ったままであり、その炎が上る。
「あかしの箱の前の垂れ幕の外側にある会見の天幕で、主の前にそのともしびをととのえなければならない」（出エジプト記二七・二一）。

仕える者（＝アロン）とその子らの内、一人のみがともしびを整えなければならない。木のかけらに

それを近づけてはならない。

また、ともしびを外で用意して、中に入れてはならない。ともしびとともしびの間の距離は半ログである。

「あなたは、あなたの兄弟のアロンとその子らを、あなたのそばに近づけよ」（出エジプト記二八・一）。

私が治める宮（＝神殿）で祭司として仕えるように、（アロン）と共に、彼らは任命されなければならない。

私の宮に入るために、（アロン）には八種類（の衣装）を、彼の子らには四種類（の衣装）を与えなければならない。

「彼らにアロンの衣装を作らせなければならない。彼を聖別し、わたしのために祭司の務めをさせるためである」（出エジプト記二八・三）。

［第二ピユート　オファン］
天と地の創造が整った時、
一日目には、輝くお方（＝神）はそれ以上創造されなかった。
大いなる方（＝神）は、誉と威厳の衣を身にまとわれた。
二日目に、（神は）火を灯す者たち（＝天使）を形作った。

そして、騒がしく光に反逆する者たち（＝ノアの世代の悪人）を、洪水に沈め、罰として、彼らを滅ぼされた。（神は）、威光の衣を身にまとわれた。

青銅のように輝く者たち（＝天使）は、皆（＝神）の法（＝トーラー）が授けられた時、何千万もの数が、争いに勝つために各集団に分かれ、天を飛んだ。（神は）、力の衣を身にまとわれた。

十種類の衣が、
象牙の細工のからだを持つお方（＝神）の衣である。
車輪ら（＝天使）は青銅のように輝いている。

［第三ピユート　メオラー］
私は、あらゆる丘々の間で押し流され、あらゆる山々の間で散り散りにされました。
灯されて、明るかった私の燭台の光は、暗くなりました。
王座とその輝き（＝座の上部）を用意するために、私の口は願いの言葉を発します。
二人の油を注がれた者（＝アロンとダビデ）の白い輝きを見るために。

以下のように書かれている。「彼は言った。『これらは、全地の主のそばに立つ、二人の油を注がれた者だ』」（ゼカリヤ書四・一四）。

そして以下のように言われている。「大いなる光を造られた方に。その恵みはとこしえまで」（詩篇一三九・七）。

主よ、光るものを創造されるあなたはほむべきかな。

［第四ピユート　アハヴァー］

私が、暗闇と雲の日に嘆いて歩いていた時、
あなたの憐れみは尽きず、私を安全で安らかにさせてくれました。
どうか私によくしてください。そして私は、あなたの陰に宿ります。
私を支え、保証してください。私を、生い茂るオリーブの木のように置いてください。

以下のように書かれている。「私は、神の家にある生い茂るオリーブの木のようだ」（詩篇五二・一〇）。そして以下のように言われている。「まことに、主はヤコブを選び、ご自分のものとされ、イスラエルを選んで、ご自分の宝とされた」（詩篇一三五・五）。

主よ、彼の民、イスラエルを愛でもって選ばれたあなたはほむべきかな。

［第五ピユート　ズラット］

もし、あなたが（エゼキエル書四三・一〇）、国から国の間で引きずられている女（＝イスラエル）に

対して激怒して、

そして、もし（エゼキエル書四三・一一）、金を受け取らずに彼女を売ったならば、恐れをもって、金を払わずに彼女を救い出してください。

彼女の捕囚の時、あなたはこれ（エゼキエル書四三・一二）を、すなわち、神殿の正確な寸法を明らかになさった。

「アンマによる祭壇の寸法は次のとおりである」（エゼキエル書四三・一三）。

追う者（＝エサウ）は、（神殿の）土台から（エゼキエル書四三・一四）子供ら（＝ヤコブの子孫）を追い出し、彼らを湿ったところで寝かせた。

（エサウは）鉄床をたたき、祭壇の炉（エゼキエル書四三・一五）のための祭司たちを引きずり出した。

正方形の祭壇の炉（エゼキエル書四三・一六）の輝きは、いつになったら戻るのだろうか。

「その台座は長さ十四アンマ、幅十四アンマ」（エゼキエル書四三・一七）。

［第六ピユート　ミ・カモー八］

誰があなたのような方があるでしょうか。

あなたの小道は光であり、あなたに光が宿ります。

あなたは、曇った目を明るくされ、体が曲がった者をまっすぐにされます。

そして、誰があなたに似ていましょうか。

どんな隠された心も、あなたにはお見通しです。

みじめな女（＝イスラエル）が暗闇の中に座っています。どうかあなたの光で、彼女を照らしてください。彼女を憐れんでください。

（かつて紅海で）願いを込めてあなたに歌ったように、彼女は喜びをもってあなたに歌います。


［第七ピユート　アドナイ・マルケイヌー］

私の贖罪のために必要であった八種類の祭司の衣装が、無くなってしまってからというもの、私の罪は増える一方です。いったい何によって私の罪は贖われるのでしょうか。

いくら着物を着ても、暖まりませんし、美しくもなりません。

ふうちょうぼく（＝父祖の徳）は落ちてしまい、美しい名を持つもの（＝エルサレム）は、恥をみて、辱めを受けました。

それは、（エルサレムへの巡礼の途中にある）ベイト・レアフラで、塵に伏し、転がりまわっています、
私の産物は干からび、水の流れは枯れてしまいました。

私の恋をする時間は来るのが遅れ、私の壺はただれて、悪臭を放ちました。

どうかあなたの慈悲があなたの怒りを抑え、私の願いの言葉があなたにとって甘美なものでありますす

ように。
私の傷を癒し、包んでください。私の祭司たちが救いを身にまといますように。
以下のように書かれている。「主よ。立ち上がってください。あなたの安息の場所に、おはいりください。あなたと、あなたの御力の箱も。あなたの祭司たちは、義を身にまとい、あなたの聖徒たちは、喜び歌いますように」（詩篇一三二・八〜九）。

主よ、イスラエルをお救いになったあなたはほむべきかな。

この安息日のトーラー朗読の箇所（パラシャー）である出エジプト記二七・二〇以降の内容は、「灯り」と「衣服」である。それに対応する預言書朗読の箇所（ハフタラー）であるエゼキエル書四三・一〇以降の内容は「神殿の詳細」である。そして、クリアット・シェマァの前後に来る三つの祝福の祈りの内容は、「天地創造」、「愛」、「救済」である。こういった様々なテーマが、一つのヨツェル集という枠組みの中でうまく結び付けられていることを理解していただけただろうか。

特にシュムエル・ハシュリシの場合、ヨツェル集の中のそれぞれのピユートについて、はっきりとした特徴を指摘できる。第一ピユートのグフ・ハヨツェルは、まさにトーラー朗読の箇所を詩の形にしたものと言ってよい。ラビ文献に見られる議論（アガダーだけでなくハラハーも）をふんだんに利用しており、詩の形をした聖書解釈と考えてもよいかもしれない。第二ピユートのオファンでは、常に天使が中心テーマである。また、多くの場合、ある事柄のリスト（ここでは神が身にまとった十の衣装）に基づいてピユートが書かれている。第三ピユートのメオラーと第四ピユートのアハヴァーは、ともに一連のみからなる、短く抒情的な詩である。シュムエル・ハシュリシの詩の中でも、文学的に特に優れているとされるものは、こういった短いジャンルの詩であり、それは時には、シュロモ・イブン・ガビロールやイェフダ・ハレヴィといったスペインの黄金時代における偉大な詩人たちに引けを取らないほどの質の高さである。第五ピユートのズラットは、第一ピユートに次いで大規模な詩であり、預言書朗読の内容に基づいている。第六ピユートのミ・カモーハと第七ピユートのアドナイ・マルケイヌーもまた、メオラーとアハヴァー同様に、高い抒情性を持つ優れたピユートである。一般的な傾向として、第六ピユートではイスラエルの民が過去に救済されたこと、第七ピユートの一連目では、救済のない現在のイスラエルの苦境、そしてその二連目では、未来における救済への願望、というふうに、それぞれの部分が三つの異なる時間軸で描かれている。

セデル・ヴァヨーシャアー——ペサハのためのピユート

安息日や祝祭日のために書かれたピユートの二大ジャンル、クドゥシュタとヨツェルについて詳しく解説した。それ以外にも、祝祭日にはその日独特の詩も多く書かれた。ペサハ（過越しの祭り）のためのピユートの中でも独特のジャンルが、セデル・ヴァヨーシャアである。出エジプト記一四・三

○「こうして、主はその日（ヨム）イスラエルをエジプトの手から救われた（ヴァヨーシャァ）」に基づき、ユダヤの典礼伝統においてはペサハの七日目は特別にヨム・ヴァヨーシャァと呼ばれるが、この日のために書かれた長編の詩がセデル・ヴァヨーシャァである。

本来は、このセデル・ヴァヨーシャァも、この日のためのクドゥシュタのピユート集の中の一つの詩として書かれたはずだが、それ自体が六百行に及ぶまで膨らみ、独立した詩とみなされるようになった。今のところ、このジャンルの詩は三編発見されているが、ここでは、先述したシュムエル・ハシュリシによるセデル・ヴァヨーシャァからの抜粋（計四十部中二部）を読んでみたい。

シュムエル・ハシュリシ、セデル・ヴァヨーシャァ

［第十三部］

私の周りを囲み、私を支配する者たちが、私を見つけた（雅歌三・三）。
むなしい偶像につく者たちが立ち上がり、（私を）破壊しようとする時、
その時（民数記二一・一七）、私は叫んだ。なぜならば、これらの番人がそれぞれの世代において結束したからだ。
「見よ、王たちは相つどった」（詩篇四八・五）。
私は、彼らが通っている道に、ほとんど（雅歌三・四）捕らわれかけた時、
そこを無視して通らなかった。一方、彼らはそこに捕らわれた。

敵が消え去った時、神聖なる民は歌い（民数記二一・一七）、賛美した。

「おお、主よ、今、あなたの敵が、今、あなたの敵が滅びます」（詩篇九二・一〇）。

（トーラー）をよく守る者たち、私はあなた方に誓っていただきます（雅歌三・五）、（諸国に）反抗しないようにと。

日々の終わりの時（＝終末）を待ちなさい。恐れる必要はありません。

ああ、イスラエル（民数記二一・一七）、心の清い者たちよ、あなた方の神を崇拝しなさい。

「聖徒たちよ、主をほめ歌え。そして感謝せよ」（詩篇三〇・五）。


感謝せよ、愛すべき者たちよ、そして歌い、称えよ。

あなた方を苦しめる者たちが（海に）沈み、消え去った日のように。

「大いなる水は彼らを包んでしまい、彼らは下った」（出エジプト記一五・五）。

［第十四部］

松明を灯している人は誰だ（雅歌三・六）、そこから出る火花があたりを燃やしている。

彼女（＝イスラエル）は、荒野から上って来た。受け継がれたあらゆる贈り物（＝トーラー）と共に。

彼女の柱の輝きを（民数記二一・一七）見るために、諸国は集まった、

「彼らは、見るとたちまち驚き、おじ惑った」（詩篇四八・六）。

見よ（雅歌三・七）、（エジプトから脱出した）合計六十万人の選ばれた者たち。

彼らは、六十文字（＝民数記六・二四～二六における「祭司の祝福」）で着飾り、それによって特別となる。

（神殿儀式の）務めにおける六十人の特別な長たちが、歌（民数記二一・一七）を歌う。

「主によって義とされ、誇る」（イザヤ書四五・二五）。

彼らは皆（雅歌三・八）ハラハーの法の意味を問い合わせ、証言（＝トーラー）を熟知している。

（生贄の血の）受け取りや散布について、彼らは賢く教える。

彼らはこれ（＝トーラー）（民数記二一・一七）を、伝統的な方法により、連続して、連想しながら学ぶ。

「知恵のある者は誉を受け継ぐ」（箴言三・三五）。

（来世において）彼らは三百十（の世界）を受け継ぎ、賞賛されるだろう。

彼らを憎悪する者たちは消え去り、生命から引き離されるだろう。

「農民は絶えた。イスラエルに絶えた」（士師記五・七）。

セデル・ヴァヨーシャァの構成

このジャンルの詩の特徴は、極めて複雑な聖書からの引用の技法を駆使しているという点である。まずは、この詩の構造から説明しよう。この詩は実に六百行、四十部から構成されている。各部は十五行からなっている。各部の内部構造は、四行からなる正連が三つと、三行からなる副連が一つ、計四連から構成されている。

各連の構造はというと、正連の一行目の冒頭において「聖書オープニング」という技法が用いられている。この詩では、雅歌の全ての句（一章一節から八章一四節まで）の冒頭の単語が、この正連の一行目の冒頭において引用されている。

さらに、正連の三行目の冒頭においては、「枠組みの句」という技法が用いられている。これは、各聖句の冒頭の単語だけを連続して引用する聖書オープニングとは違い、ある聖句における全ての単語を順番に引用していく技法である。ここでは、民数記二一・一七からの全ての単語が順番に、各正連の三行目の冒頭において引用されている。

最後に、正連の四行目と副連の三行目においては「聖書エンディング」という技法が用いられている。これは、行全体が聖句そのままの引用というものである。各部の三つの正連の四行目で用いられている聖書エンディングに関しては、聖書の様々な箇所からのランダムな引用であるが、副連の三行目に関しては、決まった箇所からの引用となっている。すなわち、奇数部（第一部から第三十九部まで）においては、出エジプト記一四・三〇から一五・一八までの計二十句が、偶数部（第二部から第四十部まで）においては、士師記五・一から五・二〇までの計二十句が、この副連の三行目において交互に引用されているのだ。さらに、副連の三行目とは、すなわち各部の最終行である。つまり、ここで引用される聖句の末尾の単語が、各部全体の押韻の種類を決定することになる。

我々が読んだテクストは、このセデル・ヴァヨーシャァの第十三部（一八一〜一九五行目）と第十四部（一九六〜二一〇行目）であった。和訳を通してではあるが、今説明した複雑な聖句の引用技法を理解していただけただろうか。

次にこの詩の内容について考えてみよう。引用されている聖句の中でも特に存在感があるのは、正連の一行目における雅歌の各句の冒頭からの引用であろう。また、正連の三行目における民数記二一・一七からの全ての単語の引用も目立っている。ユダヤ教の典礼の伝統では、過越しの祭りの七日目にはシナゴーグで雅歌が朗読されるが、このピユートにおいても雅歌が最大限に利用されている。では、雅歌と民数記二一・一七を結び付けるものは何か。もちろん「歌」である。ちなみに、雅歌は、文字通りに理解すると、人間の男女の間の世俗的な恋愛の歌に他ならないが、ラビ・ユダヤ教の伝統では、男性としての神と女性としてのイスラエルの民との間の愛情関係の寓話として読まれている。つまり、神とイスラエルとの間の親密な関係（雅歌）、その証拠としての出エジプトにおける救済物語（出エジプト記一五章）、そしてその神を賛美するイスラエルの民の歌（民数記二一・一七他）、と言うのが、このピユートにおいて引用されている様々な聖句を結び付ける、共通テーマである。

なお、正連の三行目で引用されている「枠組みの句」に関してだが、我々が読んだ第十三部と第十四部においては、民数記二一・一七から各単語が引用されていた。しかし、この民数記の句には、ヘブライ語では十単語しかない。この詩全体は四十部からなっており、各部に三つの正連があるわけだから、合計で百二十単語が枠組みの句の引用のために必要となる。実は、この詩全体においては、ラビ文献で知られている「十の詩」とみなされている十の聖句が引用されているのだ。民数記二一・一七はその内の一つである。ちなみにこの詩で引用されている十の詩とは、イザヤ書三〇・二九、出エジプト記一五・一、民数記二一・一七、申命記三二・二二、士師記五・一、詩篇三〇・一、雅歌一・一、歴代誌下二・二一、イザヤ書五・一、詩篇九八・一の順である。

このように、聖書中の歌に関するありとあらゆる箇所を集めて、それを枠組みとし、神とイスラエルの愛情関係とその証拠としての救済物語という共通テーマでまとめたのが、ペサハの七日目のために書かれた六百行にも及ぶ長編詩、セデル・ヴァヨーシャァである。

なお、先述の通り、このジャンルの詩は三編発見されているが、シュムエル・ハシュリシによる作品が他の二つとは大きく異なる点を指摘しておこう。シュムエル・ハシュリシにおいては、イスラエルの民と諸王国との関係性が、詩全体を通じて大きなテーマとなっている。例えば、第十三部における「トーラーをよく守る者たち、私はあなた方に誓っていただきます、諸国に反抗しないようにと」とは、ディアスポラのユダヤ人に自制と節度を求めた、タルムードにも出てくる「三つの誓い」の伝統である。

これらの三つの誓いとは、何だ。一つ、イスラエルは壁を登らないように。一つ、ほむべきかな聖なるお方はイスラエルに誓わせた。世界の諸国に反抗しないように。一つ、ほむべきかな聖なるお方は偶像崇拝者に誓わせた。必要以上にイスラエルを圧迫しないように。

（バビロニア・タルムード、ケトゥボート篇一一一a）

ピユート一般においてもこの伝統への言及はしばしばみられるが、シュムエル・ハシュリシは特に、この三つの誓いを重視し、セデル・ヴァヨーシャァだけでなく、彼が書いた他の詩においても引用している。

十〜十一世紀パレスティナの学塾における第三の地位という責任ある立場のためか、当時の政治的状況下におけるユダヤ人の困難な立場、そして民衆の中に起こる終末への待望、といったことに対してシュムエル・ハシュリシが抱いていた強い危惧の念が、彼の詩においても色濃く反映されていると思われる。

セデル・アヴォダー――ヨム・キップールのためのピユート

ユダヤ教徒にとって一年の中で最も厳粛で重要な日であるヨム・キップール（大贖罪日）に詠われたピユートのジャンルとして真っ先に思いつくのは、この日のムッサフ（追加）の祈りにおいて詠われた、セデル・アヴォダーと呼ばれる数百行にも及ぶ長編の詩であろう。

先述したセデル・ヴァヨーシャァと同様、このセデル・アヴォダーも、本来はこの日のためのクドゥシュタのピユート集の中の一つの詩として書かれたが、後に独立した詩とみなされるようになった。このジャンルの詩は、古代末期より歴代の詩人たちによって好んで書かれ、それは十二世紀のアル・アンダルスにおける最後の大詩人と称されるアブラハム・イブン・エズラにまで続く伝統であった。

セデル・アヴォダーの構成

このジャンルの詩は大きく分けて二つの部分から構成されている。前半部の「歴史編」は、通常ラビ文献のミドラシュにおける聖書解釈に基づき、天地創造と人類の歴史を語る壮大な叙事詩の様相を呈している。神の賛美から始まり、天地創造以前の世界、六日間による天地創造と安息日、続いて人類の歴史として、アダムとエバ、カインとアベル、ノア、さらに一神教の父祖アブラハム、イサク、ヤコブ、続いてヤコブの十二人の息子たち、そしてモーセの世代の描写にまで至る。

しかしながら、この歴史編における描写の仕方を見ていると、我々には奇妙に見える点が二つほどあることに気付く。第一に、これら歴史上の人物は、なぜか「罪」の視点から描かれているのだ。彼らが神に対してどのような罪を犯してきたのか、まさに罪の歴史である。第二に奇妙な点は、歴史編の記述が、なぜかモーセの世代で終わっているのだ。しかもそこでは、モーセの兄アロンを中心に描かれているのだ。この二重の奇妙さの意味するところはただ一つ、天地創造より人類の歴史において犯されてきた全ての罪は、他でもない大祭司の祖であるアロンを通じて贖われた、というメッセージである。ここで歴史編は終わり、お決まりの聖句「今日行ったように、あなたがたのために、贖いをせよ、と主はお命じになった」（レビ記八・三四）が橋渡しとなり、後半の「儀式編」へと移行する。

後半の儀式編では、全時代の歴代の大祭司による大贖罪日の神殿儀式を、ラビ文献のミシュナのヨーマ篇に基づき詳細に描写する。「祭壇に血を振りそそぎ、香を焚き、ともし火を整え、頭部と後ろ肢を捧げ」といったふうに。つまり、この年の大贖罪日において、セデル・アヴォダーがシナゴーグで詠まれているのを聴いているユダヤ人がこの一年間で犯してきた罪は全て、大祭司の祖アロンの末裔である、この世代の大祭司の儀式で贖罪される、という理屈なのである。

セデル・アヴォダーにおける祭司像

ここで気を付けたいのは、この儀式編において、なぜこれほどまでに詳細な祭儀の描写にこだわっているかという点である。あたかも強迫観念に取りつかれたかのように祭儀を詳述しているが、このセデル・アヴォダーというジャンルの詩が初めて登場するのは早くとも四〜五世紀のことなので、この詩を詠んだり聴いたりするユダヤ教徒にとっては、エルサレムの神殿など一度たりとも存在したことはなく（紀元七〇年にエルサレム第二神殿は崩壊）、そこで行われるはずの祭儀も存在しない。それにもかかわらず、これほどまでに詳細に祭儀について描写する理由は他でもない、まさにセデル・アヴォダーという詩をシナゴーグで詠み聴かせることこそが、彼らにとっての神殿儀式そのものなのである。エルサレムの神殿の代わりにそれぞれのシナゴーグ（小神殿とみなされた）で、動物の犠牲を捧げる代わりに祈りと歌を捧げることによって、彼らの罪は贖われると考えたのである。

もう一つ興味深い点は、このジャンルの詩における大祭司や祭司階級の描かれ方である。古代イスラエルにおけるエリート層であった祭司階級に代わって、トーラーの学びによってユダヤの民の指導者となったラビたちが生み出したラビ文献の中では、祭司たちは必ずしも常に好意的に描かれているわけではない。血縁ではなく学びが重要だとするラビたちの有名な言葉に、以下のようなものがある。

（身分の点では）祭司はレビ人より上、レビ人はイスラエル人より上、イスラエル人は私生児（マムゼル）より上、私生児はナティン（神殿奴隷）より上、ナティンは改宗者より上、改宗者は解放奴隷より上である。ただし、これは、彼らが他の点で等しい時の話である。しかし、もし私生児がトーラーの賢者であり、大祭司が地の民（アム・ハアレツ、トーラーに無知な者）である場合、トーラーの賢者である私生児は、トーラーに無知な大祭司よりも上である。

（ミシュナ、ホラヨート篇三・八）

大祭司が主役中の主役であるミシュナのヨーマ篇においてさえも、ラビたちの祭司階級に対する微妙なスタンスがうかがえる。

「大祭司さま。わたしたちは最高法院を代表する者であり、あなたはわたしたちの代表者であると共に最高法院の代表者でもあります。わたしたちはあなたに対し、この家にその御名を住まわせられる御方によって、お誓いいただきます。わたしたちがあなたに語った全ての事柄をあなたが決して変えないということを」。彼は横を向いて涙を流す。また彼らも横を向いて涙を流す。もし大祭司が律法学者であるならば、聖書の解き明かしをする。しかしそうでないならば、賢者の弟子たちが彼の前で解き明かしをする。……もし大祭司が眠気をもよおしたら祭司職の若者たちが、彼の面前で指を鳴らす。

（ミシュナ、ヨーマ篇一・五〜七）

トーラーに詳しくない大祭司の振る舞いは、トーラーに精通しているラビたちによって完全に掌握されているかのような描き方である。

祭司の衣装

一方、セデル・アヴォダーの後半部分である儀式編においては、確かにその描写の詳細自体はミシュナの記述に基づいてはいるものの、祭司たちは一貫して好意的に描かれている。例えば、大祭司が身に着ける八種類の衣装について、ミシュナのヨーマ篇では、出エジプト記二八章の記述に基づき簡単にまとめられているだけである。

> 大祭司は八種類の衣装を身に着けて仕事にあたる。通常の祭司は四種、すなわち長衣、ズボン、ターバン、飾り帯である。大祭司はこれらに加えて、胸当て、エフォド、上着、額当てを身に着ける。
>
> （ミシュナ、ヨーマ篇七・五）

このような無味乾燥な記述に対して、セデル・アヴォダーにおいては、これらの衣装の豪華さと美しさが強調され、それを身にまとう大祭司を称えるような描写の仕方がしばしば見受けられる。例えば、その名前は知られていないが、このジャンルの初期に活動したと思われる詩人によるセデル・アヴォダー「アズ・ベエイン・コール」を見てみよう。

セデル・アヴォダー「アズ・ベエイン・コール」

生贄の贈り物を捧げ始める前に、
彼らは彼を八種類の衣装で着飾った。

神聖さが彼を呼び起こし、清浄さが彼を清めた。
そして亜麻布の衣を身に着けた。

彼の背はスギの木のように高くなった。
彼の体を装飾するために、市松模様の衣を合わせた時。

長衣を身にまとった兄弟（＝ヨセフ）に対する兄弟たちの協定。
（大祭司は）彼の長衣を通して、長衣を脱いだ者たち（＝イスラエル）の罪を贖う。

上着の形は、（上は）狭く（下は）広く織られたコートのようである。
彼の胸を包むのと同時に、彼の歩幅を広くするために。

首を通す穴の形は、その縁を強める。
（大祭司が）悪意のある者（＝サタン）と戦う時に、それがほころびないように。

金の鈴（パアモニーム）を置き、それをすそに織り込んだ。

「あなたの足（ペアミーム）はなんと美しいことよ」（雅歌七・二）と言われた者（＝イスラエル）に対する（神の）愛を思い出させるためである。

（鈴の）横に、威厳あるざくろを置いた。

それらは三色（青色、紫色、緋色）からなっているが、それは（三人の父祖）の信仰深い行いを思い出させるためである。

このようにして、大祭司の衣装の描写はこの後も延々と続く。確かに、大祭司の八種類の衣装が持つ贖いの効用についてはラビ文献にもみられるが（バビロニア・タルムード、ゼヴァヒーム篇八八ｂ他）、ここで重要なのは、それらの衣装を身に着けた大祭司の美しさや力強さを強調するような仕方で描かれている点である。

セデル・アヴォダー「アズ・ベエイン・コール」

（大祭司が）歩み（ペアミーム）を進めると、鈴（パアモニーム）が音を鳴らす。

荒れ野に呼ばわる者（＝アロン）のように、歩みを正すために。

シェヒナーに仕える者たち（＝天使）は、（大祭司の）姿に恐れをなしている。
なぜなら、その上着は、神の名にちなんで呼ばれているからだ。

大祭司の神々しい姿には、天使たちも恐れをなすほどであるという。彼の八種類の衣装の中でも、特に上着（メイール）の持つ威力は大きかった。上着については、聖書の中で「正義の上着」（イザヤ書六一・一〇）と呼ばれているが、これは、まさに神について、「主は正義を身につけられた」（イザヤ書五九・一七）という表現と対応する。そのため、天使でさえも、神の名前で呼ばれている上着をまとった大祭司の前から逃げ出してしまうのだという。

神殿が崩壊し、ラビたちが支配権を握るようになったと思われていた時代においても、実は、祭司階級出身者はある程度の影響力を有していたことが、近年様々な分野の研究において指摘されているが、このセデル・アヴォダーのようなピユートを生み出してきたのも、こういった祭司系の詩人たちであったのかもしれない。実際、ピユート詩人の名前には、ハ・コヘン（祭司）という称号が付けられている場合が多々ある。

天地創造

では、続いて、セデル・アヴォダーの前半「歴史編」における天地創造の描写の仕方を見るために、四～五世紀のパレスティナの詩人ヨセ・ベン・ヨセの詩の一部を読んでみたい。彼はこのジャンンルを書いた最も初期の詩人の一人である。この詩人は少なくとも三編のセデル・アヴォダーを書いたが、ここにその一部を和訳した「アズキール・グヴロート」は、それ以降の詩人に多大な影響を与えたとされる、最も有名なセデル・アヴォダーである。

ヨセ・ベン・ヨセ、セデル・アヴォダー「アズキール・グヴロート」


（神は）力強い水を追い払い、一箇所に集められた。

そして、門とかんぬきとして、そこに砂を置かれた。

（水が再び）地を覆うことのないように、（神は水に対して）垣根を置かれた。

ただしそれは、家の中で忠実な者（＝モーセ）がそれを二つに分けるまでの話である。


（神は）人の役に立つために、地面を露わにされた。

そして地面は、木と種を生じる草を芽生えさせた。

さらに、青々とした園をエデンに設けられた。

それは、（来世において）喜びと威厳のある者たち（＝義人たち）のための栄光の天蓋となるからである。

（神は）七倍の光（＝原初の光）を暗くされ、
昼と夜を司るために、（二つの）明かり（＝太陽と月）を置かれた。

（太陽も月も）相手の領域を侵さず、その動きが遅れることもなかった。

ただしそれは、幕屋の従者（＝ヨシュア）が、（アヤロンの）谷でそれらの動きを止めるまでの話である。

深淵に逃げ惑うものたち（＝レヴィヤタン）が、水の中から現れた、
並んだ盾（＝鱗）と研ぎ澄まされた矢（＝ひれ）によって守られて。
（神は）それらの中の何匹かを（来世における）永遠の饗宴のためにとっておかれた。
そして、逃げだした使者（＝ヨナ）のために、それらの中の一匹を牢獄として用意された。

上を飛ぶもの（＝鳥）が、泥土の中から現れた。

王の机（＝祭壇）の食べ物（＝生贄）と、彼の力強い集団（＝イスラエル）のために。

（神は）清浄でない鳥を忌み嫌うべきものと定められた。

ただしそれは、ティシュベ人（＝エリヤ）がやってきて、カラスが彼を養うまでの話である。


以上は、天地創造の三日目、四日目、そして五日目の描写である。基本的に、詩人は、聖書に書かれていることをラビたちの聖書解釈を基にして理解している。例えば、これは創世記ラッバー五・五などに見られる考え方でもあるが、詩人によれば、神が六日間の天地創造において被造物を創造する際、それらの事物が、その後の歴史においてイスラエルの民のためにある役割を果たすという条件を

付けて創造されたのだという。水は、モーセが出エジプトを実行する時には、彼のために海を二つに分けるという条件、エデンの園は、来世において義人たちのための天蓋となるという条件、太陽と月は、ヨシュアのために動きを止めるという条件、レヴィヤタンは、来世において義人たちの食事となることと、ヨナを飲み込んで、その後、彼を吐き出すという条件、不浄な鳥であるカラスは、エリヤを養うという条件、というわけである。もちろん、我々の目から見たら時代錯誤ともいえるような解釈であるが、実はこれこそが、聖書の中のあらゆる言葉に深い意味を見出そうとするラビ・ユダヤ教聖書解釈の特徴でもある。

カインとアベル

しかしながら、このセデル・アヴォダーというジャンルの詩においては、必ずしもラビ文献の中には見つけることのできない、ピユート独自の解釈を基に聖書を理解していると思われる箇所も、しばしば見つけることができる。先ほども引用したセデル・アヴォダー「アズ・ベエイン・コール」を見てみよう。

セデル・アヴォダー「アズ・ベエイン・コール」

年長者（＝カイン）は、神への献げ物を捧げる際に、ある計画をたくらんだ。
彼は地の作物を差し出し、彼の両親の罪を思い出させた。

一方、年少者（＝アベル）は、すぐさま、献げ物を用意した。
（神は）その（火で焼いた）匂いに安らぎを覚えられ、その生贄に目を留められた。
一方、悪人（＝カイン）の献げ物は、（神は）望まれなかった。
なぜなら、悪人の生贄は忌み嫌われるからだ。

有名なカインとアベルの物語であるが、聖書の中では、なぜ神はカインの献げ物には目を留めなかったのかが書いていない（創世記四・三〜五）。この詩人によれば、その理由とは、カインはその献げ物によって、彼の両親（アダムとエバ）の罪を神に思い出させたことにあるというのだ。カインが捧げた「地の作物」（創世記四・三）の「作物」と、アダムとエバが食べた「木の実」（創世記三・一〜六）の「実」は、ヘブライ語では同じ「プリ」という単語が使われている。この興味深い解釈は、ラビ文献においては見出すことができないものである。

他にもこのような例がいくつか存在することから、ピユート詩人たちは、基本的にはラビ文献の伝統を継承しながらも、独自の聖書解釈の伝統も同時に持ち合わせていたと考えるべきであろう。

アブラハムとアケダー

本書の第四章では、ユダヤ教を語るうえで欠かすことのできない重要人物を説明した。その中の一人アブラハムは、ピユートにおいても、当然のことながら最も重要な登場人物の一人である。ここでは、アケダー（イサクの束縛）のエピソードがピユートにおいてどのように描かれているか、先ほど触れたセデル・アヴォダーのテクストをもとに見てみたい。もう一度読んでみる。九〜十世紀に中東で活躍した詩人シュロモ・スレイマン・アルシンジャリは、長編のセデル・アヴォダーを少なくとも二編（もしかしたら三編目も）書いたことで知られている。それらに特徴的なのは、前半の歴史編におけるアケダーの占める割合の大きさである。他のエピソードに比べて分量も多く費やされているし、描写の仕方も他よりもドラマチックなものになっている。以下、該当部分を抜粋し、第一のセデル・アヴォダー（計二十二部中一部）と第二のセデル・アヴォダー（計二二部中二部）を読んでみたい。

シュロモ・スレイマン、第一のセデル・アヴォダー

彼の祈りが功を奏して、アブラハムに子が生まれた。
そして神は、アブラハムが子に割礼の契約を施すことができるように訓練した。
（イサクが）炭火となって燃えることになる日、

彼（イサク）は自分の共同体から引き離された。
神をなだめようとする者（＝アブラハム）の後継者（＝イサク）を、
献げ物として差し出すために。
「神はアブラハムを試練に会わせられて、彼に言った」（創世記二二・一）。

（イサクは）彼の目に尊い者、
（イスラエルを）買い取った方（＝神）の言葉によって生まれた者。
彼は巣から呼びさまされ、
（アブラハムはイサクを）家から連れ出した。
そしてもう一人の息子、イシュマエルと、
従順な僕、エリエゼルを。
「ふたりの若い者と息子イサクを一緒に」（創世記二二・三）。

（アブラハムは）まっすぐに走った、
（モリヤ山にある）祭壇に向かって。
選ばれた彼のひとり子（＝イサク）を、
（アブラハムは）地面に向かって縛った。
走って逃げ去る者たち（＝天使）は、
この緊急事態に対して泣いた。

「見よ、彼らの勇士は巷で叫ぶ」（イザヤ書三三・七）。

（アブラハムが）手を伸ばし、
刀で（イサクを）屠ろうとした時、
御住まい（＝天）から声が下ってきた。
「（手を）下してはならない」と（神はアブラハムに）言い聞かせた。
（アブラハムが）あたりを見渡すと、
見よ、そこには一頭の雄羊がいた。
「彼はその雄羊を取り、それを自分の子の代わりに、全焼の生贄として捧げた」（創世記二二・一三）。

こうして、老いた者（＝アブラハム）にとってかけがえのない子（＝イサク）は、
あたかも全焼の生贄として焼かれたものとみなされた。
（イサクの）子孫ら（が犯す罪）による困難の時には、（神に）思い出されるであろう、
（獲得されたイサクの）灰が。
審判の日においておびえ震えている時、
彼の徳が新たに見直される。
「彼が自分の命を死に明け渡したからである」（イザヤ書五三・一二）。

シュロモ・スレイマン、第二のセデル・アヴォダー

急ぐ者たち（＝アブラハムとイサク）に三日間が経過した時、
彼らは山々の頂に山を見た。
一方、若い者たち、イシュマエルとエリエゼルは、
まっすぐな人々（＝アブラハムとイサク）のようには、それを見なかった。

このまっすぐな人々は、心を一つにして進んで行った、
その特別な言葉を成就させるために。
互いに相談しながら、
二人は一緒に進んで行った。

彼らが一緒に全焼の生贄の祭壇を築いた時
——息子と父が喜びをもって——、
ひとり子（＝イサク）は父に尋ねた、「全焼の生贄のための羊は、どこにあるのですか、我々の献げ物を完全にするための」。

「言って、行う方（＝神）が、我々の献げ物を完全にするであろう」。
彼の父は、神に信頼を置く者として、彼に答えた。

「ご自身が羊を備えてくださる。

そして、御心に適うことをされる」。

「（神は）ご自身の名のために、慈悲をもってなさるだろう」。
父は言った。「ことごとく滅ぼさないように」。
逃げ去る者たち（＝天使）が上（＝天）から叫んだ時、
平和の使者たち（＝天使）が次から次へと泣き叫んだ。

彼らは泣き叫んだ、これらのことを聞いた時に。

これら全ての言葉を。

彼らは互いに言い合った、

「誰がこのようなことを聞き、誰がこれらのことを見たか」。


「これらのことを誰が見たか、この出来事において。

このようなことは中止されなくてはならない」。

なぜなら、父は縛り、目を上げている。

そして息子は、羊のように、彼の前で縛られている。


屠り場に連れて行かれる羊のように、彼は体を曲げた。

息子は、縛られるために屈んだ。
（アブラハムは）縛り、刀を近づけた。
（イサクは）魂を全うするために、首を垂れた。

山々の頂で、（アブラハムは）屠るために屈み、
言った。「私は山に向かって目を上げる」。
力強く恐ろしい軍勢（＝天使）は、口をそろえて言った。
数えきれないほどの数の力強い者たちが。

力強い者たちは内側（＝天）から激しく泣き、
彼らの勇士は巷で叫んだ。「これは何事か」。
死に定められた人々を生きながらえさせる方（＝神）に向かって、彼らは口をそろえて懇願した。
「あなたが結ばれた契約はどこに行ったのですか」。

「あなたは契約を立てて、結ばれた。
彼の子孫を、あなたの空の星のように数多く増し加えると」。
「もし今日、あなたが慈悲によってお救いにならなければ、
誰が（葦の）海の上であなたに向かって唱えることができましょうか、『誰かあなたのような方がある
でしょうか』（出エジプト記一五・一一）と」。

「あなたのような方は他にはいません、思いを調べる方よ。
心砕かれて、へりくだった人と共に住む方よ」。
「あなたは、縛る者（＝アブラハム）の思いを、確かに調べられました。
そして縛られた者（＝イサク）の心が正しいものであると、見出されました」。

しばしば赦される方（＝神）は、そのようにお聞かせになった。
「お前の手を下してはならない」と、（アブラハムに）言葉でお聞かせになった。
「なぜならば、（イサクは）喜んで屠られた者と、私によってみなされたからだ。
全焼の生贄として、献げ物として」。

「私は彼の犠牲を献げ物として受け入れた。
そして全焼の生贄として満足した」。
「以下のことは、私によって、その本（＝トーラー）に書かれている、
彼（＝アブラハム）と彼の子孫に、（イサクの）身代金を与えると」。

「彼の身代金として、私は藪にひっかかっている雄羊を与えた。
お前が愛する者（＝イサク）の代わりに、それを全焼の生贄として捧げよ」。
「お前（＝アブラハム）によって、全ての者は祝福を受けるようになる。

私は、全てお前の願いどおりにした」。
「お前の願いどおり、私はお前の献げ物に喜ぶだろう。
お前の水源は干上がることはないだろう」。
「その数があまりに多くて数えることができない星のように、
そして、海辺の砂のように多く」。

聖書自体におけるアケダーの記述は極めて短くシンプルであり、そこから登場人物の感情などを推し量ることは難しい。それに対して、シュロモ・スレイマンは、この二つのセデル・アヴォダー（特に第二の詩）において、この聖書の物語を最大限にドラマ化しようとしている。反復法、対称法、感嘆詞などを多用することにより、心を一つにして神の命令に従う父と子、その残酷さに驚愕する天使たち、そして最後に全てを解決する神、といった登場人物の心情が生き生きと描写されている。

モーセの死

アブラハムに続いて、モーセが描かれる興味深いピユートを紹介したい。言うまでもないが、ピユートにおいても、モーセは聖書上の人物の中で最重要人物である。モーセは様々な詩において、様々な側面から扱われているが、ここでは、モーセの死をテーマとするピユートを紹介する。以下は、一年間のトーラー朗読における最後のパラシャー「ヴェゾット・ハブラハー」（申命記三三・一～三四・一二）のために、十世紀のパレスティナ詩人シュムエル・ハシュリシが書いたヨツェル集の中の第五ピユートであるズラットの全訳である。

シュムエル・ハシュリシ、「ヴェゾット・ハブラハー」のパラシャーのためのヨツェル

［第五ピユート　ズラット］
［モーセ］
私が母の胎内にいるときから既に、
リディア人（＝エジプト人）は、私を打ちのめすために、私に争いを仕掛けてきました。
さらに、私は、生まれるとすぐに、ナイルに投げ込まれました。
それなのに、なぜ今、私は死ななければならないのでしょうか。

［神］
一つの時代は去り、次の時代が来る。
みな同じところに連れてこられる。
それは、栄える若草（＝イスラエル）が以下のように言うためである。
モーセでさえ死んだのに、誰か死なないものがあろうか。

［詩人］
生きる人間は皆、死ぬ運命である。
人間も動物も、その最後は死である。
しかし義人は、悪人が死ぬように死ぬわけではない。
モーセでさえ死んだのに、誰か死なないものがあろうか。

［モーセ］
あなたは柴の中から現れ、私を（ファラオのもとへ）急いでお遣いになりました。
私がセベネに行くように、あなたは欲せられました。
私は、虐げる者（＝ファラオ）に死をもたらすように、あなたに命じられました。
それなのに、なぜ今、私は死ななければならないのでしょうか。

［神］
義を持ち備えている友よ、
そして謙虚さと純粋さを。
お前は、全ての人が死ぬように死ぬわけではない。
モーセでさえ死んだのに、誰か死なないものがあろうか。

［モーセ］
私の王よ、私の岩よ、私を守るお方よ、私の力よ、
私を守ってください、そして死から私を救い出してください。
喜びをもって、麗しい地（＝パレスティナ）へ私を導いてください。
そして今は、私は死にたくありません。

［神］
人間は皆、
死の運命に会うが、それはあたかも時期尚早に見えるものだ。
それは、人の群れが集まって、以下のように唱えるためである。
モーセでさえ死んだのに、誰か死なないものがあろうか。

［モーセ］
六十万人の集団を、
私は、四十年間導きました。彼らが出入りするのを。
私の願いに答えてください。そして、彼らと一緒に私も行かせてください。
そして今、なぜ私は死ななければならないのでしょうか

［神］
日々の終わり（＝終末）の時へ行きなさい。
私が呼び起こし、迎え入れるその時へ。
私を信じている、生きとし生けるものは全て、以下のように唱えるだろう。
モーセでさえ死んだのに、誰か死なないものがあろうか。

［詩人］
どうか眠りから目覚めさせてください。起こしてください。
眠っているゆり（＝イスラエル）を生き返らせてください。
眠りの中に沈んでいる者（＝イスラエル）を引き上げてください。
そして私たちは、新しい歌をあなたに対して歌います。

このピユートは、死を間近にしたモーセと神との対話形式で書かれている。なぜ自分が死ななければならないのか、せめてもう少し時間がほしいと懇願するモーセに対し、それは運命であり変えられない、その代わりに、終末の日には死者は復活するであろうと答える神との間のやり取りである。このやり取りから受け取ることのできるメッセージは、ユダヤ教史上最も偉大であるとみなされているモーセでさえも死ななければならないのだから（しかも時期尚早に）、我々も死という運命から逃れることはできない、終末における死者の復活を待つべきである、というものである。

このような対話形式のモーセの死に関するピユートは、シュムエル・ハシュリシ以外にもう一人の詩人（九世紀のシュロモ・スレイマン）によっても書かれたことが分かっている。おそらく、一つのジャンルとして人気があったのだと思われる。

中世ユダヤ教の人物とピユート

第四章で取り挙げられた中世ユダヤ教の著名な人物は、詩人としても有名である場合が多い。ここでは、四人の人物（サァディア・ガオン、シュムエル・ハナギード、シュロモ・イブン・ガビロール、イェフダ・ハレヴィ）による代表的な詩を読んでみたい。それぞれ全く違うジャンルの詩を選んだが、その人物自身の生涯や考え方が詩に反映されているのではないだろうか。

サァディア・ガオン、魂の詩

十世紀前半、バビロニアのスーラの学塾の長であったサァディア・ガオンは、ユダヤ文化のあらゆる側面で革新的な業績を残した人物といえるが、パイタン（典礼詩人）としての彼は、基本的には古代末期から続いていたピユートの長い伝統の枠組みから出ることはなかったと言える。例えば、同時代のパレスティナやバビロニアの詩人たち（シュロモ・スレイマンやシュムエル・ハシュリシ）、そしてスペインから中東にやってきたヨセフ・イブン・アビトゥールなどと同様に、サァディア・ガオンもまた、パラシャーによるトーラー朗読のための一年間分のヨツェル集を創作するという大仕事に力を注いだ。

しかしながら、こういった伝統的なジャンルの詩とは別に、哲学者、思想家としてのサァディアならではの詩も、数は少ないながらも存在している。ヨム・キップールのために彼が書いた一連の詩は、「わがたましいよ、主をほめたたえよ（バルヒ・ナフシ）」（詩篇一〇四・一）という聖句を枠組みとした、哲学的、神学的内容を扱った詩であり、後にスペインの大詩人イェフダ・ハレヴィにも影響を与えたとされる。合計三百十行にも及ぶこの詩は、十の部分に分けられ、それぞれの部が別々のテーマを扱っている。ここでは、「魂とその創造主」について語っている第一部の最初の部分を和訳する。基本的にこれまでのピユートは、ラビ文献におけるアガダーやハラハーを素材としてピユートを書いていたのだが、ここにおいては、全く異なる素材がシナゴーグにおけるピユートの世界の中に入り込んでいるのが分かる。

バルヒ・ナフシ

［第一部］

それでは、「わがたましいよ、主をほめたたえよ。わが神、主よ。あなたはまことに偉大な方。あなたは尊厳と威光を身にまとっておられます。あなたは光を衣のように着、天を、幕のように広げておられます。水の中にご自分の高殿の梁を置き、雲をご自分の車とし、風の翼に乗って歩かれます。風をご自分の使いとし、焼き尽くす火をご自分の召し使いとされます」(詩篇一〇四・一～四)。

「力強い全能者」の貴女よ、ほめたたえよ。そして栄光を与え、永遠に賛美せよ。

「力強い全能者」であり、いと高くあがめられ、永遠の住まいに住むお方を。

「創造」された貴女よ、ほめたたえよ。――貴女の日々には終わりがあり、定まった時がある。全てを「創造」されたお方を。――このお方には終わりがなく、年月を数えることもない。

身体全てを「支配する女主人」よ、ほめたたえよ。――誰も貴女を支配したり、あなたに対して反抗したりする者はいない。

「支配者である主人」を。――取り除いたり閉じ込めたり、集めたり散らしたりしても、この方に文句を言うことのできる者は他にいない。

人間の全ての行いを「踏む」(操る)貴女よ、ほめたたえよ。――貴女のおかげで、それらは整えられる。

地の高い所と天の回りを「踏まれる」お方を。――この方の言葉によって、全ては創造された。

身体全体を「満たす」貴女よ、ほめたたえよ。――貴女のおかげで身体は、すりつぶされずに、立っていることができる。

天と地を「満たす」お方を。――ものすごい大きさや数であっても、この方を入れることはできない。

「全てを見る」貴女よ、ほめたたえよ、そして跪け。――一方、貴女は、見られることもないし、咎められることもない。

「全てを見る」古くからおられるお方を。――一方、このお方は、見られることも、覗かれることもない。

身体の全ての部分を、豊かな食事で満足いくまで「養う」貴女よ、ほめたたえよ、あらゆる生き物の魂を「養う」お方を。――一つ一つ、それに定められた分の食物で養われる。

身体全てを荷物として「担ぐ」我が生き物よ、ほめたたえよ。あらゆるものを「担ぐ」永遠に生きるお方を。――この方は砦であり支えである。

どんな汚れも持たない「清い」貴女、洗わずとも綺麗な貴女、ほめたたえよ、「清い」お方を。――この方には、汚れもないし、笑いものになることもない。

「唯一」なる貴女よ、ほめたたえよ。――身体の全ての部分の中で、貴女のような二人目はいない。「唯一」であり、一つであり、特別であるお方を。――この方のようなものは、他にはいないし、二人目もいなければ仲間もいない。

各連の一行目は詩人から魂（女性名詞）への呼びかけ、二行目は魂が賛美する対象である神（男性名詞）に関する描写である。その際、同一の単語を用いて、両者に共通する（あるいは正反対の）特徴を際立たせている。このピユートにおけるサァディア・ガオンは、古代末期から続く伝統を継承する保守的なパイタンとしてではなく、後にスペインにて開花することになる新しい価値観に基づく創作活動の先駆けとなる詩人として、見ることができるのではないか。

シュムエル・ハナギード、戦の詩

中世スペインにおける四大ヘブライ語詩人（シュムエル・ハナギード、シュロモ・イブン・ガビロール、モシェ・イブン・エズラ、イェフダ・ハレヴィ）の中の最初の詩人である。詩人としてのシュムエル・ハナギードの活動に関して最も大きな特徴は、おそらく彼は世俗詩しか書かなかったという点である。彼以外のスペインの偉大な詩人たちは、アラブ宮廷文化の強い影響下で世俗詩も書いたが、それ以前からのパレスティナ起源のピユートの伝統も守り、シナゴーグでの祈りのための典礼詩も精力的に書き続けたのである。ところがシュムエル・ハナギードに関しては、彼が典礼のために詩を書いたことは確認されていない。

第四章でも述べたとおり、イスラーム権力の中枢部にまで入り込み、政治的に強い力を有していた彼は、軍人でもあった。そのような彼に独特のジャンルの詩が、戦の詩である。『ベン・テヒリーム』（詩篇の子）と名付けられた彼のディワーン（世俗詩集）に収められている戦の詩から、最も有名な「エロアハ・オズ」という長編の詩の一部を読んでみたい。この詩は、一〇三八年十月三日、シュムエル・ハナギード率いるグラナダ軍が、宿敵イブン・アッバース率いるアルメリア軍に勝利した後に書かれた詩である。これは詩人が参加した最初の戦であり、この詩においても、詩人の心が高ぶっている様子が窺われる。もちろん、アラブ文学における同様のジャンルにおいて用いられているトポス（定型的表現）を借用している面も多々見られるが、それでも、詩人が実際に戦に参加したことにも基づく描写や、ユダヤ教徒ならではの表現の仕方などが見られ、極めてユニークな詩と言える。一四九行にも及ぶ長い詩から、両軍がまさに今、相まみえている様子の具体的な描写と、グラナダ軍が勝利した後の、亡骸となった戦士たちに待っていた残酷な運命の描写を見てみよう。

エロアハ・オズ

［戦のクライマックス］

地面はその基からふらついた。

そして、くつがえされたゴモラのようにくつがえされた。

戦士たちの顔は、以前は栄光と威光を放っていたのだが、

今は壺の底のように黒くなってしまった。

本日は、濃霧と闇の天気だ。

そして太陽は、ちょうど私の心のように暗い。

その軍勢の声は、全能者の声のようであり、
嵐が来た時の、海とその砕け散る波の声のようであった。

太陽が昇ると、地は揺らぎ、
その柱は酔いどれのようだ。

馬は走って行き来している。
その巣から出たり入ったりする蝮《まむし》のように。

投げられた槍は、
空気を光で満たす稲妻のようだ。

矢は、雨のしずくのようだ。
(その矢が落ちて突き刺さる) 人の背中は、ふるいのよう (に穴だらけ) だ。
手に持たれた弓は、ヘビのよう (にしなやかに曲がっている)。
そして、それぞれのヘビは、口からミツバチ (のように刺す矢) を吐き出すのだ。

敵の頭の上に振り上げられた剣は、松明のようである。
しかし、それが振り下ろされるやいなや、その光は（血によって）消される。

戦士たちの血が地の上を歩いている。
（神殿の）台座の隅々に飛び散る（生贄の）雄羊の血のように。

勇ましい戦士たちは、あたかも生きているのが嫌になったかのようだ。
なぜなら、好んで死を選んでいるからだ。

獅子のような戦士である彼らは、
自分の頭の上にできた生傷を、王冠のように考えた。

彼らの信仰においては、死ぬことこそが徳である。
彼らの目には、生きることは罪である。

［戦の後の虚しさ］
我々は彼らを、荒野に横たわるままにしておいた。
ハイエナ、ジャッカル、ヒョウ、イノシシの餌となるように。

我々は彼らを、岩の上に寄り掛かったままにしておいた。
茨と棘の上にもたれたままにして。

我々は彼らの肉を、ハゲワシへの贈り物とした。
そして、ライオンとオオカミへの贈り物とした。

我々は猛獣たちに血をたくさん飲ませた。といっても、噛み割かれた獲物の血ではないが。
そして肉をたくさん食べさせた。といっても、皿に盛ることのできるような少量ではないが。

猛獣たちは、広々とした家に住むこれらの人々のことを不思議に思った。
家と屋根の下でなく、このような場所で彼らを見つけたのだから。

このような灼熱の日には、
大理石の家や屋上の涼しい部屋にいるはずなのに。

彼らの周りで、ダチョウが嘆いている。
若い野ヤギが飛び跳ねている。

雄ライオンは、彼らの肉を食べ、

雌ライオンは、子ライオンたちに分け前を与える。

シュロモ・イブン・ガビロール、自然の詩

西洋世界では、その著書『生命の泉』（原語はアラビア語）のラテン語訳により、アビケブロンの名の哲学者として知られていたシュロモ・イブン・ガビロールであるが、彼はまた、中世スペインにおけるユダヤ文化の黄金時代に活躍した四大詩人の一人でもある。中世ユダヤ文化の「西方学派」の初期に属する彼のピユート（典礼詩）には、パレスティナやバビロニアといった「東方学派」の長い伝統の影響がいまだ強く感じられる。特に、一世代前にパレスティナで活動したシュムエル・ハシュリシのピユートとの類似点も指摘することができる。

一方、スペインにおいては、アラブの宮廷文化の影響を受けて、ユダヤ史上初めて、シナゴーグ以外の枠組みで、恋愛、ワイン、庭園といった世俗的なテーマについて歌う詩を、ユダヤ詩人がヘブライ語で書き始めた。このイブン・ガビロールも、多くの優れた世俗詩を残している。

今から読む「カタヴ・スタヴ」という言葉で始まる短い自然の詩は、中世ヘブライ詩全体の中でも最も有名な詩の一つで、現代のイスラエルでも、ベリ・サハロフという人気ロック歌手が、この詩を含むイブン・ガビロールの様々な詩に曲を付けて歌ったアルバムを出す（二〇〇九年）ほど現代のユダヤ人にとっても馴染みのある詩である。この詩は、定義の上ではピユートではないが、その美しさを味わってほしい。なお、若手研究者のヨナタン・ヴァルディは、この詩はイブン・ガビロールではなくシュムエル・ハナギードによるものだと主張している（二〇一五年）。

カタヴ・スタヴ

冬は、雨というインクと、明るい稲妻というペンと、雲という手のひらを用いて、書いた。
青色や紫色の庭についての手紙を。その内容は、どんなに賢い人にも思いつかないようなものだった。
それゆえに、空の顔の美しさに憧れた地は、花壇という布の上に、空の星のような花を編んだ。

ここで詩人が、多くの比喩を用いて描きたかったことは、結局、冬に雨が降った結果、春になって美しい花が咲いた、と言うことだけである。しかしながら、冬から春へという時間の経過、空と地という空間的関係性を対比させながら、詩人はこの自然の情景を、互いに手紙のやり取りをし、互いの美しさに魅了されて結ばれる男女の関係性に例えて表現しているのだ。

イェフダ・ハレヴィ、シオンの詩

スペイン最後の偉大な詩人イェフダ・ハレヴィは、シオン（エルサレム、イスラエルの地）への望郷の念を表明した詩をいくつか書いているが、その中でも「リビ・ベミズラハ」と「ツィヨン・ハロ・ティシュアリ」の二つの詩は極めて有名である。

本来、これらのシオンの詩は、シナゴーグでの祈りという枠組みの中で書かれたものではないので、定義の上ではピユート（典礼詩）ではなく世俗詩である。しかしその内容は、詩人の個人的な宗教的感情をありのままに表現したものであり、そういう意味では「宗教詩」と呼んでもよいのかも知れない。実際、「ツィヨン・ハロ・ティシュアリ」は、イェフダ・ハレヴィの死後すぐに、エルサレムの神殿崩壊を嘆くアブ月の九日のシナゴーグでの祈りの中で、キナー（悲歌）と呼ばれるジャンルのピユートとして詠われるようになった。さらに、多くのピユート詩人たちが、ハレヴィの詩に倣って、シオンの詩を書くようになった（これらの模倣詩はツィヨニームと呼ばれる）。近代のシオニズム運動の中で利用された側面もあるイェフダ・ハレヴィのシオンの詩であるが、実際、彼がシオンへの思いをどのように表明しているのか見てみたい。

リビ・ベミズラハ

私の心は東方にありますが、私自身は西方のはずれにいます。
どうして私は食べるものを味わい、それをおいしいと感じることができましょう。
どうしたら私は、自分の誓願や物断ちを実行することができるでしょうか。
シオンはエドムの領域にあり、私はアラブという（束縛の）鎖の中にある時に。
スペインの全ての富を捨て去ることは、私にとっては些細なことですが、
至聖所の廃墟とその塵を見ることは、私にとっては貴重なのです。

一〇九九年以降十字軍の支配下にあったパレスティナに対して、詩人がその生涯の多くを過ごした

イスラーム支配下のスペイン、物質的な価値観（スペインの富）に対して精神的な価値観（神殿の廃墟とその塵）といった対比を用いて、詩人のシオンへの望郷の念が、この非常に短い詩において見事に表現されている。

では最後に、中世ヘブライ詩の中で最も有名で最も優れた詩といって過言ではない、「ツィヨン・ハロ・ティシュアリ」の全文を和訳で読んでみよう。時代、地域、言語、文化、思想など、あらゆる点でハレヴィとは異なる環境で生きる我々現代人であるが、彼のシオンに対する純粋な想いを素直に表現した、この中世ユダヤの最高傑作の詩から、何か感じ取っていただけることがあるのではないかと信じている。

ツィヨン・ハロ・ティシュアリ

シオンよ、貴女に心を奪われた者たちの安否を尋ねないのですか。
貴女の群れの中で今なお残った彼らは、貴女の安否を尋ねています。
西からも東からも、北からも南からも、遠くからも近くからも、
貴女の周り全てからの挨拶の言葉を受け取ってください。
そして、貴女への愛に捕らわれている者（＝私）の挨拶の言葉も受け取ってください。

この者は、ヘルモンの露のように涙を流し、その涙が貴女の山々に滴り落ちることを切望しています。
貴女の苦悩について嘆く時、私はジャッカルのようになります。
しかし、貴女の捕らわれ人たちが帰される日を夢見る時、私は貴女の歌を奏でる竪琴になります。

ベテル、ペヌエル、マハナイム、そして、貴女の清い者たちが
（天使に）出会ったあらゆる場所のことを想う時、私の心は呻きます。

そこでは、シェヒナーが貴女のところに留まり、そして貴女をお造りになった方が、
天の門に向かって、貴女の門を開かれました。

主の栄光のみが貴女の光でした。
太陽も、月も、星も、貴女を照らすことはありませんでした。

神の霊が、貴女の選ばれた者たちの上に注がれている場所で、
私は、自分の心を注ぐことを選ぶでしょう。

貴女は王たちの家、貴女は主の御座です。
とはいっても、今は奴隷たちが、貴女の高貴な者たちの王座に座っているのですが。

神が、貴女の預言者や使者に現れた場所で、
私も歩き回ることさえできたならば。

ああ、私に翼があったなら、はるか遠く貴女のもとへ飛んで行き、
貴女の険しい山々の上に、私の打ち砕かれた心のかけらを置くでしょう。

私は貴女の地にひれ伏し、貴女の石をこの上なく愛し、
貴女の塵をいつくしみます。

そしてヘブロンで、私の父祖たちの墓の上に立ち、
貴女の最上の墓地をじっと見つめる時の喜びはなおさらです。

私は、貴女の林と果樹園を通り抜け、貴女のギルアドに立ち、
貴女のアバリム山の方をじっと見つめます。

アバリム山とホル山。そこには、貴女に光をもたらし、貴女に知恵を教えた、
二つの大いなる光が眠っています。

貴女の地の上の空気は、魂の命です。貴女の土からでる塵は、
液体の没薬です。そして貴女の川は、蜜蜂の巣のしたたりです。

かつて貴女の神殿があった場所の荒れ果てた廃墟の上を、
裸になり、裸足で歩くことは、私の魂にとって心地よいものです。

そこは、今は隠されている貴女の聖なる箱の場所です。
そして、貴女の至聖所にあった、貴女のケルビムの場所です。

私は、私の長く美しい髪を切り、それを捨てます。
そして、穢された地で貴女の聖者たちを汚してしまった運命を呪います。

どうして私は、食べたり飲んだりして楽しむことができましょうか。
犬が、貴女の獅子を引きずり回しているのを見る時に。

どうして日の光が私の目に心地よいことがありましょうか。
貴女の鷲の死骸が、鳥のくちばしの中にあるのを見る時に。
もっとゆっくり、悲しみの杯よ。少し私に猶予をください。

なぜならば、私の腰と魂は既に貴女の苦しみで満たされているのですから。

私がオホラを思い出す時、貴女の憤りを飲みます。
そしてオホリバを思い出す時、貴女のかすまで飲み干します。

シオンよ、美の極みよ、愛と慈悲を結び付けてください。
これまでずっと貴女の友人たちの心が貴女に結びついていたように。

貴女が繁栄している時、彼らは喜びます。貴女が荒れ果てている時、
彼らは痛みを覚えます。そして、貴女が破壊される時、彼らは涙を流します。

彼らは、捕囚の井戸の中から貴女のことを恋い慕っています。
そして、貴女の門に向かって、それぞれの地でひれ伏します。

貴女の大きな群れは、追放され、山から丘へと散り散りになりました。
しかし彼らは、貴女の壁のことを忘れていません。

彼らは、貴女の服の縁をつかんで、必死に努力しています。
貴女のなつめやしの木に登り、その枝をつかむもうと。

シンアル（＝バビロニア）もパテロス（＝エジプト）も、その偉大さにおいて、貴女に並ぶことができましょうか。
どうして、彼らの迷信が、貴女のウリムとトンミムに比べられましょうか。

油を注がれた貴女の王、貴女の預言者、
そして歌を歌う貴女のレビ人、彼らは一体誰と比べられましょうか。

あらゆる偶像の王国の冠は、色褪せて、消え失せます。
貴女の富はとこしえに永らえ、貴女の冠も代々に伝わります。

貴女の神は、貴女をご自分の住みかとして望まれました。
幸いなことよ。神が選び、近寄せられた者、貴女の大庭に住むその者は。

幸いなことよ。忍んで待ち、目的に達する者は。
貴女の光が現れ、貴女の暁が自分の上に刺し出でるのを見る者は。
貴女の選ばれた者たちの幸せを見るために、
そして、貴女が幼い頃からいた元の場所に戻り喜ぶのを、私も喜ぶために。

結び

古代末期から中世にかけて、パレスティナを中心に精力的に創作されてきたピユートであるが、ヘブライ語を話し言葉として使っていなかった当時のユダヤ人が、ヘブライ語でピユートを書き続けてきた意味は何だろうか。

これまで長きにわたって、古臭く、意味不明で、言葉遊びに過ぎないものとして、まともな研究の対象にすらならなかったピユートであるが、いざ実際に読んでみると、それ自体、一つの文学作品として現代人でも十分に楽しむことのできる水準にある場合が多い。

それだけでなく、当時のユダヤ人の典礼（バビロニア式に対するパレスティナ式の伝統）、言語（聖書ヘブライ語やラビ・ヘブライ語に対するピユート・ヘブライ語、さらに、アラム語、ギリシア語、後にはアラビア語からの影響）、聖書解釈（ラビ文献に対する、必ずしもラビ的ではない祭司系の伝統）、思想（ヘイハロート文学などの神秘主義、後には新プラトン主義など、アラブを経由してユダヤにも入ってきたギリシア哲学）、歴史（ユダヤ社会内部の様々な集団間の関係性、ギリシア、イスラーム、キリスト教といった外の世界との関係性）といったことを理解する上でも、ピユートは極めて重要な資料であることに、今日の研究者は気付き始めている。しかも、ピユートのテクスト全体の中のかなりの部分は、いまだにまともな校訂版も存在せず、ゲニザ文書のような写本に保存されたままであり、今後の研究によっては何が出てくるかわからないと言うことも、ピユート研究の面白さであろう。

思うに、ピユートに限らず、ユダヤ文化を学ぶことの一つの醍醐味は、ディアスポラのユダヤ人全てを結び付けるような、聖書解釈、律法、典礼など、ユダヤ教の極めて内部的な共通伝統と、それぞれのユダヤ人がマイノリティとして実際に生きるマジョリティ社会の時代性や地域性、というこの二つの側面が、複雑に絡み合っている様相を見ることができるという点であろう。そういう意味では、ピユートとはまさに、内部伝統の堅持と異文化接触という二つのベクトルの間にあるユダヤ詩人が、もがき苦しみながらも、決して彼にとっての話し言葉ではなかった「母語」であるヘブライ語で生み出してきたテクストであると言える。

ピユート参考文献

刊行されたピユートの校訂版やそれに関する研究書あるいは概説書の類は、日本語では皆無と言ってよく、英語でさえもまだ僅かである。ほとんどの関係図書は、ヘブライ語で出版されているのが現状である。しかも、ピユートの場合、いまだ出版すらされておらず、ゲニザ写本でしか読むことのできないテクストが多く存在するということも事実である。まず、本章で和訳の形で扱われたテクストに関する文献のみを、以下に紹介する。

van Bekkum, W. and N. Katsumata, "Piyyut as Poetics: the Example of Yannai's Qedushta for Deut. 6:4", in Wout van Bekkum and Naoya Katsumata (eds.), *Giving a Diamond: Essays in Honor of Joseph Yahalom on the Occasion of His Seventieth Birthday*, Leiden and Boston, 2011, pp. 83–107.

Brody, H., *Diwan Yehuda Ben Shmuel Halevi*, 4 volumes, Berlin 1894–1930.（ヘブライ語）

Brody, H. and J. Schirmann, *Secular Poetry of Solomon Ibn Gabirol*, Jerusalem 1974.（ヘブライ語）

Fleisher, E., *Hebrew Liturgical Poetry in the Middle Ages*, Jerusalem, 1975.（ヘブライ語）

Jarden, D., *Divan Shmuel Hanagid, Ben Tehilim*, Jerusalem 1985.（ヘブライ語）

Katsumata, N., *Seder Avodah for the Day of Atonement by Shelomoh Suleiman al-Sinjari*, Tübingen, 2009.

Mirsky, A., *Yosse ben Yosse: Poems*, Jerusalem, 1977.（ヘブライ語）

Rabinovitz, Z. M., *The Liturgical Poems of Rabbi Yannai according to the Triennial Cycle of the Pentateuch and the Holidays*, 2 Volumes, Jerusalem, 1985–1987.（ヘブライ語）

Swartz, M. D. and J. Yahalom, *Avodah: Ancient Poems for Yom Kippur*, University Park: Pennsylvania State University Press, 2005.

Yahalom, J., *Poetic Language in the Early Pyyut*, Jerusalem, 1985.（ヘブライ語）

Yahalom, J., *Priestly Palestinian Poetry: A Narrative Liturgy for the Day of Atonement*, Jerusalem, 1996.（ヘブライ語）

Yahalom, J. and N. Katsumata, *The Yotserot of Samuel the Third – A Leading Figure in Jerusalem of the 10th century*, Volume One: Introduction – Yotserot for Genesis, Exodus, and Leviticus, Volume Two: Yotserot for Numbers, Deuteronomy, and Festivals – Indices,

Jerusalem, 2014.（ヘブライ語）

Zulay, M., *The Liturgical Poetry of Sa'adya Gaon and his School*, Jerusalem 1964.（ヘブライ語）

ピユート関連サイト

刊行された出版物の他に、ピユートを読む、あるいは特にそれを専門として研究する際に必須のツールが、以下に挙げる三つ（現時点では二つ）のウェブサイトである。

「マァガリーム」

http://maagarim.hebrew-academy.org.il/Pages/PMain.aspx

エルサレムにあるヘブライ語アカデミーの歴史辞書プロジェクト「マァガリーム」のウェブサイトである。このデータベースには、ゲニザ写本に基づき入力された、いまだ未刊行のピユートのテクストも多く含まれている。単語やキーワードによるデータベース検索も可能である。ユダヤ文献を集めたその他のデータベース（例えば、バルイラン大学のレスポンサなど）にはピユートのテクストは一切含まれていないことから、現状ではピユートを検索できる唯一のツールである。

「フリードバーグ」

http://www.jewishmanuscripts.org/

フリードバーグ・ユダヤ写本協会のウェブサイトである。この協会の主要な活動の一つは、世界中の図書館に散らばっているゲニザ写本を全てデジタル化し、サイト上で閲覧可能にすることである。現時点では、ロシアの複数の図書館を除き、世界中のほとんどの図書館が所蔵しているゲニザ写本が、このサイト上で閲覧可能になっている。このサイトが立ちあがった二〇〇八年以前は、ゲニザ写本を読みたければ、実際にその写本を所蔵している図書館に行くか（ケンブリッジ、オックスフォード、ロンドン、パリ、ニューヨークなど）、あるいはエルサレムのイスラエル国立図書館内にある、ヘブライ語写本マイクロフィルム館に行くしかなかった。ゲニザ文書の約四〇パーセントが祈りやピユートの文書であることからも、このサイトの重要性が分かるだろう。

「ピユート研究プロジェクト」

一般的にはほとんど知られていないが、ピユート研究者の間では実は最も重要なツールとして認識されているのが、イスラエル科学アカデミー内の一つのプロジェクトとして、エズラ・フライシェル（彼の死後はその弟子たち）により構築されてきたデータベースである。ゲニザ写本に保存されているピユートのほとんどは、数行にしかならない詩の断片であり、そのままでは誰が書いた何の詩の一部なのかが全くわからない。それを、あらゆる写本との比較により、詩人名、詩が書かれた安息日や祝祭日名、詩のジャンル名などを特定し、データベース化しているのである。これまでは一般には公開されておらず、我々研究者の間でのみ利用されてきたが、近いうちにウェブサイトの形での一般公開を目指していると聞く。

終章　なぜ、ユダヤ教を学ぶのか

教育の力、強靭な思考力

なぜ、ユダヤ教を学ぶのか。もちろん、宗教の一つとしてのユダヤ教の理解のため、あるいは、ユダヤ教を母胎として生まれたキリスト教やイスラームの理解のため、ユダヤ人から輩出された思想家、哲学者、文学者などの理解のため、ユダヤ文化の理解のため、などなど様々な目的が考えられる。しかし著者らが提案したいのは、ユダヤ人・ユダヤ教徒の姿を通して、彼らの強靭な思考力というものを学ぶことである。

本書で紹介したユダヤ教、ユダヤ人・ユダヤ教徒、ユダヤ人が生み出した議論は、しばしば細かい法的議論であったり、連想的に話が逸れてしまったり、言葉遊びのような、非本質的にみえる議論が多い。しかし、このような伝承がさらに膨張し、ユダヤ教、ユダヤ人・ユダヤ教徒、ユダヤ文化の母胎となり、巣となり、さらなる想像と創造をもたらしたのである。彼らの議論は、往々にして律法主義とか形式主義とか重箱の隅をつつくような議論と揶揄されてきた。

同時に、こんな疑問が浮かぶのか、こんな発想があるのか、ものの見方ができるのかという驚きも与えてくれる。字面の連想のみから結び付けられた章句が化学変化を起こすがごとく、新しい意味合いを示唆することもある。なぜ、ここまで言葉にこだわるのか。それは、ユダヤ教にとって、言葉は神からの贈り物だからだ。聖書の言葉の一点一画に、そして重箱の隅にも神は宿るのである。

この言葉の隅々まで議論し、さらにそこから出てくる伝承に何らかの問題を見出して議論し、記憶に叩き込み、さらに議論するには、強靭な思考力を必要とする。聖書の言葉から可能な限りの全ての解釈を導き出すことは、聖書をなんとなく読んでいてもできることではない。可能な限りあらゆるケースを想定した議論をすることで、ユダヤ教とユダヤ人が将来置かれるあらゆる事例に対応することができたのではないか。

そのために必要とされるのは教育である。昨今、社会格差、子供の貧困が報道されることが多い。子供を大切にすることとは、教育をすることである。教育を通して強靭な思考力を培うことである。本書でも見たように、子供と教育はユダヤ教の宗教理念の根幹にある。えてして、形あるもの、役に立つもの、効率的なことだけが求められる昨今、教育もまた、カタチにはならないすぐに効果のわからない非効率なもの、もしかしたら無駄になるかもしれないものである。しかし、無数の泡のような無駄にもみえる議論がユダヤ教を支え、強靭な思考力を培ってきたことを考えると、世の中に、無駄なものなどないのではないかと思えてくる。全てのことに思考を向けるための教育が求められているのではないだろうか。

ユダヤ教徒・ユダヤ人迫害を自分のこととして考える

差別するのはひどい……と言い切れるか

筆者らの受け持つ授業でもそうであるが、ユダヤ人迫害の話をすると大抵、迫害されたユダヤ人は可哀想であり、差別、迫害をした方がひどい、どうしてそんなことをするのか、というコメントが多数寄せられる。その認識は正しい。しかし、どこか自分には決して起こらないような遠い目線からのコメントである。さらに、もう一歩踏み込んで考えてみたい。

自分が好意を感じる人が虐げられている時に、その人に同情することは簡単だ。しかし、その迫害される対象が、自分とは対立している人、元来良い感情を持っていない場合どうだろうか。ユダヤ人の場合、裕福で、それまでにいい生活を楽しんでいたりしていたかもしれない。あるいは金貸し業かもしれない。そのユダヤ人から自分が借金をしている場合もあるかもしれない。また、やたらめっぽう議論には強く、他者をやり込めてしまうような人間かもしれない。そんな時に、相手が迫害によって苦境に追い詰められていたら、差別・迫害はひどいと声をあげられるだろうか。つまり普段からよく思っていない相手が理不尽な目にあっているときに、果たしてその人のために、声をあげて動くことができるだろうか。このように考えると、ユダヤ人を迫害する側を手放しに非難することができないことに気づかされる。つまり、決して他人事ではないのである。

ヒトラーによるショアは、ごく身近に、ヨーロッパの日常生活の中に溶け込んでいたユダヤ人の中で起こった。こんなバカな主張をする者が政権を握るとは信じられなかったという。ショアの文学として著名な『アンネの日記』を読むと、多くのオランダ人が連行されるアンネたちを可哀想にと思いつつ、どうしようもなく、見て見ぬ振りをするしかなかったとアンネは描写している。そして、隠れ家生活を送るアンネたちは、かなり同化したユダヤ人であることが見受けられる。隠れ家の中でも、クリスマスとハヌカー両方を祝うユダヤ人家庭であった。しかも、クリスマスの方を盛大に祝う家庭であった。また周囲のオランダ市民との関係も良好であったからこそ、一家が連行される時に彼らが見て見ぬ振りをしていたとアンネが考えるのであり、善良なオランダ人がこんなことをするのだろうという疑問を抱くのである。

『アンネの日記』

一九四二年七月九日（木曜日）

親愛なるキティーへ

というわけで、パパとママとわたしは、降りしきる雨のなかを歩いてゆきました。手にはそれぞれ通学鞄だの、ショッピングバックだののさげていて、それには、ありとあらゆるものが手当たりしだいに、あふれるほど詰めこんであります。通りかかる出勤の人びとは、気の毒そうな目でわたしたちを見ています。その表情を見れば、乗せてってあげようと言えないために、とてもつらい思いをしているのがわかります。いやでも目につくどぎつい黄色い星、それがおのずから事情をものがたっているのです。

一九四二年十二月七日（月曜日）
親愛なるキティーへ
今年はユダヤ教のハヌカー祭とキリスト教の聖ニコラウスの祭日とが、ほとんどいっしょにきました。たった一日ちがいです。ハヌカー祭りについては、さほど大げさなお祝いはしません。ちょっとしたプレゼントを交換して、蠟燭をともしただけです……
土曜日の聖ニコラウスの祭日の前夜祭は、これにくらべると、ずっとにぎやかでした。……

一九四四年五月二十二日（月曜日）
……率直に言って、わたしがどうしてものみこめないのは、このオランダ人という善良で、正直で廉潔な人びとが、どうしてそういう色眼鏡でわたしたちをみなくちゃならないのかということです。およそ、世界じゅうで、わたしたちほどひどい迫害を受け、わたしたちほど不幸で、わたしたちほど憐れむべき民族はいないでしょうに。
いまはたったひとつのことを望むしかありません。それは、このユダヤ人にたいする憎しみが一過性のものであり、オランダ人がいつか正気をとりもどして、二度とけっして迷ったり、正義感をなくしたりはしないということです。なんといったって、この風潮は正義に反することなんですから！

……わたしはオランダという国を愛しています。祖国を持たないユダヤ人であるわたしは、いままでこの国がわたしの祖国になってくれればいいと念願してきました。今もその気持ちに変わりはありません！

（深町眞理子訳）

ハヌカーよりもキリスト教の祝祭の方を盛大に祝うくらいキリスト教社会に同化し、オランダ社会に溶け込んでいたアンネ一家。「なぜ、善良なオランダ人がこんなことをするのか」というアンネの素朴な疑問が痛々しい。

改宗は新たな問題の始まり

本書でも扱った中世イベリア半島から端を発したユダヤ教からキリスト教へと改宗した改宗ユダヤ人（マラーノ）。彼らは、改宗後も居住地を離れず、ユダヤ共同体の中に住み続けた。どういうことが起こるか。周囲のユダヤ教徒であり続ける者は、改宗者を裏切り者と感じるのが自然であろう。自分たちのことをどのようにキリスト教徒側に告げ口しているかわからないという疑心暗鬼が生まれる。他方、改宗した側も裏切ったといううしろめたさの中でどうなるか。通常、以下の三つのパターンがあった。一、内心でユダヤ教を維持し続けた者。二、必要以上に熱心なキリスト教徒になってしまう者。三、キリスト教会からもユダヤ教共同体からも浮いてしまう者。一の場合、内心でユダヤ教の信仰を維持していても、裏切ったという呵責、周りからの目が気になる。二の場合、キリスト教会に受け入れてもらうために、自らが率先して、自分が熟知するユダヤ共同体のあれこれを密告することになる。そして、なまじ聖書の知識には長けており、内部事情に精通しているので、率先してユダヤ教迫害の先鋒となる。実際、異端審問の先頭に立ったのも、血の中傷においてユダヤ人を告発したのも改宗ユダヤ人であったことが多い。かといって、自分が完全にキリスト教会の一部として受容されたという自信は永遠に得られない。事実、本当にキリスト教徒となったのか、というキリスト教徒側からの疑念は止まらない。そして、第三のグループは、キリスト教、ユダヤ教のどちらのグループからも浮いてしまう。

このような状況は、我々の社会にも発生しうる。学校生活の中で、部活、一般社会の中でも友人同士、子供を抱えても親社会の中で、グループができてしまう。そして、そのグループ間に異動があったとしたら、……元のグループへの未練、うしろめたさを残す場合、必要以上に新しいグループに対して媚びてしまう、どちらからも浮いてしまう、というような状況が生まれるのではないか。

つまり、改宗ユダヤ人が陥った状況は、現代においてもなおありうるのである。果たして、迫害されるユダヤ人が可哀想という同じ物差しで行動できるだろうか。自分のグループを抜けて、他のグループに入ったが、両方から浮いてしまって孤独にある知人がいるとき、手を差し伸べられるだろうか。非常に、難しい。

では、何をユダヤ教から、ユダヤ教徒の迫害の歴史から学ぶのか。

それは、考え続けることである。そして、現実から目を背けずに、本当にそれが正しい生き方か否か、考えることである。必ずしも、すぐに行動に直結することはないかもしれない。それでもなお、考え続けることである。誰かを虐げるということが、歴史の中で何を生み出したかということを問い続けることである。ドイツ出身ユダヤ人女性の思想家ハンナ・アーレント（一九〇六～一九七五）は、理性と科学の時代である現代社会において、なおショアという現象が起きたことを目の当たりにして、無思考に陥ることの恐ろしさ、思考し続けることの大切さを説く。現実社会は厳しい、しかし、それを無思考に受けとめてはならないのである。

アーレントが戦後の活動の拠点としたアメリカで、誰もが泡沫候補だと思っていたトランプ氏が過激な発言で扇動している。知識人たちが誰一人まともに受け入れなかったヒトラーがあれよ、あれよという間に政権を奪取したという同じ構図が展開しているのではないか。まさか本当に政権をとることはないだろうと無思考に陥ってはならない。トランプ氏のマイノリティを駆逐しようとする過激発言がいつ実行に移されるかはわからない。考え続けてＮＯを突きつけなくてはならない。ヒトラーの歴史、正確にはヒトラーを生み出すような歴史は繰り返されてはならない。それを我々は歴史から学んだのではなかったか。

あとがき

とかく、社会格差や貧困や様々な生きづらさが語られる今日この頃、筆者らもいろいろなことがきつい。そんな中、同志社大学と京都大学での授業で語りためてきたことを中心にまとめたのが本書である。いくつかの記事は、初出の論考をもとに再構成、再編した。既に、第一章に相当する概論書には、優れた書が最近ぞくぞくと刊行されているので、本書では、ごくポイントを絞ったものにしている。本書の中心に置いたのは、第二章から第六章である。

概説書はあるが、実際、どのようなユダヤ人がどのように具体的に生きてきたかを示した書はまだ少ないのではないか。そこで、ユダヤ教の理念だけではなく、個々のユダヤ人が実際にどのように生きたか、その生き様から学びたいと考えた。ユダヤ人・ユダヤ教徒のカテゴリーでは決して括れない、多様な人生を見て取ることができる。第五章では、ユダヤ教文献を実際に読むことを目的とした。特に、様々な時代の様々なユダヤ教文献からのテクストを訳出した。授業で使ったテクストが多いが、あらためてこれらのテクストを読み直し、検討しなおしていると、また新しい発見がある。そして、多くのテクストに、ユダヤ人・ユダヤ教徒が、様々な状況の中で七転八倒しながらも、なお生き続けようとする力強さを感じさせられた。

ヘブライ語聖書の人物、カインやハガルもそうである。今のユダヤ教のベースを作ったラビ・ユダヤ教文献は、徹底的にこの世における生活に根差した、生活に関わる戒律群を生み出し、また、それらを議論するのに超常的な力ではなく、個々の人間が思考し論証することに中心が置かれている。そして、ユダヤ教聖書解釈でのアブラハムは、決して神の言いなりにはならず、不安なことは口に出し、神の矛盾を鋭くつくアブラハムである。タルムードの議論も、安息日の物の移動に現れるように、徹底的に「べたに」この世的な、即物的なところから離れず、議論しつくす姿である。

本書ではラビ・アキバの伝承が多かったが、迫害の中、飄々とトーラーを学び、そしてトーラーに基づいて生きようとしていること、そして殉教にあたってなお、日々の日課の祈りを唱えようとしている姿を改めて感じた。しかし、それでもなお、トーラーを学ぶこととその報いを受けることを別物だと考えているラビたち。しかも、そのような高尚なラビ・アキバのストーリーが、日常のトイレの話にすり変わっていく。タルムードという書物が、あくまでこの世での生活に癒着していることを感じさせる構成だ。中世以降のユダヤ教文献も、その生き様と照らし合わせてみると、実に生き生きと思考をしていることが窺えるのではないか。

イスラームの王朝のもとで高位に上り詰めるシュムエル・ハナギード、あるいはそのような他者世界に依拠することをよしとせずパレスティナに向かったイェフダ・ハレヴィ、イスラームとユダヤ、ギリシアとユダヤの間で揺れ動きながら迷える者をまさに導いたマイモニデスもまた、生きるために人々を導いたのである。シャブタイ・ツヴィは、人々を扇動し当時のユダヤ共同体を大混乱に陥れたけれど、彼自身は改宗し、なお逞しく生き延びた。スピノザもしかり。またアンネ・フランクの日記の中には、隠れ家においてなおオランダ人と共生して生きることを夢見る少女の息遣いに満ちている。

あらためて、本書を執筆する過程で、ユダヤ教というのは生きていくことを求める教えなのであり、その志が今なお生き続けているのではないか。歴史、文献の中で生きていこうとしている人々の生き様、思考は、ユダヤ教徒ではなくても生きていくようにと背中を押してくれるのではないだろうか、と感じた。

本書の中では、イスラエル・パレスティナ問題にはほとんど触れなかった。イスラエル社会の中で生活すれば生活するほど、両立場の是非は簡単には判断できないということが実感されたからである。イスラエル・パレスティナ問題は、宗教対立以上に政治的、外交的な対立である。しかし、この二つの対立構図を拡散するマス・メディアによって、イスラーム教徒とユダヤ教徒の接触が皆無で、両者の間にまるでコンタクトがなく、話し合うすべもないのかというイメージが形成されているのだとしたら、それは修正したい。

イスラエル社会にも多数のイスラーム教徒、アラビア語を話すアラブ人がいる。往々にして道路の清掃者などブルーワーカーにアラブ人が多いのは問題ではあるが、その清掃者と近所のユダヤ人女性陣とが冗談を言い合ったりしている。重い買い物の荷物を運んでいると、その清掃者が助けてくれたりする。公共のバスで、全くヘブライ語がわからないアラブ人のおばあちゃんを、ユダヤ人の若者が片言のアラビア語で助けていたりする。こういった草の根的な交流は存在した。

また、筆者らのエルサレム生まれの長男は、新生児期にけいれんを起こし重篤な状態に陥った。スッコートの祭りに入る晩であったので、交通機関も止まっていてしんと町が静かであったことを覚えている。最寄りの救急病院からヘブライ大学ハダッサ病院へと移動させられ、あれよ、あれよという間に気が付いたら集中治療室にいた。スッコートの祭りに入った日に集中治療室の担当であったのは、ムハンマドと呼ばれるドクターである。大学病院の小児集中治療室というおそらく重責のチームの一員を、ムスリムのドクターが担っている。ドクター・ムハンマドの迅速な判断と処置によって長男は一命をとりとめることができたと思っている。ユダヤ人の看護師チームとも冗談を言い合いながら良好な関係を築いていたように感じられた。また、集中治療室のドクターは、ムハンマドの他にも、ロシアから移住してきたと思われるドクター同士が、ロシア語で引き継ぎを行っていた。

集中治療室は大部屋制だった。かなり敬虔なユダヤ教徒の子供もいれば、エルサレム旧市街で屋根から転落したアラブ人の子供も救急搬送されてきた。あまりに多くの親戚が見舞いに訪れるので、最後は看護師が怒っていた。このアラビア語しか話せない家族とユダヤ人ドクターの間で、アラビア語とヘブライ語の通訳をしてあげる若いお母さんがいた。おそらくアラビア語圏に出自のある家庭で育ち、まだ家族にアラビア語を話すメンバーもいるのだろう。しかし、そのお母さんの息子は、容体が悪化して亡くなってしまった。若いお母さんの悲痛な叫びは今も突き刺さっている。

長男は首尾よく退院できたが、新生児期に何度もけいれんを繰り返したことにより脳へのダメージは計り知れず、長男は重い障がいを負うことになった。ＭＲＩの画像を見ながら、主治医は言った。「失われたものを嘆いても仕方がない。残されたものをいかに生かすかだ」。それで直ちに、立ち直れたわけではないが、退院直後の生後五か月の時点から、イスラエルの療育制度の恩恵にあずかることができた。二歳には、毎日単独で通う療育施設に入れてもらえた。そこは、宗教的なユダヤ教団体が資金援助する療育施設であったが、日本人のうちの子、世俗的なユダヤ人の家庭の子から、ムハンマドくんという明らかにムスリム家庭の子供まで療育していた。二歳からこのように充実した療育制度に乗ることができたことで、長男も最大限の発達を遂げることができたであろうし、我々自身も研究生活を続けることができたと思う。障がいがあっても、この子たちにこの子たちなりの教育が必要だという通念が浸透していたように思う。

四歳からは別の小規模園に移った。四歳からは初等教育の管轄になるので就学委員会のようなものが個別に開催されたのを記憶している。日本では小学校に就学するときに開かれるものである。移った園は、シュタイナー教育の保育士が、障がいを負った我が子のためにシュタイナー教育を母胎にして開園した園であった。小さな園であったが、自分で開園してしまう女性のパワーに圧倒されたものである。そして、そこでもムスリムの家庭の子供、世俗的家庭の子供、敬虔なユダヤ教徒の子供が混在していた。

この園に遊具を寄付してくれたフランスのユダヤ人一家がエルサレムに旅行したついでに、この園を訪れた時に小さなお礼のセレモニーが開かれた。保護者を代表して、超正統派の真っ黒なマントにあごひげを蓄えたお父さんが挨拶をした。「この子たちの口は何もしゃべることはできないけれど、表情を見ればわかる。どんなに、喜んでいるかということが」。日本人の私たちも、ムスリムの父母も、世俗のユダヤ人の親も、みな、大きくうなずいたことである。宗教や文化が違っても、子供を大切に思う気持ちは共通であり、共有できる気持ちがあるのだと感じた瞬間である。

三年ほどした頃、最初の園でお世話になった若い保育士さんのご主人が、占領地での抗争に巻き込まれて犠牲になったと聞いた。まだ小さいお子さんが残されていた。いたたまれない。

障がいを持った子供を通してみた、マージナルでマイノリティなイスラエル社会である。しかし、こうしたマージナルな世界にこそ、文化、宗教の違いを超えて共有できるものがあるのではないだろうか。甘い、きれいごとと言われながらも、草の根的なレベルでのユダヤ教、イスラームの共存は既に存在している。いかにこれを浸透させていくのか、ユダヤ教、イスラームの中心からはマージナルな世界である日本から、ささやかながら、古代、中世の文献の世界の中に、宗教を超えて理解しあえる人間の姿を発信していきたいと思う。そして、彼らに共通するのは、やはり「生きる」ことへのたくましい執着心である。

長男が死線をさまよってからのことを振り返りながら、療育施設、病院で一緒になったどの子供も友達も一生懸命に生きようとしていたこと、それをイスラエル社会が支えていたことを思い出した。生きること、生活することを第一に置くユダヤ教の理念があってのことである。そこで、本書のタイトルを『生きるユダヤ教』とした。生きづらいこの世の中、一縷の光となるセンテンスがあれば幸いである。

初出一覧

第一章
勝又悦子「ユダヤ教（1）（2）」『わかる宗教学』ミネルヴァ書房、二〇一五年。

第二章、第三章
勝又悦子「ユダヤ教の宗教思想――『選民思想』の展開~聖書とラビ・ユダヤ教において~」『言語』三二号、二〇〇三年。
勝又悦子「ユダヤ教における「唯一神」の意義」『福音と世界』二〇一四年三月号。
勝又悦子「ユダヤ教の家族観」『平和と宗教――宗教は家族をどう考えるか』二六号、二〇〇七年。
勝又悦子「ユダヤ教の結婚観」『平和と宗教――宗教は結婚をどう考えるか』二五号、二〇〇六年。

第四章
勝又悦子「ユダヤ教聖人伝」『宗教の事典』悠思社、二〇一二年。

第五章
勝又直也・勝又悦子「ユダヤ教の人間観」『人環フォーラム』二六号、二〇一〇年。

第六章
勝又直也による書き下ろし

今回、著者ら二人の共同作業により、右記の論文に関して大幅な書き直しを加えたうえで、一冊の本としてまとめ上げた。

各章で特に参考にした文献の一覧

第一章

Dashefsky, A. and Ira Sheskin, eds., *American Jewish Year Book 2012*, Springer.

市川裕『ユダヤ教の歴史』山川出版社、二〇〇九年。

S・サフライ／M・シュテルン編、長窪専三他訳『総説・ユダヤ人の歴史――キリスト教成立時代のユダヤ的生活の諸相　上・中・下』新地書房、一九八九―九二年。

鈴木輝二『ユダヤ・エリート――アメリカへ渡った東方ユダヤ人』中公新書、二〇〇三年。

本間長世『ユダヤ系アメリカ人――偉大な成功物語のジレンマ』PHP新書、一九九八年。

野村達朗『ユダヤ移民のニューヨーク――移民の生活と労働の世界』山川出版社、一九九五年。

J・カッツ／Z・バハラハ、池田裕／辻田真理子訳『イスラエル――その人々の歴史　I・II』帝国書院、一九八二年。

第二章

A・コーヘン、村岡崇光／市川裕／藤井（勝又）悦子訳『タルムード入門　I～III』教文館、一九九七年。

A・ネエル、西村俊昭訳『言葉の捕囚――聖書の沈黙からアウシュビッツの沈黙へ』創文社、一九八四年。

山我哲雄『一神教の起源――旧約聖書の「神」はどこから来たのか』筑摩書房、二〇一三年。

P・アリエス、杉山光信/杉山恵美子訳『〈子供〉の誕生――アンシァン・レジーム期の子供と家族生活』みすず書房、一九八〇年。

第三章

A・ヘッシェル、森泉弘次訳『シャバット――安息日の現代的意味』教文館、二〇〇五年。

T・ボーマン、植田重雄訳『ヘブライ人とギリシヤ人の思惟』新教出版社、一九七〇年。

吉見崇一『ユダヤの祭りと通過儀礼』リトン、一九九四年。

『ハガダー』ミルトス、二〇〇三年。

臼杵陽『見えざるユダヤ人――イスラエルの〈東洋〉』平凡社選書、一九九八年。

N・ソロモン、山我哲雄訳『ユダヤ教』岩波書店、二〇〇三年。

G・シュテンベルガー、A・ルスターホルツ/野口崇子訳『ユダヤ教――歴史・信仰・文化』教文館、二〇一五年。

第四章

市川裕『ユダヤ教の精神構造』東京大学出版会、二〇〇四年。

市川裕「タルムード期のユダヤ思想」『岩波講座・東洋思想第1巻　ユダヤ思想1』岩波書店、一九八八年。

Neusner, J., *A Life of Rabban Yohanan Ben Zakkai, Ca. 1-80 C. E.*, Brill, 1962.

R・C・ムーサフ・アンドリーセ、市川裕訳『ユダヤ教聖典入門――トーラーからカバラーまで』教文館、一九九〇年。

J・ダン、市川裕訳「ユダヤ神秘主義」『岩波講座・東洋思想第2巻　ユダヤ思想2』岩波書店、一九八八年。

井筒俊彦「中世ユダヤ哲学史」『岩波講座・東洋思想第2巻　ユダヤ思想2』岩波書店、一九八八年。

赤尾光春「「帰郷」の中のディアスポラ――ウクライナにおけるユダヤ人巡礼と競われる二つの聖地」『地域研究』六号、二〇〇四年。

G・ショーレム、山下肇他訳『ユダヤ神秘主義』法政大学出版局、一九八五年。

G・ショーレム、小岸昭他訳『カバラとその象徴的表現』法政大学出版局、一九八五年。

M・ブーバー、平石善司訳『ハシディズム』みすず書房、一九六九年。

Ginzberg, L., *The Legends of the Jews*, vol. 1-7, Philadelphia, 1909-38.

Y・ヨベル、小岸昭／E・ヨリッセン／細見和之訳『スピノザ異端の系譜』人文書院、一九九八年。

J・グットマン、合田正人訳『ユダヤ哲学』みすず書房、二〇〇〇年。

第五章
A・コーヘン、村岡崇光／市川裕／藤井（勝又）悦子訳『タルムード入門 Ⅰ〜Ⅲ』教文館、一九九七年。
A・ネエル、西村俊昭訳『言葉の捕囚——聖書の沈黙からアウシュビッツの沈黙へ』創文社、一九八四年。

第六章
章の末部を参照。

終章
A・フランク、深町眞理子訳『アンネの日記』（増補新訂版）文藝春秋、二〇〇三年。
H・アーレント、引田隆也／齋藤純一訳『過去と未来の間』みすず書房、一九九四年。
近藤仁之『スペイン・ユダヤ民族史——寛容から不寛容へいたる道』刀水書房、二〇〇四年。

分野別参考文献表（日本語と英語で読めるものに限る）

事典、語学、辞書、統計

Cohen, A. and P. Mendes-Flohr, eds., *Contemporary Jewish Religious Thought*, New York and London, 1987.
Dashefsky, A. and Ira Sheskin, eds., *American Jewish Year Book 2012*, Springer.
Encyclopedia Judaica, Jerusalem, 1971-2.
The Encyclopedia of Religion, New York and London, 1987.
『ヘブライ語入門』キリスト聖書塾、一九八五年。
『現代ヘブライ語辞典』キリスト聖書塾、一九八四年。
『日本語―ヘブライ語小辞典』ミルトス、一九九三年。

原典の翻訳

『聖書　新共同訳』日本聖書協会、一九九一年。

石川耕一郎他訳『ミシュナ　Ⅰ・Ⅱ』教文館、二〇〇三―〇五年。

石田友雄総括編集『バビロニア・タルムード』「ペアー篇他」「スッカー篇」「ローシュ・ハ・シャナー篇」「メギラー篇」「ナズィール篇」「ソーター篇」「マッコート篇」「アヴォート篇他」三貴、

一九九三—九七年。
Danby, H., *The Mishnah*, Oxford, 1966.
Epstein, I., *The Babylonian Talmud*, London, 1938.
Freedman, H. and M. Simon, eds., *The Midrash*, 10 vols., London and New York, 1961.

概説書

A・ウンターマン、石川耕一郎／市川裕訳『ユダヤ人——その信仰と生活』筑摩書房、一九八三年。

J・ニューズナー、山森みか訳『ユダヤ教——イスラエルと永遠の物語』教文館、二〇〇五年。

N・デ・ラーンジュ、柄谷凜訳『ユダヤ教入門』岩波書店、二〇〇二年。

N・デ・ラーンジュ、板垣雄三監修『ジューイッシュ・ワールド』朝倉書店、一九九六年。

N・ソロモン、山我哲雄訳『ユダヤ教』岩波書店、二〇〇三年。

手島勲矢『わかるユダヤ学』日本実業出版社、二〇〇二年。

E・R・カステーヨ／U・M・カポーン、那岐一堯訳、市川裕監修『図説ユダヤ人の2000年、歴史篇、宗教・文化篇』同朋舎出版、一九九六年。

池田裕（文）、横山匡（写真）『聖書の国の日常生活　一—三』教文館、一九九三—九六年。

滝川義人『ユダヤ社会のしくみ』中経出版、二〇〇一年。

沼野充義編『ユダヤ学のすべて』新書館、一九九九年。

市川裕『ユダヤ人とユダヤ教』岩波新書、二〇一九年。

市川裕『ユダヤ教の精神構造』東京大学出版会、二〇〇四年。
Cohen, S. J. D. and E. L. Greenstein, eds., *The State of Jewish Studies*, Detroit, 1990.

ユダヤ教・ユダヤ思想・ユダヤ文化

「特集　旧約聖書の世界」『月刊言語』三四巻一二号、二〇〇三年。

『岩波講座・東洋思想第1巻　ユダヤ思想1・2』岩波書店、一九八八年。

T・ボーマン、植田重雄訳『ヘブライ人とギリシヤ人の思惟』新教出版社、一九七〇年。

R・C・ムーサフ・アンドリーセ、市川裕訳『ユダヤ教聖典入門――トーラーからカバラーまで』教文館、一九九〇年。

A・コーヘン、村岡崇光／市川裕／藤井（勝又）悦子訳『タルムード入門　I〜III』教文館、一九九七年。

G・ショーレム、山下肇他訳『ユダヤ神秘主義』法政大学出版局、一九八五年。

G・ショーレム、小岸昭他訳『カバラとその象徴的表現』法政大学出版局、一九八五年。

M・ブーバー、平石善司訳『ハシディズム』みすず書房、一九六九年。

L・ベック、有賀鉄太郎訳『ユダヤ教の本質』全国書房、一九四六年。

山下肇『ドイツ・ユダヤ精神史――ゲットーからヨーロッパへ』講談社学術文庫、一九九五年。

S・A・ハンデルマン、山形和美訳『誰がモーセを殺したか』法政大学出版局、一九八七年。

A・ネエル、西村俊昭訳『言葉の捕囚――聖書の沈黙からアウシュビッツの沈黙へ』創文社、一九八四年。
「特集　ユダヤのノマドたち」『ユリイカ』一七巻一八号、一九八五年。
「特集　ユダヤ人」『現代思想』二二巻八号、一九九四年。
D・ゴールドスタイン、秦剛平訳『ユダヤの神話伝説』青土社、一九九二年。
吉見崇一『ユダヤの祭りと通過儀礼』リトン、一九九四年。
水野信男『ユダヤ音楽の歴史と現代』アカデミア・ミュージック、一九九七年。
Collins, J. J., *The Scepter and the Star: The Messiahs of the Dead Sea Scrolls and Other Ancient Literature,* New York, 1995.
Elbogen, I., *Jewish Liturgy: A Comprehensive History*, trans. R. P. Scheindlin, New York and Jerusalem, 1993.
Elior, R., *The Three Temples: On the Emergence of Jewish Mysticism*, Oxford, 2004.
Ginzberg, L., *The Legends of the Jews*, vol. 1-7, Philadelphia, 1909-38.
Hartman, G. H. and S. Budick, eds., *Midrash and Literature*, New Haven and London, 1986.
Idel, M., *Kabbalah: New Perspectives*, New Haven and London, 1988.
Idelsohn, A. Z., *Jewish Liturgy and Its Development,* New York, 1995.
McKay, H. A., *Sabbath and Synagogue: The Question of Sabbath Worship in Ancient Judaism*, Leiden, 2001.
Neusner, J., *Messiah in Context: Israel's History and Destiny in Formative Judaism*, New York

and London, 1988.

Schiffman, L. H., *The Eschatological Community of the Dead Sea Scrolls*, Atlanta, 1989.

Scholem, G., *The Messianic Idea in Judaism: And Other Essays on Jewish Spirituality*, New York, 1971.

Schwartz, D., *Studies in the Jewish Background of Christianity*, Tübingen, 1992.

Sirat, C., *A History of Jewish Philosophy in the Middle Ages*, Paris, 1985.

Stemberger, G. and H. L. Strack, *Introduction to the Talmud and Midrash*, trans. M. Bockmuehl, Edinburgh, 1996.

Urbach, E. E., *The Sages: The World and Wisdom of the Rabbis of the Talmud*, trans. I. Abrahams, Cambridge, Massachusetts, 1987.

ユダヤ史

市川裕『ユダヤ教の歴史』山川出版社、二〇〇九年。

月本昭男／小林稔編『現代聖書講座第1巻　聖書の風土・歴史・社会』日本基督教団出版局、一九九六年。

屋形禎亮編『古代オリエント　西洋史（1）』有斐閣新書、一九八〇年。

M・メツガー、山我哲雄訳『古代イスラエル史』新地書房、一九八三年。

H・H・ベンサソン編、石田友雄他訳『ユダヤ民族史　1〜6』六興出版、一九七六―七八年。

石田友雄『ユダヤ教史』山川出版社、一九八〇年。

山我哲雄／佐藤研『旧約新約　聖書時代史』教文館、一九九二年。

S・サフライ／M・シュテルン編、長窪専三他訳『総説・ユダヤ人の歴史――キリスト教成立時代のユダヤ的生活の諸相　上・中・下』新地書房、一九八九―九二年。

荒井章三『ユダヤ教の誕生――「一神教」成立の謎』講談社選書メチエ、一九九七年。

D・フルッサル／G・ショーレム他、手島勲矢訳編『ユダヤ人から見たキリスト教』山本書店、一九八六年。

J・ニューズナー、長窪専三訳『イエス時代のユダヤ教』教文館、一九九二年。

J・ニューズナー、長窪専三訳『パリサイ派とは何か――政治から敬虔へ』教文館、一九九八年。

上村静『宗教の倒錯――ユダヤ教・イエス・キリスト教』岩波書店、二〇〇八年。

小岸昭『スペインを追われたユダヤ人――マラーノの足跡を訪ねて』人文書院、一九九二年。

H・ハウマン、平田達治他訳『東方ユダヤ人の歴史』鳥影社、一九九九年。

関哲行『スペインのユダヤ人』山川出版社、二〇〇三年。

植村邦彦『同化と解放――19世紀「ユダヤ人問題」論争』平凡社、一九九三年。

L・ワース、今野敏彦訳『ユダヤ人と疎外社会――ゲットーの原型と系譜』新泉社、一九七一年。

野村真理『西欧とユダヤのはざま――近代ドイツ・ユダヤ人問題』南窓社、一九九二年。

大澤武男『ユダヤ人とドイツ』講談社現代新書、一九九一年。

M・ギルバート、滝川義人訳『ホロコースト歴史地図 1918–1948』東洋書林、一九九五年。

鈴木輝二『ユダヤ・エリート――アメリカへ渡った東方ユダヤ人』中公新書、二〇〇三年。

本間長世『ユダヤ系アメリカ人――偉大な成功物語のジレンマ』ＰＨＰ新書、一九九八年。

野村達朗『ユダヤ移民のニューヨーク――移民の生活と労働の世界』山川出版社、一九九五年。

Ｊ・カッツ／Ｚ・バハラハ、池田裕／辻田真理子訳『イスラエル――その人々の歴史　Ⅰ・Ⅱ』帝国書院、一九八二年。

Alon, G., *Jews, Judaism and the Classical World: Studies in Jewish History in the Times of the Second Temple and Talmud*, Jerusalem, 1977.
Ashtor, E., *The Jews of Moslem Spain*, 3 vols., trans. D. J. Wasserstein, Jerusalem, 1992.
Baer, Y., *A History of the Jews in Christian Spain*, 2 vols., trans. L. Schoffman, Jerusalem, 1992.
Baron, S. W., *A Social and Religious History of the Jews*, 18 vols., New York, 1952-83.
Bobertz, C. A., 'The Development of Episcopal Order', in *Eusebius, Christianity, and Judaism*, eds. H. W. Attridge and G. Hata, Detroit, 1992, pp. 183-211.
Cohen, S. A., *The Three Crowns: Structures of Communal Politics in Early Rabbinic Jewry*, Cambridge, 1990.
Flusser, D., *Judaism and the Origins of Christianity*, Jerusalem, 1988.
Gafni, I., *The Jews of Babylonia in the Talmudic Era*, Jerusalem, 1990.
Goitein, S. D., *A Mediterranean Society*, 6 vols., Berkley and Los Angeles, 1967-1993.
Goodblatt, D., *The Monarchic Principle: Studies in Jewish Self-Government in Antiquity*,

Tübingen, 1994.
Kalmin, R., *The Sage in Jewish Society of Late Antiquity*, London and New York, 1999.
Levine, L. I., *The Rabbinic Class of Roman Palestine in Late Antiquity*, Jerusalem and New York, 1989.
Levine, L. I., ed., *The Galilee in Late Antiquity*, Jerusalem, 1992.
Linder, A., *The Jews in Roman Imperial Legislation*, Detroit and Michigan, 1987.

ユダヤ人問題

J・P・サルトル、安堂信也訳『ユダヤ人』岩波新書、一九五六年。

T・ヘルツル、佐藤康彦訳『ユダヤ人国家――ユダヤ人問題の現代的解決の試み』法政大学出版局、一九九一年。

V・E・フランクル、霜山徳爾訳『夜と霧――ドイツ強制収容所の体験記録』みすず書房、一九六一年。

E・ヴィーゼル、村上光彦訳『夜』みすず書房、一九六七年。

H・アーレント、大久保和郎訳『全体主義の起原1――反ユダヤ主義』みすず書房、一九七二年。

A・オズ、千本健一郎訳『イスラエルに生きる人々』晶文社、一九八五年。

A・オズ、千本健一郎訳『現代イスラエルの預言』晶文社、一九九八年。

E・W・サイード、J・モア写真、島弘之訳『パレスチナとは何か』岩波書店、一九九五年。

臼杵陽『世界化するパレスチナ／イスラエル紛争』岩波書店、二〇〇四年。

市川裕他編『ユダヤ人と国民国家――「政教分離」を再考する』岩波書店、二〇〇八年。

近現代イスラエル文学

A・オズ、村田靖子訳『わたしのミハエル』角川書店、一九七七年。

Y・アミハイ、村田靖子編訳『エルサレムの詩――イェフダ・アミハイ詩集』思潮社、二〇〇四年。

S・アレイヘム、西成彦訳『牛乳屋テヴィエ』岩波文庫、二〇一二年。

I・シンガー、工藤幸雄訳『お話を運んだ馬』岩波少年文庫、一九八一年。

I・シンガー、工藤幸雄訳『よろこびの日――ワルシャワの少年時代』岩波少年文庫、一九九〇年。

ユダヤ学史・方法論

Cohen, S. J. D. and E. L. Greenstein, eds., *The State of Jewish Studies*, Detroit, 1990.
Goodman, M., ed., *The Oxford Handbook of Jewish Studies*, New York, 2002.
宮澤正典『増補　ユダヤ人論考――日本における論議の追跡』新泉社、一九八二年。
宮澤正典『近代日本のユダヤ論議』思文閣出版、二〇一六年。

映像資料

『世界遺産：時を超える旅3　文明と宗教の十字路を訪ねて』ポニーキャニオン、一九九七年。

『バル・ミツヴァの少年：ユダヤ教』ジェムコ出版。

『ワールド・ウォッチ・ニュース vol. 1』同志社大学一神教学際研究センター、二〇〇四年。

『十戒』監督：セシル・B・デミル、一九五六年。

『屋根の上のバイオリン弾き』製作・監督：ノーマン・ジュイソン、一九七一年。

『ワンス・アポン・ア・タイム・イン・アメリカ』監督：セルジオ・レオーネ、一九八四年。

『シンドラーのリスト』製作・監督：スティーブン・スピルバーグ、一九九三年。

『ショアー』製作・監督：クロード・ランズマン、一九八五年。

《著者紹介》

勝又悦子（かつまた・えつこ）

1965年山口県生まれ。旧姓、藤井。1994年東京大学大学院人文科学研究科宗教学宗教史学専攻修士課程修了。2000年同大学院人文社会系研究科基礎文化コース宗教学宗教史学専攻博士課程単位取得退学。2010年エルサレム・ヘブライ大学大学院にてPh.D.（ヘブライ文学）取得。同年、第7回日本学術振興会賞受賞。

現在、同志社大学神学部准教授。専門はユダヤ学、特にラビ・ユダヤ教とその聖書解釈。

論文に「タルグムとラビ文学」市川裕他編『宗教史とは何か』下（リトン、2009年）ほか。

訳書にA. コーヘン『タルムード入門』Ⅱ・Ⅲ（共訳、教文館、1997年）。

勝又直也（かつまた・なおや）

1970年東京都生まれ。1994年東京大学文学部卒業。1998年エルサレム・ヘブライ大学大学院ヘブライ文学研究科修士課程修了。2003年同大学院ヘブライ文学研究科博士課程修了、Ph.D.取得。2005年第1回日本学士院学術奨励賞受賞。

現在、京都大学大学院人間・環境学研究科准教授。専攻は中世ヘブライ文学（宗教詩、世俗詩、散文）、地中海・中東比較文学。

論文に「ユダヤ教史の再考——中世ヘブライ文学からの試み」市川裕他編『宗教史とは何か』上（リトン、2008年）ほか。

生きるユダヤ教——カタチにならないものの強さ

2016年 6月30日　初版発行
2019年11月10日　2版発行

著　者　勝又悦子・勝又直也
発行者　渡部　満
発行所　株式会社　教文館
〒104-0061 東京都中央区銀座4-5-1
電話 03(3561)5549　FAX 03(5250)5107
URL　http://www.kyobunkwan.co.jp/publishing/

印刷所　株式会社　真興社
配給元　日キ販　〒162-0814 東京都新宿区新小川町9-1
電話 03(3260)5670　FAX 03(3260)5637

ISBN　978-4-7642-6114-3　Printed in Japan